意大利军事刑法典中的战争罪研究

杨 超 著

中国人民公安大学出版社
·北 京·

图书在版编目（CIP）数据

意大利军事刑法典中的战争罪研究/杨超著．--北京：中国人民公安大学出版社，2022.11
ISBN 978-7-5653-3810-6

Ⅰ.①意…　Ⅱ.①杨…　Ⅲ.①军法—刑法—战争罪行—研究—意大利　Ⅳ.①E546.26

中国版本图书馆 CIP 数据核字（2022）第 108195 号

意大利军事刑法典中的战争罪研究
杨　超　著

出版发行：中国人民公安大学出版社
地　　址：北京市西城区木樨地南里
邮政编码：100038
经　　销：新华书店
印　　刷：北京市科星印刷有限责任公司

版　　次：2022 年 11 月第 1 版
印　　次：2022 年 11 月第 1 次
印　　张：8.75
开　　本：880 毫米×1230 毫米　1/32
字　　数：212 千字

书　　号：ISBN 978-7-5653-3810-6
定　　价：35.00 元

网　　址：www.cppsup.com.cn　www.porclub.com.cn
电子邮箱：zbs@cppsup.com　zbs@cppsu.edu.cn

营销中心电话：010-83903991
读者服务部电话（门市）：010-83903257
警官读者俱乐部电话（网购、邮购）：010-83901775
法律图书分社电话：010-83905745

目　录

第一章　意大利军事刑法典概述

军事刑法在意大利具有悠久的历史。早在 1869 年，亚平宁半岛地区就诞生了独立的军事刑法典，这一时间远早于 1946 年意大利共和国的诞生。意大利共和国成立后，军事刑法的发展与修订经历了历史的风云变幻，从硝烟弥漫的战争时期到经济发展的和平年代，从充满纳粹特征到富含现代化的国际人道主义精神。尽管回顾两次世界大战，意大利都站在了侵略者一方，但在战争硝烟散去之后，意大利国内对战争犯罪行为的反思和立法体系改革都经过了成熟的思考，注重与国际公约和国际立法趋势相协调，极大地推动了国内战争立法改革进程，在立法技术上具有较高的科学性和严谨性。

第一节　意大利军事刑法典的历史发展脉络

早在古罗马时期，亚平宁半岛地区①就出现了军事刑法典的

① 古罗马先后经历了罗马王政时代（前 753-前 509 年）、罗马共和国（前 509-前 27 年）、罗马帝国（前 27-476 年）三个阶段，存在时间长达一千多年。罗马共和时代基本完成疆域扩张，罗马帝国时期成为以地中海为中心，跨越欧、亚、非三大洲的大帝国。476 年，西罗马帝国灭亡。14 世纪的意大利成为欧洲文艺复兴的发源地。15 世纪末，法国和西班牙争夺亚平宁半岛斗争激化，导致了持续数十年的意大利战争。18 世纪民族主义开始觉醒。19 世纪意大利复兴运动兴起，撒丁王国开始逐步统一南北，1861 年建立意大利王国，1870 年攻克教皇国首都罗马，完成意大利的统一。第二次世界大战战败后，君主制被废除，1946 年意大利共和国成立。

雏形，这说明军事刑法典在意大利的发展具有悠久的历史根基。虽然在两次世界大战中为维护军事独裁政体，意大利国内的军事刑法典一度出现独裁性和“非法性”特征，但在战后重建与复兴中，意大利政府和民众对法西斯独裁和法西斯时期的法律都进行了深刻的反思，对军事刑法典进行了大幅度的修订，军事刑法立法日益成熟。

一、意大利军事刑法典的出现和初期发展

亚平宁半岛地区的军事法律规定可以追溯到早期的罗马法时代，《学说汇纂》第 49 卷第 16 编“军事部分”出现了对战争法律的基本规定，从而为军事刑法的诞生奠定了原则性的基础理论①。这些规定显示了立法者意图将军事刑事罪行和普通刑事罪行分开对待的想法，立法制定特殊行为规范和惩罚措施对待违反军事法律规定的行为。16–17 世纪，军事刑法的发展进程席卷了当时的西西里王国（Ⅱ Regno delle Due Sicilie）；在教皇国家（Gli Stati Pontificio），军事刑法的立法得以规范化并正式颁布和出版。而在皮埃蒙特王国（Ⅱ Piemonte），卡洛—埃马努埃莱二世（Carlo Emanuela Ⅱ）在 1717 年 2 月 16 日以法案形式颁布了军事法律和军事纪律规范。

与法国大革命同期，亚平宁半岛地区兴起了军事刑法的编订和体系化工作，由此形成旨在专门建立一个面对军事部队，专属于特殊司法管辖的新阶层，以此区别于普通民众、普通司法主体和普通法律的特殊军事规范体系。事实上，这样使得在法国大革命中受到广泛推崇的“法律面前人人平等”原则在军事刑法领域不再通行，军事司法成为了普通司法中的特例，一个专属于特

① Ulisse Marani Toro：“La Voce Giustizia Militare”，In Enciclopedia Militare，II Popolo d’ Italia（1925–1934），IV vol. p. 484.

殊群体的司法体系。

1790年9月22日至10月29日，亚平宁半岛地区的立法者把军事司法正式从普通司法中单独区分出来。根据1790年10月19日颁布的法案，军事司法仅对自然军事犯罪享有管辖权，如军事部队人员实施了普通刑事法律犯罪，则由普通司法机构审理，可以避免军事司法肆意扩大管辖权。同时规定了军事刑法特定及特殊的惩罚方式。

1822年8月27日，在亚平宁半岛的撒丁岛地区（Il Regno di Sardegna di Carlo Felice），维多利亚·埃马努埃莱一世（Vittorio Emanuela Ⅰ）颁布的《军事刑法地区法令》成为亚平宁半岛地区军事刑法历史上最重要的里程碑，因为它标志着这一地区的军事刑法朝着统一性法典的方向迈出了决定性的一步①。1826年，为了将这部法律的适用范围扩大至海军部队，立法者对现有法条进行了修订并颁布了《海军刑事法律地区法令》②。事实上，1822年撒丁岛地区颁布的这部军事刑法还包含了一个鲜明特征，即宗教元素的介入，由教庭法院的推事参与案件的审理，以此保证“司法的技术性”，推事在军事刑事司法中的出现代表着宗教时代的法律重新占据了上风，这种宗教时代的产物也使得当时的军事刑法在立法技术和规范上出现了一定的倒退。

① Nicola Labanca，Pier Paolo Rivello（a cura di）：Fonti e Problemi per la Storia della Giustizia Militare，G. Giappichelli，2004，p. 54.

② M. Battista：“Codice Penale Militare Marittimo”，In Enciclopedia Giuridica Italiana，Vol. III，Parte I，Sez. II，Società Editrice Libraria，1903，pp. 809-820.

1840 年 7 月 28 日，军事刑事法颁布标志着统一的军事刑法在亚平宁半岛地区出现。1869 年 11 月 28 日，第 5378 号法案将上述 1840 年所颁布的过渡性法律正式定义为军事刑法典。最终，意大利共和国成立后的首部统一军事刑法典在 1870 年 2 月 15 日正式生效实施。这部军事刑法典的创新主要体现在以下三个方面：第一，修改了宣布为“战争状态”的情形，调查委员会在其职责范围内对原归属于陆军的“战争状态”的判定做了修订。第二，取消了几种附带强烈痛苦的刑罚，由其他的措施取而代之，同时优化了刑罚的阶梯结构。法典中的典型罪名由 1840 年颁布的军事刑事法和早在 1822 年出台的军事刑法中的规定组成。第三，立法者致力于通过立法措施使得在 1859 年正式公布的统一适用于亚平宁半岛地区所有陆军部队的军事刑法典与海上军事刑法典合并，使得陆地和海上的武装部队实现统一化规定。

1881 年 9 月 23 日，为与普通刑法典进行的修订相协调，军事刑法典同样进入了修订议程，当时的立法委员会希望对这个最终版本的军事刑法典进行完善。因此，1883 年从立法委员会中分离出一个专门的军事刑法修订委员会，以使军事刑法典的修订能够与陆军的最新结构调整相契合，即在修订中考虑了意大利的南北不同因素，平衡南北差别，使得军事刑法典在面对当时意大利南北不同的军事部队结构时都能够适用。

经过了长时间的结构演变和内容完善，意大利军事刑法典在 1941 年 2 月 20 日由第 303 号法律通过，意大利军事刑法典分为平时军事刑法典和战时军事刑法典两部分，并一直以这样的形式延续至今，成为意大利共和国军事刑法典的雏形。

二、意大利军事刑法典在两次世界大战中的演变

意大利军事刑法典随着意大利这个国家一起经历了两次世界大战。在两次世界大战中，意大利军事刑法典为适应特殊时期的政治需要和军事需求，无论是在立法导向还是修订细节上都作出了不少变更。

（一）第一次世界大战时期意大利军事刑法典的特征

第一次世界大战时期，时任意大利总理的安东尼·萨兰德拉（Antonio Salandra）认为意大利应当建立一个绝对独裁性的政治体制，反对并镇压所有与掌权阶级意见相左者，以此保证在紧急战争状态下仍然能够将战争给普通市民社会造成的影响限制在可控范围内，而当时这样的政治体制也给后来军事刑法以及普通刑法的修订带来了深刻的影响。绝对独裁性政治体制的建立主要通过以下三个方面实现：一是通过削减议会几乎所有的权威性权力以保证统治阶级的执行力。二是颁布战争时期特别性法律，特别性法律颁布生效后又颁布了其他有关公共秩序的一系列法律，特别是在第一次世界大战之前（1894-1898 年）连续颁布的有关公共安全和刑事法律的相关法律，这些法律的主要特征均体现在限制公民的政治权利和民事权利。三是极大地扩大了军事司法的管辖权，把原本适用于少数军事人员、军事罪行的特殊司法体系扩大至普通民众层面，具体体现在以下三个方面：在确定的区域内（战争区域）军事司法具有唯一的合法管辖权；对原本普通民众人员按照军事人员对待，以纳入军事司法范围（特别是在有关军工厂里工作的人员）；规定在意大利境内的一些特定的罪行（或

是包含了特定行为的状况）绝对地由军事司法管辖[①]。

1915年3月21日，意大利政府颁布了《关于国防和维护公共安全》的第273号法案，该法案不仅涉及经济、法庭和公共支出方面的内容，同时也为后来专项军事刑法的修订奠定了基础。此法案直接废除了议会的行政管理权力，在战争期间和战争主要的前三年内，议会不再承担任何职责[②]。第273号法案在意大利全境新规定了对公民权利的大量禁止事项，如集会、言论自由等，1915年5月23日出台的第674号法案更是增加了一系列的临时性规定以扩大政府权力，限制公民的自由权，并规定了对相关行为的刑事惩罚，惩罚包括罚金和逮捕。随着意大利国内形势的日益混乱和控制不满情绪难度的增加，意大利政府再次出台了一系列新的法案，以进一步扩大军事法院的管辖权。在这一系列法案中，最强硬的规定应属1917年10月4日新增的《反对失败主义法案》，即《萨其法案》（Decreto Sacchi），该法案规定任何表达不同政见或是对战争有不满情绪的人，以及任何对战争的怀疑论者都将被处以严厉的刑事惩罚（不超过11年有期徒刑，不超过10000里拉的罚金）。

由此可见，意大利军事刑法典在第一次世界大战时已经演变为专政阶级用以维持自身统治，排除异己的暴力法律工具，它的适用对象已远远超出了军事武装部队人员的范围，而在一次次的修订中转变为一部以限制普通公民政治和民主权利行使为手段，为保证专政政体运行的“非法”法律。

---

① Nicola Labanca, Pier Paolo Rivello (a cura di): Fonti e Problemi per la Storia della Giustizia Militare, G. Giappichelli, 2004, p. 188.

② L. DE FEO: Il Parlamento e la Guerra, Firenze, 1920, P LX.

（二）第二次世界大战时期意大利军事刑法典的演变

1940 年 6 月 10 日，意大利正式宣布参加第二次世界大战，在这场浩劫般的战争中，意大利作为轴心成员国之一，势必要在国内营造出浓厚的征战气氛，一方面为宣战者摇旗呐喊；另一方面使用高压政策限制普通民众的基本权利。因此，意大利军事刑法典又一次在特殊的战争时期被迫成为军事独裁者维护政权的工具。这表现在第二次世界大战之前，意大利国内出现了制定新的“平时军事刑法典”和“战时军事刑法典”的呼声。1941 年 10 月 10 日，意大利新的军事刑法典正式生效，以此取代了自 1869 年生效适用以来的旧军事刑法典，新的军事刑法典旨在最大限度地扩大军事司法的管辖权，在军事刑法典颁布之后，统治者对其进行了一系列的修订，目的同样是保证军事司法管辖权在战争时期的不断扩大，以维护纳粹统治。

1941 年 9 月，意大利政府决定增加 6 个军事法庭，使得分布在全国的军事法庭达到 12 个①。被意大利政府划定为战争区域及犯罪主体与战争有关的案件都由军事法庭进行管辖和审理，军事法庭还拥有颁布与军事武装部队相关规范的权力。但仅以此界定意大利军事法庭在此时的职能与权限并不准确，因为军事法庭在这一时期除了上述权限之外，还拥有在划定为战争区域内对相关军事刑法进行扩大解释的权力。同样，在战争区域内，军事法庭可以对所有由军事武装部队人员所实施罪行以及其他由平民实施的违反军事义务和军事管理的罪行进行审理。1940 年 6 月 20 日，意大利军事法庭的管辖权限扩大至在海外区域（巴尔干地区）

① 12 个军事法庭分别位于都灵、米兰、维罗纳、的里雅斯特、拉斯佩齐亚、博洛尼亚、罗马、那不勒斯、巴里、巴勒莫、卡利亚里、扎拉，这 12 个军事法庭所处的城市都属意大利重镇，纵贯南北，体现了军事法庭管辖权在意大利全国境内有效地域性的扩大。

实施的所有罪行，包含对意大利公民及外国公民的管辖权，对意大利军事武装部队、意大利法律规定的占领区域和执行意大利军事部队命令造成损害的罪行皆属于意大利军事法庭管辖。

这一时期军事法庭审理程序的一大特征是诉讼完成的速度极快，有相当一部分案件从起诉到判决都在一天之内完成，履行辩护职责的人员也多由官方指派，无法有效负担起对抗起诉的职能，被告人的合法权利无法得到有效保障。然而，在军事法庭作出大量案件审判的情形下，对定罪判刑人员的执行率却不高。这是因为 1940 年 6 月 9 日意大利政府宣布，由政府评估并决定对被定罪判刑人员实行立功赦免制度，即立功可以完全或部分赦免刑罚。因此，为保证战争的进行，政府大量地允许对被定罪判刑人（包括被判刑罚超过 10 年）有条件地适用缓刑，以及在相当一部分民事违法和执行逮捕令中对属于军事武装部队的人员采取限制执行的措施。通过实施这一政策，减小军事法庭判决的执行力度，以维护墨索里尼所领导的法西斯政府，以最大的力量投入战争，减轻战争给国家带来的影响，减小因军队和国家参加战争的影响程度，把控国家和公民对战争的舆论导向。所以，这些表面上体现“仁慈”的暂缓措施并不是以“人道主义”为目的而实施的。

以下是意大利军事司法系统在第二次世界大战时期的一些审判数据，通过以下两个表格，可以对当时的军事司法系统的工作量和对象有所了解。

意大利 1941 年军事司法系统对军事武装人员的立法、审判数据①

（单位：件）

	起诉	进入军事司法程序			总计
		无罪	免诉	有罪判决	
军官					
陆军	421	67	56	71	194
海军	8	1	2	0	3
空军	16	1	2	6	9
国家安全警察②	34	5	4	8	17
小计	479	74	64	85	223
士官					
陆军	859	61	111	272	444
海军	105	8	4	13	25
空军	57	2	8	23	33
宪兵	45	1	7	11	19
经济警察	22	0	1	2	3
国家安全警察	99	6	9	30	45
小计	1187	78	140	351	569
士兵					
陆军	28875	1509	2267	10115	13891
海军	2389	139	156	769	1064
空军	1342	75	125	582	782
宪兵	538	32	57	100	189
经济警察	382	49	35	53	137
国家安全警察	1549	106	138	471	715
利比亚军队	841	12	36	134	182
小计	35916	1922	2814	12224	16960
军事武装部队总计	37582	2074	3018	12660	17752

---

① Nicola Labanca, Pier Paolo Rivello (a cura di): Fonti e problemi per la storia della giustizia militare, G. Giappichelli, 2004, p. 235.

② 国家安全警察（La Milizia Volontaria per la Sicurezza Nazionale, MVSN）是意大利在纳粹统治时期创立的一支维护国家安全和公共秩序的志愿者队伍，在第二次世界大战中作为军事武装部队的一个分支，参加了意大利当时在海内外的各种战争行动。

意大利军事法庭在第二次世界大战期间完成判决案件的部分数据①

（单位：件）

	1940. 6. 11–1943. 5. 9	1943. 5. 9–1943. 6. 19；1943. 7. 18–1943. 9. 4	1943. 6. 20–1943. 7. 17	总计
判决总数	95082	13540	4164	112786
免予起诉案件	23775	3056	940	27771
有罪判决总数	71307	10484	3224	85015
陆军				
军官	300	38	12	350
士官	859	74	23	956
士兵	34377	4589	1412	40378
小计	35536	4701	1447	41684
民兵				
军官	21	0	0	21
士官	46	0	0	46
士兵	1804	250	77	2131
小计	1871	250	77	2198
非军事武装部队人员	32741	5518	1700	39959
本土军人	1159			1159

① Nicola Labanca, Pier Paolo Rivello (a cura di): Fonti e Problemi per la Storia della Giustizia Militare, G. Giappichelli, 2004, p. 236.

通过以上数据可以发现，意大利军事司法系统在第二次世界大战期间的审判是由政治当权者所主导的，从 1941 年开始实施的暂缓执行刑罚，以及对于一系列特定罪行实施更加严厉的判决都是这一特征的体现。军事法庭在战争期间审判了大量非军事武装部队人员，包括对意大利本国公民和占领区国民的审判都是军事司法管辖权极大扩张的表现。尽管广泛地扩大军事化程度在普通民众中并不受欢迎，但法西斯政权为保证在战争中获取胜利，还是将军事化的政策延伸到了普通民众和私人企业的每一个角落，加强了国家对私人企业的干涉，如在国家认定的“必要时期”，把私人企业中的劳动人员划定为“军事武装性质的平民”以加强对劳动力的管理和利用。同时，法西斯政府 1940 年颁布的法律规定，所有意大利公民（14-60 周岁的女性、14-70 周岁的男性）除了特殊的家庭状况和健康原因，都有服兵役的义务，如违反服兵役义务将面临军事法庭的审判，最终使得普通民众和工业都被军事化，适用与战争相关的法律和规定。

总之，军事司法在第二次世界大战期间的影响力不能简单地一言以蔽之，因为被执行逮捕的人数的大量增长并不能仅仅归咎于不适当被捕的人数上升，它也并不代表军事司法仅仅是简单执行军队长官命令的一个工具。但政治和司法的相互影响却最能准确反映意大利军事司法体系在第二次世界大战期间的影响，一方面是法西斯政府不断改变的政策，最初推行的表面仁厚政策到战争期间变为严厉的刑罚都直接体现在军事司法实践中，这也使得军事司法在战争期间显得缺乏司法标准的一致性；另一方面是军事司法系统拥有广泛解释权的表现，无论是对管辖权地域还是归属人员的解释问题上，军事司法均拥有绝对的决定权。

三、意大利军事刑法典在《罗马规约》签订后的变化

1998 年 6 月 15 日，联合国关于建立国际刑事法院的外交会

议在罗马召开，经过一个月的谈判与商讨，最终各国代表在7月17日通过国际刑事法院宪章，即《罗马规约》。也就在同一天，《罗马规约》以开放式条约的形式正式向联合国成员国开放签署。2002年7月1日，《罗马规约》正式生效，标志着国际刑事法院这一机构从构想成为了现实。

（一）《罗马规约》在意大利国内的总体转换

意大利政府在1998年10月经外交部与其他部门共同协商，向意大利议会提交了批准签署《罗马规约》并在意大利国内执行的相关法案[①]。法案由两部分组成，即国际公约在意大利国内法律的批准和转换；修订意大利国内法律以适应国际刑事法院章程的原则和规范。这份由意大利外交部协调提交的关于修订意大利国内法律的法案具体[②]包括以下八项内容：

（1）建立国家主管机关与国际刑事法院在意大利领土上的合作方式；

（2）确定各司法机构的职能，以及信息和其他资料的互换模式；

（3）引入《罗马规约》所确立罪名的刑罚规范；

（4）对于《罗马规约》所确定的新罪名，制定相符的刑罚模式，并保护刑罚模式的建立和侵略罪的形式；

（5）建立相应的司法、管辖权和其他程序性规范；

（6）《罗马规约》第68条所规定的人员如出现在意大利领土范围内，则采取保护措施；

① Atto Senato 3594 - XIII legislatura, http://www.parlamento.it/service/PDF/PDFServer/DF/177838.pdf，最后访问日期：2020年9月1日。

② Atto Senato 3594bis-XIII legislatura,（23 ottobre1998, n.1638 del 24 luglio 2002 XIV）. 该法案以宪法规范的形式出现，从整体角度对意大利国内法律与国际刑事法院章程的对接进行了规定。

（7）在现有规范的基础上规定合作和刑事司法协助的内容，协调和修改现有规范，以使合作模式与国际公约的原则相符，并遵循最简单化方式以加速刑事诉讼的进程；

（8）依据《罗马规约》第103条执行刑事处罚，并对刑事惩罚处罚措施规定适用性规范，使其能够与国际刑事法院的合法特性相符。

（二）意大利军事刑法典的具体修订内容

意大利军事刑法典对《罗马规约》的转换主要体现在对涉及国际刑事法院管辖的罪名进行了法条上的增补，以及对《罗马规约》进行转换后具体执行的法律规定。对战争罪方面的修订主要有以下几点：

1. 战时军事刑法典总则部分关于战争罪的修订

（1）2001年新增关于派遣意大利军队执行海外任务适用战时军事刑法典条款（第9条①）：本条款作为战时军事刑法典内容自生效之日起，包括在和平时期，对于派遣于海外的军事武装部队，自被派遣人员越过国境线起或是以执行任务为目的自登上船舶、航空器之时起，视为境外派遣任务的开始。本条款同样适用于为保证任务完成在国内进行命令传达或供给工作的军队人员，或是在其他国家进行上述工作的人员，自开始履行所负职责之时起，在工作中故意或过失的犯罪行为。

（2）2002年，针对战时保护联盟国军队条款的扩大适用（第15条②）：为实现军事刑法典的效力，由意大利军事人员或是非意大利军事武装人员造成对联盟国军人或是武装军事部队的

---

① 黄风译：《意大利军事刑法典》，中国政法大学出版社1998年版，第149页。第9条“出征国外的部队”。

② 黄风译：《意大利军事刑法典》，中国政法大学出版社1998年版，第150页。第15条“战争中的盟国或协约国”。

损害同样视为对意大利军人或意大利军事武装部队的损害。此条款适用于对意大利军人或军事武装部队有同等保护的国家。由此，上述条款的适用范围扩大至联盟国在战争行动中或是参加与意大利相同的派遣或战役中。

2. 战时军事刑法典分则部分关于战争罪的修订

（1）在武装冲突中适用战时军事刑法典（第 165 条①）：在本战时军事刑法典部分中有关战争罪的条款同样适用于任何武装冲突情形，而独立于宣布为战争的状态。

（2）新增对战俘的保护条款（第 184 条-2②）：军人违反在国际武装冲突中对于战俘禁止性的规定，处以 2 年至 10 年有期徒刑；同样还适用于军人威胁伤害或杀害非武装人员或是非敌对人员，或是以战争为由威胁伤害或杀害被俘虏或扣押人员，最终迫使其交出其他人员或是相关物件。

（3）侵犯由国际公约保护的其他人员（第 185 条-2③）：除了其他更加严重的罪行，军人出于战争的原因，实施了酷刑或是其他非人道待遇、非法贩卖，以及其他被国际公约严格禁止的行为，包括生物实验或非出于健康目的的医疗行为，侵害被俘人员、平民及其他由同等国际公约保护的人员，处以 1 年至 5 年有期徒刑。

---

① Codice Penale Militari e Leggi Complementari, Casa Editrice La Tribuna, 2011, p. 245.（《意大利军事刑法典》，根据 2011 年修订版从意大利文直接翻译），第 165 条“战争罪的一般规定”。

② Codice Penale Militari e Leggi Complementari, Casa Editrice La Tribuna, 2011, p. 248.（《意大利军事刑法典》，根据 2011 年修订版从意大利文直接翻译），第 184 条-2“对战俘的保护”。

③ Codice Penale Militari e Leggi Complementari, Casa Editrice La Tribuna, 2011, p. 248.（《意大利军事刑法典》，根据 2011 年修订版从意大利文直接翻译），第 185 条-2“侵犯由国际公约保护的其他人员”。

可见，针对国际公约关于战争罪的相关规定，意大利军事刑法典扩大了对战争罪的保护对象和管辖范围，扩大了构成战争罪的行为方式，以减少立法无法穷尽所有战争罪行为的缺陷。

（三）“9·11”恐怖袭击对意大利战争法律的影响

在这一阶段，意大利军事刑法典的修订主要体现在扩大战时军事刑法典的适用范围，将意大利军事武装部队参与各种国际组织的军事行动、维和行动和实现自由行动列入战时军事刑法典的管辖。

受2001年9月11日发生恐怖袭击的影响，包括美国在内的各个国家、地区和国际、区域组织，为保护本国利益和国民的安全，最大限度地实现对恐怖主义的打击，纷纷修订关于国际恐怖主义的相关法律规定。部分国家大量派遣军队在海外执行军事活动，军事武装部队进行各种有或无联合国安理会授权的和平行动、名为人道主义行动或是旨在实现和平的行动，大量军事人员在非战争状态下开始了类似于战争状态的军事活动，执行军事命令，这使得战争罪中传统的时间和地点定义被打破，促进了意大利战时军事刑法典适用范围的改变。

如北约在2001年发起，主要在东地中海地区进行，包括对恐怖主义的军事打击，名为“长期自由”的国际军事活动。意大利作为北约成员国，也参与了这一对外派遣军事部队的行动。意大利在2001年颁布第421号法律（2002年第6号法律对该法律再次做了部分完善）对战时军事刑法典进行了相应的修订，这次修订标志着战时军事刑法典进入了一个新层面，开始接受刑法和国际公约人道主义的保护，就此推动了日后对战时军事刑法典其他条款的修订，包括删除，并调整管理参与国际行动军事武装部队的条件。2001年第451号法律的修订则扩大了战时军事刑法典的适用范围，第一次把执行国际军事活动中的人员列入意大利战时军事刑法典的管辖范围，体现了意大利军事刑法典对联合国人道主义或维和行动人员的保护；2003 年 7 月 10 日颁布的第 165 号法律进一步扩大了战时军事刑法典的适用范围，如在伊拉克地区的军事行动；并且在 2004 年 1 月 20 日，第 9 号法律再次确认了战时军事刑法典在北约的军事行动、Endeavour 行动①、ISAF 行动②中的适用性。

最终，2016 年第 145 号法律确定了对意大利军事武装部队海外行动应适用的法典，在这项法律中，意大利立法者确定了参加海外行动的所有人员，包括受邀参加同等活动的辅助性人员，都适用平时军事刑法典，而海外军事行动则适用战时军事刑法典。

（四）2010 年针对国际刑事法院对相关国际犯罪规定的修正案

2010 年，意大利针对国际刑事法院关于管辖罪名的最新修订，对国内法律作出了相应调整。这次修订仅涉及程序法部分，没有新转换国际公约中关于战争罪构成的条款至意大利国内法律，并规定意大利国内法律没有规定为犯罪的行为将不予进行国际刑事司法合作。事实上，2006 年呈交意大利议会的一份名为“意大利打击国际犯罪的义务”的法律规范议案就包含了在打击和惩治国际犯罪时有关普通管辖权的规定，以及一些国际犯罪的具体构成，如战争罪即依照意大利战时军事刑法典第 174 条、第 175 条、第 176 条、第 177 条、第 178 条、第 184 条-2、第 185

---

① 北约设在地中海区域的一个军事组织，主要进行反恐、反非法武装贩卖，以保证此地区航运的安全。

② 国际武装安全协助组织同样也是隶属于北约的一个军事安保机构，2001 年 11 月根据《波恩决议》创立，为帮助阿富汗过渡政府实施政权，管理国家，以首都喀布尔为中心建立的军事安保区域，由北约成员国派出军队开展相关安保行动。

条-2、第186条、第187条、第190条、第191条、第192条、第193条、第194条、第209条和第211条的规定。2009年，另一份名为“对国际刑事法院章程有关条款在国内法律的修订”的法律①的第四章重新修订了战争罪的具体构成，在军事司法管辖权方面则规定重罪法庭审理的案件归入军事司法的管辖范围。

2011年，意大利议会针对战时军事刑法典的程序法部分进行了一次专项修订，这次修订仍以国际刑事法院的章程为范本，以实现意大利国内的军事刑事诉讼程序与国际刑事法院的诉讼程序相一致，因此这次修订在实体法方面没有规定新的罪行，也没有对国际公约进行国内法律新的转换。

第二节　意大利军事刑法典的立法特征

意大利军事刑法典首先建立在与意大利普通刑法典的紧密关系基础之上。依照意大利刑法体系的制定和编排，将大量在刑法典中没有规定特殊性质的犯罪都作出了单独规定，即适用特殊法典规定，体现为军事刑法典本身的特征之一——互补性，强调了普通刑法与军事刑法之间的关系。事实上，这种关系不仅仅体现在实体法中，在意大利军事刑法典涉及刑事诉讼程序的规定中都大量地直接使用了意大利普通刑事诉讼法的规定，以刑事诉讼法的基本原则为基础性导向，保证了整个刑事法律体系的协调。

其次，军事刑法建立在整个刑法学体系的大框架之内，刑法学的基础性概念都是相通且一致的。军事犯罪与普通刑事犯罪在构成上有着极高的相似度，特别是在排除刑事责任的因素考量

---

① Camera dei Deputati XVI Legislatura, Atti parlamentari, Proposta di Legge 2445, https://leg16.camera.it/126?pdl=1658，最后访问日期：2020年8月29日。

上，除了军事刑法典中对军事特殊条件的制定，考虑了对军人身份和军事必要性情形的归纳，其他都可以视为对刑法典规定的沿用和传袭。

最后，军事刑法采用了与普通刑法相同的立法技术。具体表现为立法内容的全面性，即通过平时军事刑法典和战时军事刑法典两个部分的分别立法，涵盖了各种类型的军事犯罪，并且依靠这种对不同时期军事犯罪的划分，突出了一些在战时具有更高危险性的犯罪行为，对量刑情节作出了特殊规定。

总之，军事刑法典作为区分于普通刑法典的专项刑事法律，虽在立法构建上仍具有自身显著的特征，但从意大利国内整个法律体系来看，它仍属于整个法律体系的一个分支，一方面与普通刑法典在基础性规定上具有高度相似性；另一方面与意大利宪法有着紧密的联系，并在法律效力上从属于宪法。1978 年 7 月 11 日，意大利第一次对军事法律在宪法上作出了明确规定："军队服务于国家；军队的规范和活动都必须符合宪法原则。陆军、海军和空军都必须保证符合誓言并服从于命令，当国家发生灾难时应保卫国家并致力于保护自由的机构和国家集体利益①。"意大利宪法第 103 条第 3 款规定了军事司法的管辖权范畴：在和平时期，军事法院对犯罪主体属于军队的人员的案件有司法管辖权。该规定肯定了军事法庭法官与其他普通法官具有相同的等级，军事法官有自主权并独立于其他任何的国家公权力机构②，同时对军事法院和军事上诉法院的管辖权有具体限定，即仅限于刑事犯

---

① http：//www. servizi. cgil. milano. it/ARCHIVIO/2009/11/19780711_Legge_0382_Disciplina-militare. pdf，最后访问日期：2018 年 9 月 8 日。

② 意大利宪法第 103 条第 3 款规定，战争时期军事法院的司法管辖权根据法律规定。和平时期军事法院仅对属于军事武装部队人员实施的军事犯罪具有司法管辖权（根据 2011 年修订版，从意大利文直接翻译）。

罪及犯罪人是隶属于军方的军职人员。

因此，对于意大利军事刑法的发展，立法者关注的核心问题是如何保证军事刑法在日后的发展能够维持法典的连续性。军事刑法出现的初期，立法者认为应该在技术层面实现对军事刑法的法典化，即体现出军事刑法完整性的特征，就此特征而言，完整性不仅体现在法典中的原则性内容，在法典的分论部分，除了表现出军事刑法的特殊性，还应当包含相当一部分可参见军事命令规则的内容；又或是当时另一种相反的意见，即不把完整性作为吸收规范成为军事刑法的唯一标准特征，那么吸收一项新的规范至军事刑法典，就应当符合其能够满足军事刑法根本的特殊性要求，以从另一方面实现军事刑法的互补性特征。最终，后一种意见占据上风，成为意大利军事刑法典日后修改的优势性方案。至今，成熟的意大利军事刑法典的立法特征可以从互补性、特殊性和自治性三方面予以概括。

一、互补性

军事刑法典作为规范特殊对象和特殊行为的一部单独刑法典，在与普通刑法典的联系上体现出了强烈的互补性特征，同时这也是意大利军事刑法典本身的重要特征之一。具体而言，互补性体现在军事刑法典与普通刑法典之间的关系，军事刑法典内部的平时军事刑法典和战时军事刑法典相结合以及意大利军事刑法典和国际刑事法院的《罗马规约》之间的关系这三方面。

第一，军事刑法典和普通刑法典互补性的表现。意大利刑法典第 16 条规定："本法典的规定也适用于其他刑事法律调整的问题，只要这后一类法律未作出不同的规定。"因此，普通刑法典在军事刑法典领域为其一般性内容做了铺垫；相关条款无法在其他已有规范中找到，军事刑法可以作为刑法的表达方式和确定性的原理，并且这些规范形式的表达也早在现行军事刑法典中体现出来。军事刑法的优先效力规定于意大利刑法典第 15 条：“当数项刑事法律或者同一法律的数项规定调整某一相同的问题时，特别法律或法律的特别规定变通一般法律或者法律的一般规定，但另有规定者除外。”①

第二，平时军事刑法典和战时军事刑法典之间的互补可称为军事刑法典互补性的第二层面。平时军事刑法典第 19 条规定：“如平时军事刑法典没有规定的情形，同样可以适用战时军事刑法典和其他军事刑法的法条。”这一规定作为平时军事刑法典和战时军事刑法典的互补性基础条款，保证了这两部刑法典之间有互为补充的效力。

战时军事刑法典可以算作特殊法中更为特殊的部分，集中体现在法律原则方面。战时军事刑法典的原则并不是简单地由一般性法条所构成的专门的司法原则，而是同样的法条依照特殊的立法逻辑，最终形成的例外性法律。但值得注意的是，战时军事刑法典的特殊性并不妨碍它与平时军事刑法典共同组成完整的军事刑法典，并且在当下刻意强调战时刑法典特殊的“战争时期”也并不与时代相符，因为通过实践的不断演变和适用，战时军事刑法典已经越来越多地运用于传统意义上的非战争状态。

第三，意大利军事刑法典和《罗马规约》的互补性则是从意大利作为国际刑事法院成员国的角度出发，意大利政府以《罗马规约》为范本进行了国内法律的转换，制定了战争罪的犯罪模式，但两者之间的互补性更多地体现在程序方面，如调

① 黄风译注：《最新意大利刑法典》，法律出版社 2007 年版，第 10 页。

查、刑罚执行等，可作为意大利履行国际刑事法院成员义务的方式。

因此，虽然现在互补性已经成为意大利军事刑法典最重要的特性之一，但互补性或是完整性的协调问题在法典化的过程中却从未消失过，这是因为军事刑法典涉及的主体包括隶属于军事武装单位的主体或是其他视为军事武装单位人员。事实上，从最早的适用于意大利海军的海上刑法典为陆军刑法典的构成作出铺垫，再发展到最终能够在空军领域适用就是意大利军事刑法典互补性的一个完美例证。

二、特殊性

军事刑法典与普通刑法典的不同之处在于：第一，军事刑法典以主体身份为特别根据排除了不属于军事刑法典管辖范围的人群。第二，军事刑法典以其区别对待原则和自治原则为重要特征，并且与军事刑法典相关的法规都以法典化的形式出现。对于在普通刑法典中不受规范的行为，如爱国、荣誉等，都属于军事刑法典的保护范围，与军事刑法典有着密切的联系。

不可否认的是，军事刑法虽作为一项特别的司法秩序，有着特殊的保护客体，但其同样是在国家的整体司法秩序之内。军事主体担负着特别的责任，军事武装及相关国家部门的活动并不能够被其他的司法活动所吸收，需要以一个专门的法律范畴用以管辖这些特殊的活动。这正是构建军事刑法典的理由。

一方面，军事刑法典有着高度的特殊性和自治性；另一方面，军事刑法典和普通刑法典之间的关系同样是密不可分的。事实上，军事刑法典中概念的实质性内容都源于普通刑法典及其分论的内容。

三、自治性

司法秩序的基础性保证——自治性，在军事刑法典中同样是极其重要的，并体现在法典和军事司法系统中。如意大利的军事司法体制，均是由专门的司法机构和人员负责运用军事法规对相关案件进行审理，具有高度的自治性。在和平时期，审理机构由军事法庭和军事上诉法庭所构成。军事刑法典中的自治性毫无疑问与军事刑法中相关司法机构的自治性是协调一致的。

自治性还体现在军事法律的相关规范还包含了意大利国家对武装部队、国家对军队及国防部的行政管理权，以及军队司法规范和军队其他的内在规范，构成了军事刑法所涉及的大法律框架。军事法律的特征即军队在国家中的防卫作用，在国内层面，表现在军队权力不可侵犯以及遵守军队的等级制度原则，而在国外层面，则表现在国家对于军队的合法运用的制度。意大利宪法第 52 条第 3 款对军队的立法作出了概括性的规定："军队的规章应当体现国家的民主原则。"总体而言，意大利的军事法律通过一系列立法机关和相关行政部门的有效干预而成为蕴含着自治性的整体章程。

第三节　意大利军事刑法典的管辖范围

在管辖权方面，意大利军事刑法典与其他法典相同，管辖范围的确定主要依据属人原则、属地原则、保护原则和普遍管辖原则。而军事刑法典管辖权的特殊性主要涉及军事部队和军事利益，特别之处体现在战时军事刑法典条文的适用范围通过特殊时间或特殊情形予以限定。

一、意大利军事刑法典的属人原则

意大利宪法对军事刑法典适用人员作出了总则性规定。意大利宪法第 103 条第 3 款规定了军事法院在和平时期的管辖范围，仅限于由属于军事武装部队的人员所犯的军事犯罪，从宪法地位规定了军事武装部队人员犯罪并不都归属于军事司法管辖，而是根据现实状况中犯罪人员是否在军事武装部队服役，或是否为军事武装部队提供服务。

意大利平时军事刑法典第 1 章第 1 条第 1 款对隶属于军事刑法典管辖的人员作出了明确规定："军事刑法典适用于武装部队中的现役军人以及其他同等职能的人员。"那么，意大利的军事武装部队该如何界定，平时军事刑法典的其他条文对具体情况作出了规定。

（一）现役军人

2010 年 3 月 15 日颁布的意大利军事法第 621 条明确规定了现役军人的身份是通过国家招募，以及在以下情况下仍保留军人身份：在战争、严重的国际危机、可控的武装冲突中失踪（无论是否正式宣布），或是在履行国际职责时被俘。

意大利军事法第 622 条规定，军人身份的丧失仅因其实施下列不适当的行为，平时军事刑法典第 28 条和战时军事刑法典第 31 条分别作出丧失军籍的具体规定：被开除公职或是军事服役关系的解除。

意大利的现役军人包括陆军、海军、空军、宪兵①、财税警

① 2000 年 3 月 31 日，意大利第 78 号法律规定了宪兵转编为国家武装部队力量，该法令部分修订了军事法规，其第 155 条规定宪兵由国防部管理，属于武装部队范畴。

察[1]，以及注册的现役的属于特别部队意大利红十字会的志愿者、后备军官。

平时军事刑法典第 1 条第 2 款对适用人群作出了延伸性规定，虽然是非现役军人，但同样适用军事刑法典，包括退役军人、彻底退役军人[2]、相对军事人员，以及其他非国家武装部队人员。

在现役人员中，平时军事刑法典第 16 条还对无效入伍人员作出了规定，国家武装力量的人员在实施犯罪后被宣布入伍无效或是不能加入军事武装部队，但仍属于军事司法管辖，因为这些无效的入伍人员属于“广义上的事实军事人员”，自被认定无效入伍起，即承担军事职责。这是对行为主体处于“表面权利”状况学说的一种确认；而不能加入军事武装部队的人员则属于“狭义上的事实军事人员”，这两者的区别在于不能加入军事武装部队的人员因其无效状态是在加入军事武装部队之时就已存在的，因此在履行军事职责时，无论是义务还是权利都不存在有效来源[3]。

关于退伍人员，平时军事刑法典第 238 条规定了军事司法对无条件退役人员管辖权的总则性规定，其中规定了一系列的罪行是由军事司法机构管辖，还进一步规定了退伍人员自退伍之日起

① 1959 年 4 月 23 日通过法律规定财税警察属于国家武装部队。

② 意大利军事人员退役分为退役和彻底退役，退役是指在确定的时间段内处于退役的身份，但在国家需要（如战争、灾害）或是国家武装部队重新招募时再次进行服役；而彻底退役则是指退役人员与武装部队的服务关系永久性终结，自彻底退役之日起恢复独立个人身份。

③ David Brunelli，Giuseppe Mazzi：Diritto Penale Militare（IVed），Giuffrè，2007，p. 24.

两年内实施特定犯罪行为仍归军事司法机构管辖①。

（二）相对军事人员

平时军事刑法典第1条作出了总则性规定，属于特别条款，即一种相对处在军队的状态，承担与军队人员同样的职责，如随军牧师，根据意大利军事法第1555条规定，随军牧师只有在军队总动员或部队动员时，并且随军队登船（航空器）或在海外执行任务时才归军事司法机构管辖。

（三）非国家武装部队人员

意大利平时军事刑法典第11条对军事刑法典管辖的非国家武装部队人员进行了规定：民用船只或航空器上的船长或飞行员实施了本法典所规定的罪行；任何登上军用船只或航空器的人员，自通知其船只或航空器目的地之时起至规定下船或航空器之时，在船只或航空器损毁的状况下，则以机组人员解散之时为终。

非国家武装部队人员实施了以下罪行也依据平时军事刑法典第14条第1款规定由军事刑法典管辖：平时军事刑法典第94条向外国报告非机密的和非内部的消息；第136条随意在军事工厂

---

① 黄风译：《意大利军事刑法典》，中国政法大学出版社1998年版，第7页。第77条“反叛罪”；第78条“教唆反叛、共谋、武装团伙”；第84条“与外国人勾结并为其服务”；第85条“隐匿、毁灭、伪造或窃取有关军队、战备或国防方面的文件或物品”；第86条“出于间谍的目的泄露军事机密”；第87条“出于间谍的目的与军人合谋泄露军事机密”；第88条“出于间谍的目的刺探秘密情报”；第89条第2款“出于间谍的目的绘图或进入军事要地”；第99条“与外国通信意图实施叛逆罪或军事间谍罪”；第98条“教唆或倡议”：教唆或倡议实施第84条、第85条、第86条、第87条、第88条、第89条第2款的行为，以及第157条为长期逃避军事服役的义务而自寻病患、第158条为暂时逃避军事服役的义务而自寻病患和第159条为逃避军事服役义务自寻病患或假装病患。

或实验室实施加工行为；第 140 条违抗军令；第 141 条对哨兵实施抗拒、威胁或侵害行为；第 142 条对哨兵使用暴力；第 145 条阻截军事命令；第 182 条实施煽动活动；第 184 条为抗议或争辩征集签名，军人集会。可见，尽管行为各有所异，但是否属于军事行为还是以“军事刑法典规定为主”。

立法还规定了民事部队人员，即不属于武装力量部队，但依据军事组织标准进行征募的人员，包括消防部队、森林警察、国家警察和监狱警察。上述人员曾经属于武装力量，但在意大利国内的法律修订中对这些机构的人员进行了去军事化的法律规定，不再隶属于国家武装部队。

二、意大利军事刑法典的属地原则

意大利宪法规定的属地原则，即在意大利境内实施的犯罪行为同样适用于军事刑法典。

首先，平时军事刑法典第 18 条将在意大利领土之外实施的犯罪行为列入意大利军事司法体系管辖，即根据平时军事刑法典第 260 条的规定，由意大利主管部门提出要求。与此相反，第 17 条规定的罪名[①]对程序没有任何的前提条件，只要是在外国占领区、宿营地或过境地实施的犯罪都列入意大利军事司法管辖。在外国领土实施的犯罪行为等同于在意大利境内实施罪行，军事武装部队在外国停留，适用旗帜原则并受意大利法律约束，即视为国家的移动领土，等同于悬挂意大利国旗的军用船只和军用航空器。

其次，战时军事刑法典第 4 条规定：“对于在战争区域或是

---

① 黄风译：《意大利军事刑法典》，中国政法大学出版社 1998 年版，第 9 页。第 17 条规定，对于在外国占领地、宿营地或过境地实施的犯罪，军事刑法典也适用于受该法律约束的人员，并应遵循国际条约和惯例。

同等情形的区域内实施的犯罪行为适用本法。”显而易见，在战时军事刑法典中，对属地不再以“国内”或是“国外”进行划分，而是对地点采用了唯一的划分标准，即此地点是否处于战争状态。战时军事刑法典第 4 条规定了这个补充性原则，也是意大利理论界所称的模糊性的原则①。根据这一原则，军事司法的管辖权可以进行一定程度的扩张，但扩张的界限却难以一言以蔽之，即战争期间，战时军事刑法典适用于立法已规定的罪行，以及实施犯罪行为的地点虽没有处于战争状态或是未被处于战争状态，但行为会对战争中的军事行动、其他相关军事活动造成损害，或是对战争总体进程造成损害。

因此，在军事司法实践中出现的众多的适用判定标准导致了战时军事刑法典司法管辖权适用标准模糊化，使得平时军事刑法典和战时军事刑法典的适用规范无法实现完全统一。

三、意大利军事刑法典的溯及力

意大利军事刑法典同样遵从“法无明文规定不惩罚”“不具追溯效力”的法律基本原则，体现出军事刑法典同样注重对公民基本权利的保护。但军事刑法典作为一种特殊的刑法典，还是在法律基本原则的适用上表现出例外性。根据平时军事刑法典第 15 条规定，对于在服役期间实施的在退役之后被发现或审判的犯罪，军事刑法典不仅适用于军人服役期间的犯罪行为，还对其在退役或结束与国家军事武装机构关系之后的违法犯罪行为进行追究和审判。通过上述规定可以看出，首先肯定了在军人服役期间的适用性。其次还可对军事刑法典的适用范围进行合理的扩大解释，如与某一因素是导致问题出现的决定性因素时，则排除适

---

① David Brunelli, Giuseppe Mazzi: Diritto Penale Militare (IVed), Giuffrè, 2007, p. 33.

用的疑问。

战时军事刑法典第 23 条规定，对于战争期间发生的罪行一律适用本刑法典，并且战争结束之后的任何刑事诉讼程序仍然适用战时军事刑法典，这一规定也是“tempus regit actum[①]”这一法律原则的完整性体现。

四、意大利军事刑法典中特定犯罪的概念

军事刑法典中犯罪的概念首先可以通过意大利宪法第 52 条窥见一斑，其规定“任何与宪法第 52 条规定的爱国主义国防利益相违背的行为，并且行为必须要用一种特别的程序、特别的刑罚、特别的规范来实现被保护价值的效力，那么就可以定义为军事犯罪”。换言之，仅依靠宪法第 52 条的定义，“对宪法所保护的爱国主义国防利益造成了直接的损害或是将其置于危险的状态”，对行为进行判定缺乏明确性，也显然难以对所有的军事犯罪概念予以准确的定义概括。同时，若仅依靠军事司法规范对行为进行是否属于军事犯罪的判定同样存在困难。因此，如何认定行为超越了普通刑事司法机制，需要将其判定为军事犯罪，意大利宪法第 103 条对军事刑法的实质性作出了规定。根据此规定军事犯罪应当为行为主体不履行军事义务或是违反了军事法律规定。立法者在保持与宪法一致性的基础之上，应同时保证在考虑军事犯罪行为缺少与军事利益联系的情形下，如何建立与军事司法的联系，以避免抹杀立法的中立性。

---

① 从旧原则，无论民事诉讼程序还是刑事诉讼程序都应遵行，是指在司法程序中，应该采用程序开始之时的规范，而不适用在程序适用过程中最新修改的法律规范。并且这一原则仅限于对程序法修订的适用，如实体法修订导致对被告人更加有利的结果，则不适用此原则。

（一）军事犯罪的形式概念

平时军事刑法典第 37 条①的规定可以认为是对军事犯罪形式概念的表述，也是对军事刑法条文中罪行特性的总结。该规定对军事犯罪的构成给出了确定性的解释，这一解释也在普通刑事管辖和军事刑事管辖之间划定了界限。

可以说军事犯罪的出现是为了满足政治与军事的需要，军事犯罪从某种程度来讲，立法的科学性相对于普通刑事犯罪并不突出，为了避免军事犯罪肆意扩大的困境，仍需要宪法作为所有法律的最高限制，以限制军事司法的管辖权。例如，某些军事人员虽然属于军事武装部队，但因其实施的罪行非军事犯罪，因此不归军事司法体系管辖。另外，意大利军事刑法典中存在一些罪名，这些罪名并不违背军事义务也没有违反军事法规，尽管构成这类军事犯罪对法律利益造成了相同的侵犯②，但这些罪名并不能体现军事犯罪的本质特征，意大利宪法也没有针对军事犯罪的对象规定特殊性的限制。因此，从理论角度而言，军事犯罪在意大利刑法体系中并不存在宪法化的定义，立法针对构成军事犯罪行为的界定和所作出的特殊设置则可以通过立法技术手段解决。

综上所述，意大利宪法规定了军事犯罪的实质性概念，特别是当军事刑法条款缺乏明示性规定时，需要通过宪法原则或是条文来解释相关条款。考虑到军事刑法是普通刑法的例外，军事司

---

① 黄风译：《意大利军事刑法典》，中国政法大学出版社 1998 年版，第 16 页。第 37 条规定，任何违反军事刑法的行为均为军事犯罪。如果某一行为在其全部或部分构成要件上不被普通刑法规定为犯罪，由该行为构成的军事犯罪是单纯军事犯罪。由本法典规定的犯罪和被任何其他军事刑法规定可处第 22 条列举之刑罚的犯罪均为犯罪。

② Paolo Stellacci："Il Reato Militare e il Suo Giudice in Tempo di Pace"，In Rivista Penale II，1950，p. 710.

法准确来讲可以称为“特权聚会”。

（二）军事犯罪的实质性概念

军事刑法的最新发展体现在与宪法原则的对应以及对刑法部门科学化发展过程中产生的影响，其超越了军事刑法原先对军事犯罪形式概念的界定。但这一变化并没有对军事犯罪的本质产生根本性动摇，可以说军事刑法立法仍然保持了较高的科学性，以及一定的政治倾向。根据立法者所确认的标准以及判定入罪的方式能够概括出所有军事犯罪基础性的本质，但这一本质即军事犯罪所体现出的损害军事利益的特性并不完全与普通司法体系的运行标准相一致。

探究军事犯罪的实质性概念，仅仅认为是对军事义务的违反是不够的，还应当包括鉴别所保护的对象，因此研究应当通过内容所对应的目录这样一种方式来进行。只有这样才能精确地包含构成军事犯罪的条件，不仅是违法行为、应受刑事惩罚、对军事利益的伤害这三个必要条件，还应该同时包含行为违背了武装部队的民主原则、对权利的损害或是对内部民主原则之下合法利益的损害①。因此，可以归因于军事犯罪的性质，无论是普通刑法还是军事刑法中对利益造成损害的行为，军事犯罪成立的前提是必须假设大多数行为是对军事利益的损害。此定义在意大利宪法第 52 条中得到了确认——军事犯罪的目的、原因和限制，该行为是将宪法所保护的国家利益置于危险状态中。从立法修订的趋势来看，考虑到作为军队的标准，军事刑法所保护的不同利益同样能够在宪法改革内容的框架之内。另外，还应当考虑此行为直接源于上级命令的情形下，行使军人的合法权利：在军队范围

① Giuseppe Rosin：“Osservazioni sui Rapporti tra Giurisdizione Militare e Giurisdizione Ordinaria”，In Rassegna della Giustizia Militare，1983，p. 311.

内，像其他任何一个趋向于封闭的社会一样，在实际中可能会发展成为无根据的自治，就必须应当被惩罚以保证占绝大多数的行为以体现“共和国民主精神”的方式呈现[①]。

意大利平时军事刑法典第37条第2款对单纯军事犯罪作了规定：“如果某一行为在其全部或部分构成要件上不被普通刑法规定为犯罪，由该行为构成的军事犯罪是单纯军事犯罪[②]。”尽管对军事刑法中的单纯军事犯罪作出了界定，但这并不否定军事犯罪与整个刑法体系的联系，军事刑法仍是在大的刑法体系之下，它的特殊性是针对普通刑事法律而言的。这种独有性军事犯罪的概念正符合了现实中立法者对于特殊法律价值保护的需求。

单纯军事犯罪的概念起源于迪·维科（Di Vico[③]）的论文，他在文中提出了这一观念，而单纯军事犯罪在事实层面上的出现则要追溯到更早的时代。阿里奥·米南德（Arrio Menandro）在《军事犯罪》一文[④]中对卡拉卡拉（Caracalla）时代的军事犯罪进行了定义。单纯军事犯罪首次在军事刑法典中被认可是在1889年的扎那尔德利（Zanardelli）刑法典中。意大利军事刑法学发展的早期，对于独有性军事犯罪的规定能够体现出明显的类推性，即不仅仅对违反军事法律规范的行为进行惩罚，还包括了违反道德规范的行为以及败坏公民荣誉的行为在内。根据上述条款可以推断出，单纯军事犯罪是那些非普通刑法规制的对象，也

---

① Cinzio Violante：“La Giustizia Militare”，In Rivista Penale Giustizia，1956，p. 158.

② 黄风译：《意大利军事刑法典》，中国政法大学出版社1998年版，第16页。

③ Di Vico：“Il Reato Esclusivamente Militare”，In Rivista Diritto e Procedure Penale Militare，1935，p. 5.

④ Arrio Menandro：La Letteratura “De Re Militari”，Giuffrè. 1974，p. 70.

未构成对其他规范的违反，然而这些行为是对军事义务的违反，这就是区别于普通刑事法律义务的地方。因此，正如违反命令罪、擅离职守罪等，这些独有性军事犯罪的典型特征就是违反了相关的军事义务，而没有与违反普通刑事法律义务的行为相混合。

（三）宪法和军事刑法

意大利宪法第 103 条第 3 款给军事犯罪下了定义。根据此款规定，宪法所划定军事犯罪的界限是对本质性利益的否定：以军事利益为标准。但对军事犯罪仅进行实质的肯定性定义的效果是不够的，还需要否定性解释发挥重要作用。

从实际情况来看，军事犯罪的本质不仅仅是实施了一个构成军事犯罪的行为，一方面需要行为构成符合既定法律条文规定的内容；另一方面则又不仅仅依靠这些法律条文所表达的意思对军事犯罪的特征进行总结，因为构成军事犯罪还需要对军事利益造成侵犯。正因为如此，立法者对于军事犯罪的总结就不能仅是违反规范的行为，哪怕行为主体是军事武装部队的人员，但其违法行为与其军事义务没有关系，或是不在军事服役的关系之内，就不能对军事利益造成损害。

意大利宪法第 103 条欲表达的核心意思是军事犯罪是一种典型的“对多种不同性质利益的侵犯”，但行为对军事利益的侵害是必然的。同时，意大利宪法法院对“属于军事武装部队人员”的概念作出了非常严格的定义，这使得与军事犯罪相关的概念走向了缩小解释的发展方向。意大利宪法法院于 1984 年 7 月 12 日作出了第 12 号判决，这个判决区分了狭义上的军事犯罪的客观行为，即那些对军事利益造成损害的行为，其他则包含了对普通利益的损害，一个广义上的军事犯罪客观行为还包括了罪行仅严格地与军事利益范围相关。根据上述区分，意大利宪法法院对平时军事刑法典第 49 条作出了违宪的裁决，就此阐述了不仅仅只有对军事利益造成侵害的行为才能构成军事犯罪，同时还包括了那些对普通刑事法保护利益造成侵害的行为，即当这些利益符合某一方面在军事利益所保护的范围之内。

意大利宪法法院在相关的判决中认为[①]军事义务或是军事法律规范之外的行为，当行为主体未履行义务也未出现在军事武装部队中时，即构成了军事犯罪："因为行为人的消极行为导致了军事利益之外与军事义务和军事法律规范规定的联系。"由此可见，如果构成军事犯罪的行为与军事地点只有唯一相关，那么这不足以决定适用军事刑法来惩罚违反军事法律规定的行为。

总而言之，意大利宪法法院通过数个判例，对军事犯罪作出的严格解释即是构成军事犯罪的必要条件是与军事利益的相关性。这也是保证军事立法科学性的基础。如果宪法已经在政治和犯罪之间作出了相关的立法定义，尽管需要对宪法所保护的相关利益进行保护，但就此认为刑法是政府的统治工具，不足以且不适合揭示刑法的本质，还必须摒弃"刑罚的义务"的观念，赋予更广阔的空间给予"刑法的政治性"，这也正体现了立法者的责任和预留出的司法自由裁量权空间。因此，宪法第 103 条强调的是军事司法中的自治性，给予了军事法官一定的自由裁量权，只有当军事司法所作出的解释与宪法标准相反时才被认为是违宪的，比如将所有的公民解释为军事武装部队人员或是将所有的犯罪行为解释为军事犯罪行为。

因此，军事刑法中规定的启动军事刑事诉讼的标准和普通刑事诉讼法的规定是一样的，都是在各自法典的总论部分作出了具体规定，如赦免条件、量刑情节等。但如果在普通法典中已经被

---

① Sent. n. 22 17/1/1991. http://www.giurcost.org/decisioni/1991/0217s-91.html，最后访问日期：2020 年 8 月 26 日。

取消的特殊条款却保留在其他特殊的法典中，则可以认为这种特殊条款正是代表了军事犯罪实质性的定义。

从区分普通司法和军事司法的效力方面来看，是由宪法对军事犯罪概念作出了基本性的限制解释，尽管这个解释在今天看来可能欠缺适当性，但在当时还是达到了消除普通刑事司法和军事刑事司法之间不合理的相异点的目的。在军事刑事诉讼中，同时还在普通刑事诉讼法典中规定了对军事法院的判决可上诉至最高法院的条款，这不仅给予了普通刑事法官和军事法官平等的地位，也保证了法律的独立性。

意大利宪法法院关于“属于军事武装部队人员”的概念已经很明显——概念的多重性——实质层面包含了不止一个条件，虽然赋予了军事司法解释法律的权力，但在法律根本效力上限制了军事司法的范围。唯一例外的是关于“军事犯罪”的概念，意大利宪法法院在最近的判决中承认了立法者所留下的自由裁量权空白点，能够在军事司法实践中具有独立的扩大解释权力。

（四）军事违法行为和军事犯罪

意大利平时军事刑法典第 38 条规定了违反军事义务但不构成军事犯罪的情形，应根据相关的军事法律规范惩处。可以推断出立法者的意图是要将违反军事义务的行为分为违反军事法律和构成军事犯罪两种情形，该规定清晰地展示了立法者认为尽管违反军事义务会构成军事犯罪，但不排除那些没有构成违反特殊军事义务的犯罪行为。因此，回到军事犯罪的本质，若没有造成对军事利益的损害，只有违反军事义务的行为也不能构成军事犯罪。

军事违法行为和军事犯罪行为之间并没有一个明确的界限，但对罪行更加严重的行为可以考虑将普通刑法中的强制性惩罚原则作为判断标准之一。法律规范中的强制性原则已经规定了刑事违法行为，即应当提起刑事诉讼的行为。那么，对于违反其他法律规范的行为，也有立法者规定的法律规范，以及适用惩罚的权力自由裁量的空间，以鉴别违法行为是否会引发惩罚性法律规范的适用从而判定行为是否构成刑事犯罪。因此，这个判定标准同样是作为判定军事违法行为和军事犯罪的标准。

在成文法的定义中，区别军事犯罪和军事违法行为是以军事法规为基础，构成两种不同的处罚方式，并由不同的管辖机关进行确认以及惩罚。实质上，这两种违法行为的区别在于是否需要动用刑罚进行处理，即是否需要剥夺人身自由。这正是强制性惩罚命令的体现，军事武装部队中最典型和最有意义的惩罚是对人身自由的限制，特别是在军事纪律规范中制定的统一扣押措施。那么，在限制人身自由方面本质性的区别就在于实施权力的主体和限制自由的自决权利（如履行义务），以及执行刑事惩罚或执行扣押的确定行为是由宪法规定的哪个主体执行。也就是说，涉及对人身自由限制的规定在适用时应同时考虑到宪法第 52 条以及军事刑法的特征，对人身自由作出限制的规定是否可以由军事部队长官在权利范围内作出。

另外，军队中长官对限制人身自由方面的权力①不完全与意大利宪法第 13 条相容，因意大利宪法第 13 条把剥夺人身自由的权力赋予了普通司法主体。但对意大利宪法第 13 条以及其他司法原则的解释可以认为，纪律惩罚的方式也可以通过限制人身自由的形式实施。可以说，只有在没有规定刑事惩罚的情形中，当今的军事法律规范才能够对已经启动惩罚措施的义务实施保护，但不能适用于那些本质上属于强制及限制人身自由权利的违法行为。

---

① 意大利原平时军事刑法典第 309 条规定了当场发现犯罪之外的情形中实施逮捕权力。意大利宪法法院在 1985 年 3 月 20 日的第 74 号判决中裁定此条违宪，从而废除了该法律条文。

第二章　战争罪的分类与构成

意大利战争罪立足于战时军事刑法典，实现了军事刑法和国际刑法的结合，近些年特别是自 2002 年国际刑事法院正式成立以来，意大利力求与国际刑事法院的章程相符，在国内对战争罪立法进行了大力修订和增补，由此承担并履行国际刑事法院成员国的义务，促进与国际刑事法院的合作。从法律角度来看，这种合作关系无疑是建立在意大利国内相当完善的立法体系之上的；而从政治角度来看，意大利之所以重视与国际刑事法院的合作，也是为了扩大本国在国际社会上的影响力。

意大利的战争罪立法有以下几大特征：首先，充分的人道主义精神。意大利通过批准了国际社会大部分的人道主义国际公约，构建了国内立体的人道主义法律保护体系。其次，立法及时性。意大利不断针对国际公约的变化和意大利军队的现实需求进行立法改革，做到了立法与司法的紧密结合。最后，法律规范的先进性。意大利立法者针对出现的新问题进行了专门的立法，正如对非传统意义上的国际行动出台的法典，其具有强烈的现代特征，符合国际社会动用军队的发展趋势，也适用于当今大多数国家对军队的海外动用，在海外行动中军队并没有脱离完全的战争状态，但又不能划归于传统的战争，因此对此独立情形的立法是十分必要且实用的。

第一节　关于战争罪的立法基本理论

战争罪是国际刑事法院所管辖的四个国际核心罪行之一，对意大利军事刑法典中的战争罪的研究也同样不能脱离相关国际公约的立法规定和国际机构的已决判例。本节主要对战争罪在相关的国际人权公约中的规定进行整理和分析，结合意大利国内法律的具体内容，力图展现战争罪在意大利立法层面的发展历程和主要特征。

一、国际社会对战争罪的首次审判

国际社会对战争罪的首次宣判可以追溯到1474年，当时的神圣罗马帝国依据“上帝和人类法”判决彼特·范·哈根巴赫（Peter Von Hangenbach）在占领贝尔萨其（Breisach）过程中犯有谋杀、强奸和其他罪行①。审判庭由28名来自阿尔萨斯（Alsazia）、德国、瑞士和奥地利的法官组成，这个审判虽然发生在国际社会对战争罪达成共识之前，审理对象的违法犯罪行为也是在和平环境中实施的，但因庭审组成的国际性，以及审理对象与现代国际社会有关人道主义法律和战争法律所规定的内容十分相符，因此这次庭审被认为具备了高度权威性，成为了人类社会对“反人类罪”和“战争罪”审理的始祖案例。

发展至现代，国际社会首次以“战争罪”判决的案例则是前南斯拉夫问题国际刑事法庭对塔迪奇的审判，法庭认为塔迪奇构成战争罪是因其违反了武装冲突法所保护的基本利益，给受害者造成了严重伤害，同样国际特别刑事法庭也在审判中确认了战

---

① www. chiesacattolica. it/cci/diocesi/allegati_ applet2/. . . /tribunale. rtf，最后访问日期：2018年9月10日。

争罪中的个人刑事责任制度。

二、战争罪的立法原则

战争罪作为国际社会认可的国际核心罪行，体现了国际社会对违法战争行为、非法使用武器行为的强烈谴责。有关战争罪的制度与国际人道主义法律的紧密联系展示了国际社会对人类基本权利的最低保护待遇和尊重人类尊严的要求，因为这些要求是在和平时期构成良好社会秩序的必要条件，这些要求哪怕是在战争时期这种特殊情形下都必须严格遵守，其所代表的是对全人类最基本权利的保障，任何情形下都不得克减。

发生在现代社会的战争行为，因科技的巨大推动力，呈现出多样化的发展趋势。给国际相关法律和公约的规定带来了极大挑战与影响，一方面国际社会对战争法律的调整体现在惩罚措施的变化上；另一方面战争中的非法行为规定紧扣传统战争法律的核心，即关于战争法律的国际公约以武装冲突为背景，但尽力避免对单纯武装冲突与战争状态采取相同的确认方式。从传统的国际人道法层面出发，以及对国际关系未来发展趋势的判断，意大利在制定本国战争法律时十分尊重关于战争中非法行为的法律规范，同时对国际公约中各种战争的具体行为构成不断进行填补，以弥补战争立法的空白。

战争罪侵犯的是全人类的基本利益，其首先属于国际法调整范围，它不可避免地拥有典型的国际法特征——惩罚性的缺失，因此若对战争罪的追诉与惩处仅停留在国际法层面是无法完全发挥立法效力的，虽然国际刑事法院的建立宣告国际社会建立了一个独立的刑事司法机构对国际核心罪行进行审理和宣判，但国际刑事法院运行的每一个阶段都无法脱离各个成员国家的支持与配合。

回到意大利国内立法，意大利从作为1949年日内瓦四公约[①]及其附加议定书等人道主义国际公约和国际刑事法院的签署国所需要承担的国家责任出发，对战争罪进行了较为细致的立法。意大利的战争立法主要表现为对国际法基本原则的遵守（特别是1907年《海牙公约》体系、1949年日内瓦四公约及1977年的两个附加议定书、1998年通过的国际刑事法院章程——《罗马规约》）。在国内战争立法中，首先把修订国内法律以实现刑法对国际公约所保护的基本利益放在首要位置。把国际公约规定的内容进行国内法律的转换，对违反国际公约的行为实现国内刑事法律的惩处。意大利立法者认为，国际法律规范建立起对人类基本权利的司法最低保护原则是全人类利益保护的体现。这些基本利益应当毫无疑问地列入宪法的保护范畴，保障人类基本利益的实现。而从这个层面上来讲，刑事法律就是实现保护国际公约利益的工具[②]。其次，重视人道主义法律的保护利益。意大利对国际武装冲突和国内武装冲突都进行了立法规定，在注重保护战争中人员基础上对文化财产建立了较为完善的保护体系。最后，意大利的战争罪立法体现了高度的现代性。与意大利国家和军队的需求紧密联系，积极修订立法以满足意大利军队执行海外行动的需求。

在意大利的国内立法技术层面，国际公约关于战争罪的规定和本质是在刑事法律中发挥作用，国内立法对国际公约的转换方式既包括直接将国际公约规定转换为刑事法律规范的方式，也包

① 日内瓦四公约即《改善战地武装部队伤者病者境遇的日内瓦公约》（日内瓦第一公约）、《改善海上武装部队伤者病者及遇船难者境遇的日内瓦公约》（日内瓦第二公约）、《关于战俘待遇的日内瓦公约》（日内瓦第三公约）、《关于战时保护平民的日内瓦公约》（日内瓦第四公约）。

② David Brunelli，Giuseppe Mazzi：Diritto Penale Militare（IVed），Giuffrè，2007，p. 521.

括通过对规范内容进行解释的方式。意大利对国内法律中构成犯罪的条件不断进行调整以保持与国际法律的一致性，从意大利在2002年国际刑事法院成立之后不断对军事刑法典的改革也能体现其立法的及时性。

三、国际公约对战争罪的概括规定

战争罪作为国际的核心罪行，立法主要来源于最早的国际习惯法，后发展成为以列举形式明确规定的国际公约和相关附件书，即1907年《海牙公约》体系和1949年日内瓦四公约，这一系列公约涉及了战争罪的构成和惩处规范，对战俘和战争中其他相关人员的待遇，对平民的区别对待措施，这些国际社会公认的规范构成了对战争中受害者的主要保护体系。第二次世界大战之后的纽伦堡国际军事法庭和远东国际军事法庭也都在刑事司法审判中直接确立了构成战争罪的规范和原则，上述公约成为日后国际社会追究战争罪犯的法律依据和重要原则。

2002年国际刑事法院成立，将战争罪列入国际核心罪行进行管辖和审判，国际刑事法院的章程《罗马规约》成为国际社会审判战争罪和其他国际核心罪行的直接法律依据，开创了国际社会对战争罪惩处的新时代。

战争罪可以概括为所有违反1907年《海牙公约》体系和1949年日内瓦四公约规定的行为，特别是多边国际公约中的规范系统，国际习惯法所保护的财产等，以及当今国际社会同意将下列罪行列入刑事管辖：谋杀、酷刑、非人道主义和侮辱行为（包括非军事武装冲突中的大屠杀行为、毁损肢体、强奸、协助实施非人道主义行为、使用人体盾牌）；进行生物和医学实验；对被捕人质实施处决；对平民进行驱逐（包括“种族清洗”），如联合国安理会指出的“严重违反国际人道主义法律”“具有灭绝人类的形式”；对平民的非法扣押；掠夺；无意义的毁坏行为（即没有合法理由的必要军事行动）；强迫招募；拒绝进行公平的程序；无合理理由对战俘和平民延期遣返；种族隔离和种族主义；对文化财产的违法犯罪行为（偷窃、掠夺、破坏、在军事行动中使用、缺乏保护措施）；以及对平民的袭击，不分青红皂白的袭击行为；袭击具有强行危险的设施（堤坝、核电站）；袭击没有防备或是非军事化区域；袭击非战斗员；非法使用保护性的标志和旗帜（红十字、红新月、中立旗帜）；使用造成环境改变的禁止性武器。特别是 1977 年日内瓦四公约第一附加议定书第 11 条①、

① 《一九四九年八月十二日日内瓦四公约关于保护国际性武装冲突受难者的附加议定书》（日内瓦四公约第一附加议定书）第 11 条“对人身的保护”规定：“一、由于第一条所指的场合而落于敌方权力下或被拘禁、拘留或以其他方式被剥夺自由的人的身心健全，不应受任何无理行为或不作为的危害。因此，迫使本条所述的人接受非为该有关的人的健康状况所要求并与进行医疗程序一方未剥夺自由的国民在类似医疗情况下所适用的公认医疗标准不符的医疗程序，是禁止的。二、特别禁止对这类人员实行下列各项办法，即使经本人同意，也应禁止：（一）残伤肢体；（二）医疗或科学实验；（三）除依据第一款所规定的条件系属正当的行为外，为移植而取去组织或器官。三、对第二款第三项所规定的禁例，只有献血以供输血或献皮以供移植的情形除外，但献血或献皮均应自愿，而不加任何胁迫或劝诱，而且，只限于治疗目的，并在与公认医疗标准相符的条件下和在旨在使捐献者和领受者双方共同受益的控制下，才得除外。四、对于在所依附的一方以外冲突一方权力下的任何人，严重危害其身心健全，并违反第一款和第二款所规定的任何禁例，或不遵守第三款的要求的任何故意行为或不作为，应是严重破坏本议定书的行为。五、第一款所述的人有权拒绝任何外科手术。遇有拒绝的情形，医务人员应设法取得病人所签字或承认的关于拒绝的书面声明。六、冲突每一方对于在其负责下献血以供输血或献皮以供移植，均应就每次献血或献皮，保存一份医务记录。此外，冲突每一方均应设法保存一份关于对因第一条所指的场合而被拘禁、拘留或以其他方式被剥夺自由的任何人所进行的所有医疗程序的记录。这类记录应随时提供，以备保护国检查。”

第75条[①]、第85条[②]指出了国际社会对战争罪概念发展的一个重要方向，即重视对战争中平民的保护。

---

①《一九四九年八月十二日日内瓦四公约关于保护国际性武装冲突受难者的附加议定书》（日内瓦四公约第一附加议定书）第75条“基本保证”规定：“一、在冲突一方权力下而不享受各公约和本议定书所规定的更优惠待遇的利益的人，在其受本议定书第一条所指的场合的影响范围内，在任何情况下，均应受人道的待遇，并至少应享受本条所规定的保护，而不得以种族、肤色、性别、语言、宗教或信仰、政治或其他意见、民族或社会出身、财富、出生或其他身份或任何其他类似标准为依据而加以不利区别。每一方均应尊重所有这类人的人身、荣誉、信念和宗教仪式。二、下列行为，在任何时候和任何地方，也不论是平民或军人的行为，均应禁止：（一）对人的生命、健康或身体上或精神上幸福的暴行，特别是：1. 谋杀；2. 各种身体上或精神上的酷刑；3. 体刑；和4. 残伤肢体；（二）对人身尊严的侵犯，特别是侮辱性和降低身份的待遇，强迫卖淫和任何形式的非礼侵犯；（三）扣留人质；（四）集体惩罚；和（五）以任何上述行为相威胁。三、任何因有关武装冲突的行动被逮捕、拘留或拘禁的人，应立即以其所了解的语言被告知采取这些措施的理由。除因刑事罪行而被逮捕或拘留的情形外，这类人应尽速予以释放，而无论如何，一旦逮捕、拘留或拘禁所依据的情况不复存在，应即予释放。四、对犯有与武装冲突有关的刑事罪行的人，除公正和正常组成的法院依照包括下列各项在内的公认的正常司法诉讼程序原则判定有罪外，不得判刑和处罚：（一）诉讼程序应规定使被告立即被告知被控犯罪的细节，并应使被告在审判前和审判期间享有一切必要的辩护权利和手段；（二）任何人除以个人刑事责任为依据外均不应对其判罪；（三）任何人，如果其行为或不作为依据其行为或不作为时对其适用的国内法或国际法不构成刑事罪行，不应对其进行控告或判罪；也不应处以较其犯刑事罪行时可判处的刑罚为重的刑罚；如果在犯罪后，法律规定较轻的刑罚，犯罪人应享受该规定的利益；（四）任何被控犯罪的人，在按照法律证明其有罪前，均推定为无罪；（五）任何被控犯罪的人，均应享有受审时在场的权利；（六）任何人均不应被迫证明自己有罪或供认

（接上注①） 犯罪；（七）任何被控犯罪的人均应有权讯问或要求讯问原告方面的证人，并在与原告方面证人的同样条件下取得被告方面证人的出庭和被讯问；（八）任何人均不应因先前依据同样法律和司法程序已宣告无罪或已定罪的终局判决所涉及的罪名而为同一方所追诉或惩罚；（九）任何人因犯罪而被追诉，均应有取得公开宣判的权利；和（十）被定罪的人应在定罪时被告知其司法和其他救济方法以及利用这些救济方法的时限。五、基于有关武装冲突的原因而自由受限制的妇女，其住处应与男人的住处分开。这类妇女应由妇女直接监视。但在同一家庭的人被拘留或拘禁的情形下，如果可能，应按家庭单位予以安排，安置在同一地方。六、基于有关武装冲突的原因而被逮捕、拘留或拘禁的人，在其最后释放、遣返或安置前，即使在武装冲突结束后，也应享受本条所规定的保护。七、为了避免关于对被控犯有战争罪或违害人类罪的人的追诉和审判有任何怀疑，下列各项原则应予适用：（一）被控犯有这类罪行的人，应按照适用的国际法规则提交追诉和审判；（二）对不享受各公约或本议定书所规定的更优惠待遇的利益的人，应给予本条所规定的待遇，不论其被控的罪行是否构成严重破坏各公约或本议定书的行为。八、本条的任何规定，均不得解释为限制或妨碍依据任何适用的国际法规则对第一款所规定的人给予更大保护的任何其他更优惠的规定。”

②《一九四九年八月十二日日内瓦四公约关于保护国际性武装冲突受难者的附加议定书》（日内瓦四公约第一附加议定书）第 85 条“破坏本议定书的行为的取缔”规定：“一、各公约关于取缔破约行为和严重破约行为的规定，经本编加以补充，应适用于破坏和严重破坏本议定书的行为的取缔。二、各公约所述的作为严重破约行为的行为，如果是对本议定书第四十四条、第四十五条和第七十三条所保护的在敌方权力下的人，或对受本议定书保护的敌方伤者、病者和遇船难者，或对在敌方控制下并受本议定书保护的医务或宗教人员、医疗队或医务运输工具作出的行为，即是严重破坏本议定书的行为。三、除第十一条所规定的严重破约行为外，下列行为在违反本议定书有关规定而故意作出，并造成死亡或对身体健康的严重伤害时，应视为严重破坏本议定书的行为：（一）使平民居民或平民个人成为攻击的

（一）1907年《海牙公约》体系

战争罪在国际公约中的成文规定最早出现在1899年《海牙公约》体系和1907年《海牙公约》体系中。1907年《海牙公约》体系主要是国际战争习惯法，涉及禁止对确定类型战争武器的使用，国际社会通过两次海牙会议，达成的数份通过1907年

（接上注②） 对象；（二）知悉攻击将造成第五十七条第二款第一项第3目所规定的过分的平民生命损失、平民伤害或民用物体损害，却发动使平民居民或民用物体受影响的不分皂白的攻击；（三）知悉攻击将造成第五十七条第二款第一项第3目所规定的过分的平民生命损失、平民伤害或民用物体损害，却发动对含有危险力量的工程或装置的攻击；（四）使不设防地方和非军事化地带成为攻击的对象；（五）知悉为失去战斗力的人而使其成为攻击的对象；（六）违反第三十七条的规定背信弃义地使用红十字、红新月或红狮与太阳的特殊标志或各公约或本议定书所承认的其他保护记号。四、除上述各款和各公约所规定的严重破约行为外，下列行为于故意并违反各公约和本议定书作出时，应视为严重破坏本议定书的行为：（一）占领国违反第四公约第四十九条的规定，将其本国平民居民的一部分迁往其所占领的领土，或将被占领领土的全部或部分居民驱逐或移送到被占领领土内的地方或将其驱逐或移送到被占领领土以外；（二）对遣返战俘或平民的无理延迟；（三）以种族歧视为依据侵犯人身尊严的种族隔离和其他不人道和侮辱性办法；（四）如果没有证据证明敌方违反第五十三条第二款的规定，并在历史纪念物、艺术品和礼拜场所不紧靠军事目标的情形下，使特别安排，例如在主管国际组织范围内的安排所保护的，构成各国人民文化或精神遗产的公认历史纪念物、艺术品或礼拜场所成为攻击的对象，其结果使该历史纪念物、艺术品或礼拜场所遭到广泛的毁坏；（五）剥夺各公约所保护或本条第二款所指的人受公正和正规审判的权利。五、在不妨碍各公约和本议定书的适用的条件下，对这些文件的严重破坏行为，应视为战争罪。”

《海牙公约》建立起的公约体系成为国际社会战争立法的开端①。1907年《海牙公约》体系的主要特征可以归结为以下几点：第一，确立了战争行为违反1907年《海牙公约》体系规定内容的金钱赔偿责任。第二，战争行为在违反1907年《海牙公约》体系规定内容时，行为人还应当对其所属武装部队实施行为负责，但这个责任仅在于绝对的金钱赔偿义务。第三，在国内刑法领域，面对本国军队对抗敌军时实施的战争行为，以及敌军违反战

① 第一次海牙和平会议（1899年5月18日-7月29日）通过：《和平解决国际争端公约》（1899年海牙第一公约）；《陆战法规和惯例公约》（1899年海牙第二公约）及其附件《陆战法规和惯例章程》；《关于1864年8月22日日内瓦公约的原则适用于海战的公约》（1899年海牙第三公约）。1899年7月29日海牙宣言包括：《禁止从气球上或用其他新的类似方法投掷投射物和爆炸物宣言》（1899年海牙第一宣言）；《禁止使用专用于散布窒息性或有毒气体的投射物的宣言》（1899年海牙第二宣言）；《禁止使用在人体内易于膨胀或变形的投射物，如外壳坚硬而未全部包住弹心或外壳上刻有裂纹的子弹的宣言》（1899年海牙第三宣言）。

第二次海牙和平会议（1907年6月15日-10月18日）通过的1907年10月18日《海牙公约》包括：《和平解决国际争端公约》（1907年海牙第一公约）；《限制使用武力索偿契约债务公约》（1907年海牙第二公约）；《关于战争开始的公约》（1907年海牙第三公约）；《陆战法规和惯例公约》（1907年海牙第四公约）及其附件《陆战法规和惯例章程》；《中立国和人民在陆战中的权利和义务公约》（1907年海牙第五公约）；《关于战争开始时敌国商船地位公约》（1907年海牙第六公约）；《关于商船改装为军舰公约》（1907年海牙第七公约）；《关于敷设自动触发水雷公约》（1907年海牙第八公约）；《关于战时海军轰击公约》（1907年海牙第九公约）；《关于1906年7月6日日内瓦公约原则适用于海战的公约》（1907年海牙第十公约）；《关于海战中限制行使捕获权公约》（1907年海牙第十一公约）；《关于建立国际捕获法院公约》（1907年海牙第十二公约，未生效）；《关于中立国在海战中的权利和义务公约》（1907年海牙第十三公约）；《禁止从气球上投掷投射物和爆炸物宣言》（1907年海牙第十四公约）。

争法律和公约的情形，主权国家有权决定惩罚措施的宽严度。这意味着国内法律规范的制定在一定程度上影响了国际社会惩罚专项性规范的制定。

在这之后，1914 年 7 月 28 日第一次世界大战爆发，在残酷且多样的战争行为面前，相关国际公约中关于战争罪的条款暴露出了严重的不适用性，特别是在国家主体违反战争及使用武力法律规范情形时，欠缺相关的惩处性法律条文。同样，第一次世界大战后虽签订了《凡尔赛条约》，但在对《凡尔赛条约》进行适用时却因当时荷兰拒绝引渡导致国际刑事判决无法执行。

1929 年 7 月 27 日，国际社会通过《关于战俘待遇的日内瓦公约》，作为首个对实质性行为进行系统法典化规定的条约，它体现了国际社会对如何处理违反条约行为的研究前景。1929 年《关于战俘待遇的日内瓦公约》是国际社会有关战争法律制定的一个转折点，代表了国际社会开始从惩罚战争罪的视角出发，为之后国际公约关于战争法律的发展奠定了基础，该公约也决定了对第二次世界大战后战犯的处置。

因此，国际社会在第一次世界大战后面对欠缺相关法律规范以惩治严重违法的战争犯罪行为，以及各个国家国内刑法体系对战争罪不能妥当规范的困境，推动国际社会开始了一系列关于战争罪法律程序和基础性原则的修订，其中包括“法无明文规定不为罪”这一原则。同时，国际公约的制定需要糅合普通法系和大陆法系的共同特征，才能够在所有国家都具有执行性，虽然在当时的普通法系国家，如英国对国际公约在本国的适用性问题并不严重，因为英国的法律规范具备适应国际普通法律和条约的理想化条件，只需要在确定性的程序条件中适用这些条款，而不需要考虑国内法律是否缺乏预先规定的条款和特定的惩罚措施。从意大利所属的大陆法系角度看待这个问题，就面临着较大的适用障碍，因大陆法系相关法律规范所设定的犯罪构成模式应有精准的概念，以及完整的相关惩罚条款。因此，国际公约设定的核心问题就需要主权国家承担起调整国内特定规定以实现最终影响规范的设定。这就是1907年《海牙公约》体系、1929年《关于战俘待遇的日内瓦公约》以成文形式出现后，在签署国执行力方面缺乏持续性的原因，只有挪威、荷兰与瑞士对国内法律进行了调整，接受以上所述公约的制约。

（二）1949年日内瓦四公约——人道主义法典的出现

经历了第二次世界大战，国际社会再次对严重违反战争法律和习惯法的战争行为进行了反思，认为应进一步限制非法战争行为和过于不人道战争方式的使用。在此背景下，国际红十字理事会在国际红十字第十七次国际会议（1948年，斯德哥尔摩）上提交了一份议案，要求对违反战争法律的行为制定确定的惩罚原则并致力于惩罚的落实，同时提出了追究战争罪的另一项原则："或引渡或起诉"。国际红十字会就此要求理事会继续这项法案，并罗列出属于战争罪的行为，这份议案第1条名为"立法措施"，规定了各成员国所应当承担的法律责任，确保所有违反公约规定的行为都会受到法律追究并采取相应的制约措施，如进行刑事处罚或是行政惩罚的手段①。第2条是关于严重违反战争法律的行为，要求各签署国对违反公约的行为提起刑事诉讼，并确认了对战争罪的普遍管辖权，此外还隐含了将战争罪的管辖权提交至有权国际机构的内容。该议案还对违反战争法律的行为进行了详细列举，并规定若有权管辖的国家未将战争罪起诉至法庭则必须进行引渡。第3条规定了上级命令的免责性以及量刑情节，第4条

① 瑞士最先签署了日内瓦四公约，并开始在国内立法中建立相应的条款，履行公约规定的国际义务。

是对被告人权利的保障。

该议案体现了强烈的人道主义精神，以此保证被告人的辩护权和司法救济权。因此，该议案的总体特征可以归纳为以下几个方面：第一，国际社会对追究战争罪的强烈意愿。第二，要求各个国家修订本国法律以履行公约规定的国际义务。第三，确立了对战争罪的普遍管辖权。第四，确立了各签署国对战争罪“或引渡或起诉”的义务。并且，国际红十字会认为国际公约应该具备一个特征，即任何一种违反战争法律和非法使用武力的行为都应当有相应的既定惩处条款，对国际公约的遵守和尊重应当是建立在对违反战争行为进行惩处的文字依据之上。同时，国际红十字理事会在当时要求请求国，希望能够发展对国际公约的严格遵守义务和违反国际公约所规定的确定性惩罚措施。

该议案受到了各国代表团的重视，在之后的谈判中，以此为基础产生了日内瓦四公约，日内瓦四公约各成体系且又互相联系，构成了对战争中各项行为的惩罚和人员基本权利的保护。1949 年 10 月 12 日，国际红十字会正式通过日内瓦四公约，体现了国际社会为保护战争中的受害者，重新制定各国国内法律并首次转换为国际公约体系，公约签署国所承担的最基本义务是“尊重并保证尊重”公约中列出的所有情形。公约没有直接把非法的战争行为定义为“战争罪”，而是使用了“严重违反”行为，这种概括的构成模式同时根据国际刑法已规定的战争犯罪行为，通过转换制定在了公约的内容中。即日内瓦第一公约第 50 条、日内瓦第二公约第 51 条、日内瓦第三公约第 131 条、日内瓦第四公约第 147 条对战争罪的行为类型作出规定。

日内瓦第一公约第 50 条规定了改善战争中伤病员的待遇，并同样列举了对受保护的人员和财产实施了严重违法的行为。并与第 49 条联系，签约国应承担起在本国法律中规定违反战争法律的犯罪行为及相应的刑事惩罚措施。同时，第 50 条也对违法行为进行了宽泛且详细的列举，涉及以下行为：故意谋杀；酷刑、非人道主义待遇，包括进行生物实验（故意造成严重后果或对生理、健康造成严重影响）；在缺乏军事必要情形时，使用不分青红皂白或非法任意手段对财物进行毁坏且占有。对这些严重违法行为的界定，主要归功于 1948 年在国际红十字理事会上的商讨与协调，从立法技术层面对违法行为的主观过错进行了逐个区分。这次会议也释放出了一个强烈的信号，就是对严重违反国际法的战争行为，不仅对行为人追究刑事责任，还将对行为人所属的国家追究国家责任。

对于最需要保护的人群，该公约选择了对特殊人群类型化的保护方式：第 13 条对伤病员的保护；第 24-26 条对医疗和宗教人员的保护以及第 33-36 条对财产的保护。根据纽伦堡国际军事法庭适用的原则第 6 条，国际公约对战争罪的具体行为是以列举方式规定的，但并不限于所列举的行为①。

故意谋杀意图指向受保护的人群：战争中的伤病员，无法对敌方的暴力行为作出抵抗。此犯罪行为还包括战斗中面对敌方，以及被敌方抓获时，对医疗和宗教人员（这类人群在整个战争时期负责对战俘的治疗工作）生命的剥夺。由此，谋杀行为包括报复行动，即该公约第 46 条所规定的禁止性行为。依据对概念进行合理的扩大化解释，谋杀行为的类型包括但不限于典型模式，还衍生出另一种特殊的谋杀模式，即拒绝对伤病员进行必要的救

---

① 纽伦堡国际军事法庭适用的原则第 6 条汇集了司法规范和广泛的概念表述。这样的概念表达模式在纽伦堡国际军事法庭审判中，以及在联合国理事会第 95 号决议中都有所体现。在联合国外交大会工作中，认可采用日内瓦四公约的规定形式，并以此为导向建立起一份具有强制性和不受扩大化影响的保护列表。

助工作，使其病死或饿死。在这种特殊模式中，需要证明行为人的“故意”的主观意图，即故意拒绝治疗和救助，排除疏忽大意或对象不能的情形。

酷刑、非人道主义待遇，包括进行生物实验，这类行为经过国际社会的协商和认定，在《世界人权宣言》第 5 条作出了规定：任何人不得加以酷刑，或施以残忍的、不人道的或侮辱性的待遇或刑罚。虽然《世界人权宣言》最终通过的时候，日内瓦四公约还处在协商制定阶段，但我们能够看见这两个维护全人类基本权利的国际公约无论是在立法原则还是概念表述上都有着千丝万缕的联系。行为故意地引起巨大的痛苦或施加严重的伤害于人体，是一种典型的酷刑和非人道主义行为，这两类行为之间的界限并不清晰。

日内瓦第二公约第 51 条以相同的表述重新列举了“严重违反行为”的情形，因为日内瓦第二公约是针对海上战争的专项规定以及对于所保护的人群，日内瓦第二公约唯一增加之处是“失事船只幸存者”。

“酷刑和非人道主义待遇会引起极大痛苦或其他对生理和健康造成严重影响的生物试验”，日内瓦第二公约作出了和日内瓦第一公约相同的规定。

在海上战争中，在医疗船只或航空器上，没有合理军事必要情形对财产进行毁坏和掠夺，以及大范围地进行非法或任意掠夺，不进行救助以及医疗活动，构成了对日内瓦第二公约第 22-25 条、第 27 条、第 28 条、第 38 条和第 39 条的违反。日内瓦第二公约还规定了对医疗船只实施下沉视为故意谋杀行为，以及对伤病员、失事船只幸存者、船上人员和医疗人员实施非人道主义待遇引发巨大痛苦的行为。

虽然日内瓦第一公约和日内瓦第二公约对“严重违反行为”的

定义作出了清晰的界定，但作为专项针对战俘待遇的日内瓦第三公约，还是对行为进行了更为广泛的列举，并给出了更加详细的定义。

日内瓦第三公约第 129 条与日内瓦第一公约第 49 条、日内瓦第二公约第 50 条作出了相同的规定，但日内瓦第三公约第 130 条增加了关于“强迫战俘参与修筑敌方军事工程，或是剥夺战俘获得正常和公平审判程序权利”。在此情形中，受保护人群的定义在日内瓦第三公约第 4 条作出了详细规定。第 130 条还将谋杀的概念扩展至疏忽大意（未履行职责）的情形，如下令不给战俘所需营养物质，使得战俘无法获得正常食物补给而死亡。

日内瓦第三公约第 13 条规定了禁止报复行为，其中也涉及故意谋杀的情形。第 13 条设立了对战俘给予人道主义待遇的义务，任何由扣押方实施的非法疏忽行为导致战俘死亡或使得战俘陷入极其危险的健康或战争情形都是被禁止的，即认为构成了“严重违反行为”。

关于酷刑的构成，日内瓦第三公约考虑到对人员的扣押普遍会持续一定的期限，因此特别规定了“当行为最终对战俘造成影响时，这些信息应当告知扣押方”。这体现了行为对被扣押人员造成最终效果的判定。日内瓦第三公约第 17 条针对战俘遭受酷刑的特殊情形作出了相关规定，对战俘的非人道主义待遇还包含了剥夺战俘与家人联系的权利。

与日内瓦第三公约第 13 条相符，第 130 条规定了禁止进行生物实验，对“行为故意造成巨大痛苦”作出准确和具体化的定义并不十分容易，因为首先对酷刑行为的界定就不清晰，虽然对进行生物实验的情形有了较为具体的规定。另外，在区分生物实验和“试图造成严重的生理和健康影响”行为上显得不尽合理。这些能肯定地推断出行为对生理和道德造成了巨大痛苦，但如第 130 条规定所示，有关生理痛苦的必要性待遇的规定并不清晰。当行为动机是属于故意地引发巨大痛苦时，不难想象出敌方人员对待战俘以及其他属于被敌方控制的人群很有可能是带着完全的惩罚意图或者是纯粹的虐待意图。

日内瓦第三公约特别把强迫战俘参加修筑敌方军事工程的行为规定为犯罪行为，但是这个规定并不是首次在国际公约中出现，1907 年海牙第四公约第 23 条就作出了上述规定①。日内瓦第三公约对战俘获得公平审判权利的实质性规定，以更加详细的形式进行了完善，日内瓦第三公约第 130 条即是对战俘享有公平审判权利的具体规定。

日内瓦第四公约是对战争中平民保护的一项宽泛性法律规定，体现了日内瓦公约体系法典化和现代人道主义法律的精神。

日内瓦第四公约与其他三个公约一样，也对酷刑和非人道主义待遇作出规定。只是行为对象是战争中的平民，战争中的平民是一个集体性概念，具体表现为一个面对战争手无寸铁、无任何反抗能力的群体。因此，从日内瓦第四公约的规定可以看出，其第 27 条首先作出了一般性的规定，即对平民人道主义待遇的义务。可见日内瓦第四公约制定的主旨是保证平民在战争中能够得到基本尊重和人道主义待遇，体现了与人道主义法律原则的特殊联系。同样，平民也是受公约保护禁止作为生物实验的对象。日内瓦第四公约第 146 条是关于惩罚措施的规定，与日内瓦四公约中的其他三个公约规定相似。

日内瓦第四公约规定的其他犯罪行为的特殊性体现为在战争情形中建立起国家军事武装力量和平民之间的联系。日内瓦第四

---

① 参见 1907 年海牙第四公约原文。Art 23：a belligerent is likewise forbidden to compel the nationals of the hostile party to take part in the operations of war directed against their own country，even if they were in the belligerent's service before the commencement of the war.

公约第 45 条和第 49 条规定了对禁止驱逐或非法转移规定的违反构成了严重违法行为，这也正是附加给国家首脑的一项义务：不能对受国家保护的平民进行非法转移，而无论这个国家是否是公约签署国；不能对签署国国民进行非法转移，而无论行为是否应适用公约；不能因政见或宗教信仰对人民进行非法转移；禁止使用武力对群体或个体实施驱逐，以及无论出于任何目的对任何人实施驱逐；国家不能让受保护人群滞留在特殊区域，即暴露在战争危险中。日内瓦第四公约禁止对平民实施非法转移和驱逐的规定直接源于第二次世界大战轴心国的暴行，其曾使得数以万计的平民受到非人道主义待遇，被迫进行迁移，造成了大量人员伤亡。但是日内瓦第四公约中规定较多的非人道主义待遇在普通刑法典中都不常见。因此，对于签署国而言，保持国内法律规范和国际公约规定完全一致还是有一定难度的。

日内瓦第四公约还专门规定了禁止非法拘禁。显然，非法拘禁是从国家内部普通刑事法律中的犯罪行为转化而来。虽然规定禁止非法剥夺人身自由权，但想要明确指出禁止的范围却并不合理，因为主权国家能够自行决定本国的法律内容，保证敌人和外国人在其领土上能享有绝对的司法保障安全。但是，国家占领者却有权拘禁领土原始居住者。因此，在制定规范时普遍规定了限制适用空间，以保证有非法情形不能通过对特殊理由的适用而排除刑事责任。就获得公平审判权而言，任何国家法律都会作出规定，日内瓦第四公约也对此设置了一系列违反禁止性规定的行为，如让受保护人在特殊法庭受审，而没有任何最终的保障措施，没有辩护人等。

针对第二次世界大战期间抓捕人质行为给全人类带来的巨大负面影响，日内瓦第四公约专门引入了禁止性规定，与非法拘禁相比，禁止抓捕人质的特征在于威胁延长拘禁期限，或是杀害行为。当然，杀害行为肯定构成了日内瓦第四公约所规定的严重违反行为，即故意谋杀。即使行为对造成平民死亡的结果没有任何推动力，即对故意谋杀没有起到辅助作用，或仅仅威胁实施谋杀同样构成公约所规定的故意谋杀行为。因此，对战争中手无寸铁的平民，以及其家庭或周围人员进行死亡威胁是不允许存在任何辩护理由的。

日内瓦第四公约最后对没有军事必要情形时毁坏和掠夺城市和村庄，或使用过分不必要手段的行为作出了规定。公约体现了对医疗人员和设备的保护，如救护车和所有用于救护的设备。另外，第53条规定禁止对占领区的动产和非动产进行毁坏，除了有绝对军事行动的必要情形之外。但公约对在敌占区实施毁坏的行为未作规定。关于在敌占区的毁坏和掠夺行为，在其他国际公约中已有相关的规定，对占领国家以及对民用财产和其他相关财产的征用进行了诸多限制，构成公约规定"严重违反行为"的标准即是否属于"大规模"情形。构成毁坏和掠夺的犯罪在国家普通刑事法律中也不多见，关键就在于与战争、战争占领区域的关系——军事必要性。

批准日内瓦四公约意味着批准国承担起需将公约内容转换为国家法律的义务，国内刑事法律必须明确规定对公约中禁止行为的违反，任何违反规定的行为都应适用刑罚措施，还应当修订本国法律以实现与国际公约保持一致，保护公约所保护的所有对象，以及对公约规定的最严重的违法行为处以相应的刑事惩罚。

（三）1977年的日内瓦四公约附加议定书

1977年6月8日通过了日内瓦四公约的两个附加议定书，这两个附加议定书主要是针对武装冲突背景下的非法战争行为，以实现对日内瓦公约体系的完善及形成一个更加全面的保护系统。附加议定书仍然采用了"严重违反"用词以定义非法行为构成模式。日内瓦四公约第一附加议定书针对国际武装冲突背景下的非法战争行为，禁止使用限制性方式和手段对人员或物体进行攻击。日内瓦四公约第二附加议定书是针对非国际武装冲突背景制定的，如对战斗员和平民的区分，成为首个适用于内战的详细人道规则。1977 年的这两个附加议定书还体现了国际社会对出现新型攻击武器的限制性使用，如禁止在战争中使用毒气、危险性或是其他种类的武器，发动细菌战争等。两个附加议定书的重要特点是区分平民和战斗员的义务。两个附加议定书指出武装冲突各方必须做到严格区分平民和战斗员，任何一方都不能将平民作为攻击目标。交战方还必须区分民用物体（如平民住宅和做礼拜的场所）及军事目标。

2005 年 12 月，在瑞士举行的外交代表会议上批准了日内瓦四公约第三附加议定书，主要是对受保护人群的识别加入了新的标志，即红水晶。

（四）国际刑事法院《罗马规约》第 8 条

2002 年国际刑事法院正式成立，这是国际社会打击严重侵犯全人类共同基本利益的犯罪行为的里程碑事件。

作为国际刑事法院章程的《罗马规约》在第 8 条中对战争罪进行了列举式的规定，将战争罪分为六类：

第一，严重破坏 1949 年 8 月 12 日日内瓦四公约的行为，即对日内瓦四公约规定保护的人或财产实施某些行为①。

---

① 赵秉志、王秀梅译，杨诚审校：《批准与执行国际刑事法院罗马规约手册》，中信出版社 2002 年版，第 372 页。《罗马规约》第 8 条第 2 款第 1 项规定，战争罪是指：（1）故意杀害；（2）酷刑或不人道待遇，包括生物学实验；（3）故意使身体或健康遭受重大痛苦或严重伤害；（4）无军事上的必要，非法和恣意地广泛破坏和侵占财产；（5）强迫战俘或其他被保护人在敌国部队中服役；（6）故意剥夺战俘或其他被保护人应享有的公允及合法审判的权利；（7）非法驱逐出境或迁徙或非法禁闭；（8）劫持人质。

第二，严重违反国际法既定范围内适用于国际武装冲突的法规和惯例的其他行为①。

---

① 赵秉志、王秀梅译，杨诚审校：《批准与执行国际刑事法院罗马规约手册》，中信出版社 2002 年版，第 373 页。《罗马规约》第 8 条第 2 款第 2 项规定，严重违反国际法既定范围内适用于国际武装冲突的法规和惯例的其他行为，即下列任何一种行为：（1）故意指令攻击平民人口本身或未直接参加敌对行动的个别平民；（2）故意指令攻击民用物体，即非军事目标的物体；（3）故意指令攻击依照《联合国宪章》执行的人道主义援助或维持和平行动的所涉人员、设施、物资、单位或车辆，如果这些人员和物体有权得到武装冲突国际法规给予平民和民用物体的保护；（4）故意发动攻击，明知这种攻击将附带造成平民伤亡或破坏民用物体或致使自然环境遭受广泛、长期和严重的破坏，其程度与预期得到的具体和直接的整体军事利益相比显然是过分的；（5）以任何手段攻击或轰击非军事目标的不设防城镇、村庄、住所或建筑物；（6）杀、伤已经放下武器或丧失自卫能力并已无条件投降的战斗员；（7）不当使用休战旗、敌方或联合国旗帜或军事标志和制服，以及《日内瓦公约》所订特殊标志，致使人员死亡或重伤；（8）占领国将部分本国平民人口间接或直接迁移到其占领的领土，或将被占领领土的全部或部分人口驱逐或迁移到被占领领土内或外的地方；（9）故意指令攻击专用于宗教、教育、艺术、科学或慈善事业的建筑物、历史纪念物、医院和伤病人员收容所，除非这些地方是军事目标；（10）致使在敌方权力下的人员肢体遭受残伤，或对其进行任何种类的医学或科学实验，而这些实验既不具有医学、牙医学或住院治疗有关人员的理由，也不是为了该人员的利益而进行的，并且导致这些人员死亡或严重危及其健康；（11）以背信弃义的方式杀、伤属于敌国或敌军的人员；（12）宣告决不纳降；（13）摧毁或没收敌方财产，除非是基于战争的必要；（14）宣布取消、停止敌方国民的权利和诉讼权，或在法院中不予执行；（15）强迫敌方国民参加反对他们本国的作战行动，即使这些人在战争开始前，已为该交战国服役；（16）抢劫即使是突击攻下的城镇或地方；（17）使用毒物或有毒武器；（18）使用窒息性、有毒或其他气体，以及所有类似的液体、物质或器件；（19）使用在人体内易于膨胀或变扁的子弹，如外壳坚硬而不完全包裹弹芯或外壳经切穿的子弹；（20）违反武装冲突国际法规，使用具有造

第三，在非国际性武装冲突中，严重违反1949年8月12日日内瓦四公约共同第3条的行为，即对不实际参加敌对行动的人，包括已经放下武器的武装部队人员，以及因病、伤、拘留或任何其他原因而失去战斗力的人员，实施某些行为①。

第四，《罗马规约》第8条第2款第3项适用于非国际性武装冲突，因此不适用于内部动乱和紧张局势，如暴动、孤立和零星的暴力行为或其他性质相同的行为。

（接上注①） 成过分伤害或不必要痛苦的性质，或基本上为滥杀滥伤的武器、弹药、装备和作战方法，但这些武器、射弹、装备和作战方法应当已被全面禁止，并已依照第121条和第123条的有关规定以一项修正案的形式列入本规约的一项附件内；(21) 损害个人尊严，特别是侮辱性和有辱人格的待遇；(22) 强奸、性奴役、强迫卖淫、第7条第2款第6项所界定的强迫怀孕、强迫绝育或构成严重破坏日内瓦四公约的任何其他形式的性暴力；(23) 将平民或其他被保护人置于某些地点、地区或军事部队，利用其存在使该地点、地区或军事部队免受军事攻击；(24) 故意指令攻击依照国际法使用日内瓦四公约所订特殊标志的建筑物、装备、医疗单位和运输工具及人员；(25) 故意以断绝平民粮食作为战争方法，使平民无法取得其生存所必需的物品，包括故意阻碍根据日内瓦四公约规定提供救济物品；(26) 征募不满15岁的儿童加入国家武装部队，或利用他们积极参与敌对行动。

① 赵秉志、王秀梅译，杨诚审校：《批准与执行国际刑事法院罗马规约手册》，中信出版社2002年版，第375页。《罗马规约》第8条第2款第3项规定，这些行为包括：(1) 对生命与人身施以暴力，特别是各种谋杀、残伤肢体、虐待及酷刑；(2) 损害个人尊严，特别是侮辱性和有辱人格的待遇；(3) 劫持人质；(4) 未经具有公认为必需的司法保障的正规组织的法庭宣判，径行判罪和处决。

第五，严重违反国际法既定范围内适用于非国际性武装冲突的法规和惯例的其他行为①。

第六，《罗马规约》第8条第2款第5项适用于非国际性武装冲突，因此不适用于内部动乱和紧张局势，如暴动、孤立和零星的暴力行为或其他性质相同的行为。该项规定适用于在一国境内发生的武装冲突，如政府当局与有组织武装集团之间，或这种集团相互之间长期进行武装冲突。

① 赵秉志、王秀梅译，杨诚审校：《批准与执行国际刑事法院罗马规约手册》，中信出版社2002年版，第376页。《罗马规约》第8条第2款第5项规定，这些行为包括：（1）故意指令攻击平民人口本身或未直接参加敌对行动的个别平民；（2）故意指令攻击按照国际法使用《日内瓦公约》所订特殊标志的建筑物、装备、医疗单位和运输工具及人员；（3）故意指令攻击依照《联合国宪章》执行的人道主义援助或维持和平行动的所涉人员、设施、物资、单位或车辆，如果这些人员和物体有权得到武装冲突法规给予平民和民用物体的保护；（4）故意指令攻击专用于宗教、教育、艺术、科学或慈善事业的建筑物、历史纪念物、医院和伤病人员收容所，除非这些地方是军事目标；（5）抢劫即使是突击攻下的城镇或地方；（6）强奸、性奴役、强迫卖淫、第7条第2款第6项所界定的强迫怀孕、强迫绝育以及构成严重违反四项日内瓦四公约共同第3条的任何其他形式的性暴力；（7）征募不满15岁的儿童加入武装部队或集团，或利用他们积极参加敌对行动；（8）基于与冲突有关的理由下令平民人口迁移，但因所涉平民的安全或因迫切的军事理由而有需要的除外；（9）以背信弃义的方式杀、伤属敌方战斗员；（10）宣告决不纳降；（11）致使在冲突另一方权力下的人员肢体遭受残伤，或对其进行任何种类的医学或科学实验，而这些实验既不具有医学、牙医学或住院治疗有关人员的理由，也不是为了该人员的利益而进行的，并且导致这些人员死亡或严重危及其健康；（12）摧毁或没收敌对方的财产，除非是基于冲突的必要。

第二节　意大利军事刑法典对战争罪的分类

意大利战时军事刑法典分则部分第四章规定了“侵犯战争法和惯例的犯罪”，此章分为 8 节，共有 65 个条款，涉及违反战争法和国际公约规定，构成战争罪的具体行为。

一、意大利军事刑法典的具体规定

意大利军事刑法典关于战争罪的条款从其诞生之日起，在人道主义方面就具有相当的超前性。这体现在立法初期的高瞻远瞩，同时体现在法律颁布之后进行的修订工作，即与国际公约（1949 年日内瓦四公约和 1977 年两个附加议定书）相协调，再次确保了国内法律与国际公约的一致性。进一步说，立法修订的创新性体现在对国际公约的调整不需要再通过普通刑事法律的先行鉴别，而是直接由军事刑事法律进行调整。

（一）战时军事刑法典第 165 条、第 166 条：总则性条款

侵犯战争法和惯例的犯罪专章的第一节，即关于总则性条款的规定。第 165 条规定了适用战时军事刑法典的是与武装冲突相关的情形。随着意大利军队参加海外军事行动和维和行动的日益增多，2002 年将战时军事刑法典第 165 条即战时军事刑法典的适用范围修订为“适用于盟国主导，以及联合战争行动或是参加同样的外派或战斗”①。

第 166 条规定了执行对敌方的处罚判决。对由意大利战时军事法院针对敌方军人、属于敌方武装力量的其他人员或被意大利

---

① http：//www. camera. it/parlam/leggi/02006l. htm，最后访问日期：2018 年 9 月 30 日。

武装力量占领的敌国境内的居民宣布的处罚判决，不按照第 29 条规定进行推迟，除非意大利与被判刑人所属国之间达成的协议作出不同规定。应当执行处罚判决时，按照平时军事刑法典关于刑罚易科的规定，对军人处以军事刑罚代替普通刑罚，非军人则相反。

（二）战时军事刑法典第 167－173 条：非法行为和任意敌对行为

惩罚在战争或敌对行动中实施的行为违反了国际公约或相关法律的规定，这些非法行为依据意大利《战争行为和中立行为法》第 35 条的规定[①]："在合法限度内以及有合法的必要军事行动中使用暴力且不违反军人荣誉的战争行为是允许的。"

第 167 条规定了由非法交战者实施的敌对行为应受惩罚。合法交战情形的判断依据日内瓦第三公约和意大利 1938 年 7 月 8 日通过的第 1415 号法律，即《战争行为和中立行为法》第 25 条对合法交战情形的具体规定。非法交战者实施针对意大利国家或其武装力量的战争行为，若行为没有专项法律条款规定为犯罪，刑罚为执行胸前枪决方式[②]；如存在使得行为严重性或犯罪人刑事责任减轻的情节，则处以 5 年以上军事有期徒刑。

第 168 条规定了任意延长敌对行为的刑罚。实施任意敌对行

① 意大利 1938 年 7 月 8 日通过第 1415 号法律《战争行为和中立行为法》。这是意大利首次对战争行为进行单独立法，也是首次对基础性法律作出议定，这部战争法律在颁布之后即时生效，这与当时意大利宣布国家进入战争状态相符合，即根据当时意大利宪法第 78 条宣布国家进入战争状态的规定制定。因此，这部法律可以视为意大利第一部战时刑法。这部法律规定了适用的特定对象，以及战争的基本行为规范。

② 1994 年 10 月 13 日意大利通过第 589 号法律，取消了战时军事刑法典中的死刑（包括胸前枪决和背后枪决两种方式），包括所有原涉及死刑适用的量刑情形。

为，在必要反应行动之外或是缺乏合法目的情形时，处以 10 年以上军事有期徒刑。第 169 条规定了未设法终止敌对行为，处以 1 年至 10 年军事有期徒刑。第 170 条规定了违反停火或休战协议，处以 10 年以上军事有期徒刑，如使国家重新开战处以死刑。以上 3 条规定的行为构成主体都是指挥官。

第 171 条规定了任意穿越停战线，处以 1 年至 5 年军事有期徒刑。第 172 条规定了指挥官在未经批准或紧急避险情况之外针对中立国或盟国的敌对行为，处以 3 年至 10 年军事有期徒刑；如行为造成意大利国家、公民或受意大利法律保护的人面临遭受报复或反击危险，则处以 5 年至 12 年军事有期徒刑；若随后发生外交关系断绝、反击、报复，处以 7 年至 12 年军事有期徒刑；若行为造成意大利面临战争危险，处以 12 年以上军事有期徒刑；如敌对行为导致战争出现，或火灾、破坏、人员死亡，处以死刑（胸前枪决）。这个条文的制定更具非自然犯的因素，体现了为保护执政阶级在政治和军事层面决定哪些行为构成战争犯罪行为以及同交战国达成的协议。第 173 条规定了因过失造成的行为过度，行为主体也仅限于指挥官，在上述第 168 条、第 170 条和第 172 条列举情形下，死刑易科为 5 年以上军事有期徒刑，其他刑罚减少 1/3 至 2/3。

（三）战时军事刑法典第 174–189 条：战争中的非法行为

这些条款是惩罚针对非战争合法目标的人员和受保护的物品的敌对行为，第一部分是滥用损敌手段的条款规定。第 174 条规定了指挥官命令或批准使用被禁止的战争手段，处以 5 年以上有期徒刑；如行为导致屠杀，处以 10 年以上有期徒刑。第 175 条规定了非指挥官使用被禁止的战争手段，同第 174 条处罚。第

176 条规定了在法定情形之外决定报复行动[①]，处以 3 年至 10 年军事有期徒刑。第 177 条规定了背信的暴力行为和自愿投降，处以 1 年至 15 年有期徒刑，如行为造成死亡，则处以无期徒刑。第 178 条规定了指挥官未预先通知实施轰炸，处以 3 年以下军事有期徒刑。第 179 条规定了指挥官不采取措施保护应受保护的建筑物、地点和物品，处以 3 年以下军事有期徒刑。第 180 条规定了非法使用保护标志和旗帜，处以 7 年以下军事有期徒刑。第 181 条规定了侮辱保护标志，处以 3 年军事有期徒刑。第 182 条规定了强迫敌方属民参加军事行动或协助军事行动。第 183 条规定了禁止就地枪决犯有间谍罪或有其他违反战时法律和惯例的罪行的人[②]。第 184 条规定了违反有关安全保障或安全通行的规定。以上规定是为避免在战争中行为超出了基于双方对互惠原则的信任，以及其他依据国际公约的原则，在武装冲突中所产生的和在此地点实施过于残忍和非人道的敌对行为。因此，法律规定了对使用禁止性武力的行为或是违背军人荣誉的行为进行惩罚。第 184 条-2 规定了抓获人质[③]。军人违反国际武装冲突法律中禁止抓获人质的规定，处以 2 年至 10 年军事有期徒刑，如军人威胁伤害或杀害非武装或非敌对状态人员，出于战争目的抓获或扣押，以强迫交付人员或物品。

第二部分规定了侵犯敌方个人或集体财物的非法行为，之所以将这些行为列入犯罪的范畴是为了保证对确定人员和物品的保

① 意大利第 1415 号法律，即日内瓦四公约第一附加议定书第 35 条以列举方式明确规定了在战争中禁止使用化学武器和细菌武器。

② 2002 年修订时已删除。因其违反了日内瓦四公约第一附加议定书的规定，在 2002 年意大利军事刑法典修订时删除了此条规定，以保持国内法律与国际公约相一致。

③ 2002 年修订时新增的条款。

护。第 185 条规定了意大利军人对敌方个人实施的暴力，以及被占领区居民对意大利军人实施的暴力。这种暴力是指出于非战争原因实施的暴力行为，且不是必要情形或缺乏合法正当目的，由意大利军人实施的针对敌方平民，或在占领区的人员针对意大利军人的行为。事实上，战时军事刑法典第 185 条规定的行为是战争犯罪中的一种典型行为，在意大利军事司法审判中并不陌生，如 1944 年德军在意大利罗马城（Fosse Ardeatine）实施的大屠杀行为①，以及第二次世界大战期间意大利军队中的纳粹人员实施的战争犯罪行为。第 185 条-2 规定了其他侵犯受国际公约保护人员的行为，也是 2002 年修订时新增的条款。

第 186 条规定了抢掠，处以包含开除军籍的死刑。第 187 条规定了在敌国制造火灾、毁坏或严重损坏，处以 15 年以上有期徒刑，如造成人员死亡，处以包含开除军籍的死刑。第 188 条规定了私自占有，即没有必要或授权的情形下，占有或索要衣服或装备，处以 5 年以下军事有期徒刑；两人合伙，刑罚增加 1/3 至 1/2；如采用暴力，则处以 1 年至 8 年军事有期徒刑。第 189 条规定了不阻止前款规定私自占有行为，处以 1 年以下军事有期徒刑。

（四）战时军事刑法典第 190-198 条：违反对伤病员、遇难人员或死者的义务以及对实施医疗救助人员的义务行为

这一部分的内容更加突出了人道主义精神，体现了不允许将特殊人群和履行职务人员卷入战争行动的立法旨意。对这些人员的保护彰显了人道主义精神，在严格必要的情形中，对战争最为基础性的限制原则即是对生命的保护和对人类的尊重。

---

① 德国军队实施的军事报复行动造成了 335 名平民和意大利军人死亡。

第190条规定了承担救护义务的军人不对患病、受伤或遇难的军人（包括敌军）提供援助，处以1年至10年军事有期徒刑，如过失则处以7年以下军事有期徒刑。第191条规定了对救护队、医院、医疗船舰或飞机和医疗人员使用武器，处以10年以上军事有期徒刑。第192条规定了虐待伤病员或遇难人员，处以5年以上有期徒刑；如使用酷刑或虐待行为严重，处以10年以上有期徒刑；如是对伤病员或遇难人员实施的，处以无期徒刑；若行为导致上述人员死亡，处以包含开除军籍的死刑。第193条规定了对伤病员或遇难人员进行掠夺，处以5年至10年有期徒刑，采用人身暴力形式，处以5年至10年有期徒刑；若是对受委托运送或援助伤病员或遇难人员实施上述后项行为，处以15年以上有期徒刑，对实施上述后项行为，处以无期徒刑；若造成人员死亡，处以包含开除军籍的死刑。第194条规定了对医疗人员或宗教人员使用暴力，处以5年至15年有期徒刑。第195条规定了不释放医疗人员或宗教人员，处以1年至5年军事有期徒刑。第196条规定了肢解、侮辱或窃取尸体，处以10年以上有期徒刑。第197条规定了从尸体上掠取或窃取钱款或其他物品，处以5年至15年有期徒刑，若合伙实施，刑罚增加1/3至1/2。第198条规定了随意否认合法交战者的身份，处以3年以上军事有期徒刑。

立法针对这些毁损肢体，侮辱、窃取、掠夺尸体的犯罪行为，是因为更多地考虑到了过于不人道行为在残酷战场上可能会常常发生，但放纵这些行为的发生会导致人类同情或怜悯感情有消失的风险，这违背了人道主义法律的核心思想。

（五）战时军事刑法典第199-219条：对战俘的违法行为

这些条款对与战俘相关的犯罪行为作出了规定，体现出保护的对象不仅仅是根据国际公约，即日内瓦第三公约的规定，还包括对遵守法律规范义务的违反，规范保护的主体包括敌军战俘以及意大利军人被俘成为敌军战俘。

第一部分规定了对敌军战俘的犯罪。第 199 条规定了不听从指挥，处以 1 年以下军事有期徒刑，若行为在发生严重危险情形下实施，处以 5 年以下有期徒刑。第 200 条规定了暴力威胁意大利军人或法律规范所保护的战俘。第 201 条规定了战俘不服从或侵犯负责维持纪律的战俘，刑罚直接适用以上各条规定。第 202 条规定了战俘集体造反行为，主体为 6 人以上，处以 10 年至 20 年军事有期徒刑。第 203 条规定了战俘集体不守纪律行为，处以 3 年至 10 年军事有期徒刑；对倡议者、组织者、领导者处以 10 年至 20 年军事有期徒刑；如因犯罪人数量较多或犯罪情节特别严重，或行为在危险形势下以及船上或飞机上实施，上述刑罚增加 1/2 至 2/3；如犯罪人屈服于第一次发出的命令，处以 6 个月至 3 年军事有期徒刑，若是行为倡议者、组织者、领导者，则处以 2 年至 7 年军事有期徒刑。第 204 条规定了挑衅行为，前两款行为是因受到具有暴力、威胁或凌辱性质的挑衅行为而实施，死刑易科为 15 年以上军事有期徒刑，其他刑罚减轻 1/3 至 1/2。第 205 条规定了针对前三条规定，对属于“上级人员”的称呼作出定义。第 206 条规定了合谋实施造反或集体不守纪律行为，如犯罪未发生，适用该罪刑罚，并减轻 1/3 至 1/2；在合谋犯罪行为发生之前，且在逮捕或起诉之前退出合谋的战俘免予处罚。第 207 条规定了煽动性表示，处以 2 年以下军事有期徒刑。第 208 条规定了违反承诺重新参战，通过胸前枪决方式执行死刑。

第二部分规定了对战俘的犯罪。第 209 条规定了酷刑或虐待，处以 2 年至 10 年军事有期徒刑。第 210 条规定了侮辱，处以 3 年以下军事有期徒刑。第 211 条规定了暴力、威胁或辱骂，前两款行为之外的行为，依照法律规定的同类行为处罚。第 212

条规定了强迫战俘提供情报或从事受禁止的劳动，处以 2 年至 7 年军事有期徒刑。第 213 条规定了侵犯宗教信仰自由，处以 1 年以下军事有期徒刑。第 214 条规定了窃取钱款或其他物品，处以 5 年以下有期徒刑；若行为人是受委托执行押解、监督或看守任务的人员，处以 3 年至 7 年军事有期徒刑。

第三部分规定了对被俘意大利军人的犯罪。第 215 条的一个重要特点是对意大利被俘军官使用了侮辱、暴力或威胁的违法行为处以更加严厉的刑罚，即监禁刑增加 1/6 至 1/3。其他特殊行为的规定：第 216 条规定了向敌人提供情报，处以 3 年至 10 年军事有期徒刑。第 217 条规定了在承诺不参与敌对行为后获释，处以 3 年至 5 年军事有期徒刑。第 218 条规定了在获得释放之后不向军事当局报到，处以 5 年以下军事有期徒刑。这些条款的制定体现了意大利战时军事刑法典对意大利军人特殊的约束和严格的惩处性质。要求意大利军人承担更多的义务和职责。另外，第 219 条对人质在战争时期的地位作出了规定，人质等同于战俘。

（六）战时军事刑法典第 220-229 条：其他犯罪

本部分内容主要是针对军用物资和战利品的违法犯罪行为。具体内容是：第 220 条规定了转移或隐藏可能受征用的物品，处以 3 年以下军事有期徒刑；若毁灭或消除上述物品，处以 3 年至 10 年军事有期徒刑。第 221 条规定了不执行征用物品的军事命令，处以 3 年以下军事有期徒刑。第 222 条规定了不接受提供个人劳务的军事要求，处以 3 年以下军事有期徒刑。第 223 条规定了不履行或拒绝履行职务行为，处以 5 年以下军事有期徒刑。第 224 条规定了任意或过分实行征用、要求提供劳役或派捐，处以 5 年以下军事有期徒刑；如以营利为目的，或通过暴力或威胁方式，处以 5 年以上有期徒刑。第 225 条规定了实现和平后的派捐，适用前款刑罚。第 226 条规定了为军人征用宿营地的渎职行为，处以 1 年至 5 年军事有期徒刑。第 227 条规定了侵吞战利品，处以 1 年至 7 年军事有期徒刑；若针对被抛弃的战利品实施，处以 1 年以下军事有期徒刑。第 228 条规定了取得或置留战利品，处以 5 年以下军事有期徒刑；同样若针对被抛弃的战利品，处以 2 年以下军事有期徒刑。第 229 条规定了毁灭或破坏战利品，处以 1 年至 7 年军事有期徒刑。

这部分规定的对军用物资的非法征用、派捐和给付行为，即对战利品的滥用，仅在与人道主义权利利益相关时才列入战时军事刑法典的保护范围。以上法律条款还包括了对平民财产权的保护，也体现了对军事管理制度的利益保护，其本质在于正确且有效地维护军事武装部队的日常运行的财产权利，避免对有关战利品习惯法保护的利益的滥用和破坏，从而保证军事武装部队合法行使对战利品的处分权。

（七）战时军事刑法典第 230 条：特别条款

第 230 条规定了不能阻止某些军事犯罪的行为，处罚的是军事武装部队人员因对危险的害怕或其他不可原谅的理由，而没有采取任何可能的方法阻止其他任何一种犯罪行为（如战时军事刑法典第 186 条、第 187 条、第 192 条、第 193 条）。对军人阻止确定性犯罪义务条款的规定体现了对平时军事刑法典第 138 条所保护利益的确认。因此，本规定强调了军人对于具有犯罪意图的非法命令的拒绝执行义务的其他方式。

二、国际刑事法院成立之后意大利国内立法关于战争罪的相关改革

1998 年 1 月 9 日一份名为“根据国际人道主义战争法律、1949 年公约及其附加议定书修订意大利军事刑法典”的法案呈于意大利议会，法案提出删除意大利战时军事刑法典部分与国际

条约不相符的条款，并提出了新增国际战争法律中规定的犯罪行为条款。尽管这份法案最终在议会审查中没有通过，但在4年之后的2002年，即国际刑事法院正式成立之后，意大利议会分别通过了第6号和第15号关于修订意大利军事刑法典的法律，调整了意大利国内立法与国际公约和相关战争法律不协调之处，弥补了1998年未通过的法案。

（一）2002年的改革

面对国内法律与国际公约的不协调之处，意大利在2002年1月31日通过第6号法律进行了相关条文的修订，以实现意大利国内法律与国际刑事法院章程内容相适应。

第一，战争法律适用的时间限制。根据意大利战时军事刑法典第3条规定："从宣布战争开始直到正式结束之时。"而根据日内瓦四公约共同第2条规定："公约适用于任何的国际武装冲突，不考虑参与冲突国家是否承认为战争状态。"因此，依据意大利修订之前的战时军事刑法典的规定，发生国际武装冲突，除非有宣战作为特殊情形，否则无法援引战时军事刑法典。

另外，根据战时军事刑法典第9条规定，出征国外的部队，为执行军事作战任务而出征国外的部队；第11条规定，国家武装力量动员，总动员或局部动员，参加武装动员的武装力量人员，上述两类人员都隶属于战时军事刑法典管辖。依据这两个条文，同样限制了在和平时期对战时军事刑法典的适用，立法者对本应适用战时军事刑法典的情形作出了相反的规定，即适用平时军事刑法典，这与国际公约规定的国家应承担对全人类基本权利保护的义务是不相符的。因此，在2002年的修订中，直接规定了战争法律适用于任何一个武装冲突的场合，以独立于国家正式宣布为战争状态，从而排除了原法律规定的时间限制，消除适用人道主义法律的障碍。

第二，对战时军事刑法典第15条第2款战争中的盟国或协约国军人的范围进行了修订，原始条款为："在本法典有关规定的效力上，'盟国'的称谓也包括在战争中结盟的国家。"修订之后的法条对盟国的表述为：法典中"盟国"的称谓还包括在战争行动中，或参与同样的派遣或合作。作出这样的修订是因为意大利立法者考虑到对战争的传统定义已经不能适应意大利现代军队的行动需求，作为北约成员国，意大利军队在现代国际社会频繁地参与各种类型的军事行动，而这些向海外派遣军事行动的背景在实质上与战争基本无异。因此，盟国的定位更经常地出现在北约等国际机构的共同参与行动之中，从而取代了传统战争中盟国的定义。

第三，对战时军事刑法典第165条的修订，被视为2002年立法修订中最重要的一个方面，原第165条作为战争犯罪章节中的总则性条款，突出了适用战时军事刑法典时须具有军事必要性，这样的规定无疑成为了意大利遵守国际法赋予国内刑法保护人道主义利益的障碍。

修订之后的战时军事刑法典第165条规定："条款适用于任何一种武装冲突场合，独立于宣布进入战争状态。"这样的修订体现出了唯一一种合理解释，即违反战争法律和使用武力的规范在战时军事刑法典的适用条件——战争状态——之外得以适用①。对战时军事刑法典第165条的修订有两方面的影响，修订的积极意义在于：决定了适用战争法律新的条件和情形，不再要求宣布为战争状态；修订同时也对意大利战时军事刑法典整体带来了一定的消极影响，因为它废除了第165条中意大利战争罪的基础原则、互惠性和执行上级命令的可责性。

① 意大利议会在2001年1月29日提交的法案报告中明确指出："战时军事刑法典第165条可适用于意大利军事武装部队在海外的军事行动。"

首先，修订在司法实践层面带来的重要意义是将战争法律，即意大利战时军事刑法典的适用范围扩展到了一个相当大的范畴。根据修订之后的规定，排除了对第165条进行限制性解释的可能，以战时军事刑法典第四章为基础：假设战争法律适用的条件，可以是独立于战争状态。那么，第165条虽然在内容上对适用范围作出了限制，但不能解释为排除其在战争时期适用的含义，因为即使不考虑第165条的存在，战时军事刑法典第四章仍然和战时军事刑法典其他章节的规定一样具备适用的条件，其中之一就是对战争状态的认定，这也是整个战时军事刑法典的适用范围。在2002年对军事刑法典进行了第一次修订之后，同年又再次进行了立法改革，根据意大利颁布的第15号法律，排除了对战时军事刑法典第165条任何不确定的适用情形。根据此法律："在颁布新的法律之前，本章（即战争罪）法律内容规定条款适用于意大利军事武装部队在意大利境外的军事武装行动。"因此，对第165条的唯一解释就是战争罪同样适用于战时军事刑法典的非典型范围。可见，意大利立法者对国际人道主义法律的适用虽然避开了与意大利战时军事刑法典相同的适用范围，但是肯定了战争罪在意大利军队海外行动中的适用可能性，同时这也为意大利政府在2006年的再次改革作出铺垫，由此确立了意大利军队海外行动适用平时军事刑法典的规定①。

其次，原第165条的另一个原则是"互惠性原则"的体现，

---

① 2006年8月2日，意大利通过第247号法律，规定意大利平时军事刑法典适用于意大利军事武装部队在海外所有的军事行动，如意大利在伊拉克和阿富汗的军事行动。实际上，在2006年的改革中还提出了另一种方案，即对平时军事刑法典的适用范围作出明确的解释，并排除对战时军事刑法典的混合适用，其中包括第二编第四章的规定，但最终认为这样的适用模式违反了意大利应履行国际公约义务的规定。

适用于一部分违反战争法律的行为和非法使用武力的行为，特别是非法行为、任意敌对行为以及滥用武力损害敌方利益的行为，只有当行为人服从指挥官的命令，行为人是意大利公民且对敌国造成损害情形时，最关键的一点是敌对国家保证适用与意大利同等的刑罚措施对待其国民。互惠性原则不适用于下列相关犯罪，如对敌方个人、战俘、伤病员、遇难人员或是医疗人员实施的非法行为，因为对这些犯罪行为的刑事惩罚是绝对的，从而实现对国际人道主义原则的确认，国际公认的人道主义法律决定了这些违法犯罪行为不存在任何的合法理由，无论敌对国是否制定了相关的法律规范，都必须处以刑事惩罚。并且，也有国际公约①禁止对上述受保护的人员实施报复行为，若禁止无条件对这些违法犯罪行为适用的原则，可能会造成这些行为更加容易地回避对相关国际人道主义公约承担的义务，从而在报复的名义之下实施相同违法本质的行为。

但是，很明显，根据修订之前的互惠性原则，它的适用条件是建立在对犯罪类型限制性规定的基础上，这与国际公约附加给国家的义务并不相容，国际公约的规定体现出对严重违反行为的镇压不应当设置任何限制。对国家军事利益的保护可能会违反国际公约关于对敌方实施类似行为的规定，在报复的名义下以及在没有被禁止的情形中，虽然军事刑法典中“军事行动的必要性”的规定体现了对国际人道主义法律的遵守，弥补了法律所设置的条件。但是，修订之前第 165 条互惠性原则的适用范围更加广泛，如意大利军人实施了违法犯罪行为应受刑事处罚，且敌对方已经实施了相同违法犯罪行为的情形；如敌对方没有实施违法犯罪行为，仅是敌对国家的刑事法律没有对意大利军人实施的违法

① 日内瓦四公约第一附加议定书第 51 条第 6 款的规定。

犯罪行为作出规定的情形。换言之，互惠性原则的适用采用了有利于意大利军人的标准，可以认为互惠性原则的适用条件满足仅仅相当于刑事法律规范在意大利国内适用所能发挥的法律效应。因此，如果一个国家的法律规范所保护的人道主义利益过于宽泛，导致惩罚措施无法适用，那么就应当调整互惠性原则的条款规定，使其本质功能能够起到刑法保护利益最小化的作用。互惠性原则的适用条件还应当与程序法相联系，以战时军事刑法典第165条规定的犯罪为基础，对那些“执行最高指挥官命令”的行为予以惩罚。

删除第165条最初的两个特征标志着意大利军事刑法迈出了立法改革的重要一步，即与国际公约相协调，消除适用战争罪的障碍。修订前的战争罪适用条件导致了意大利国内法律无法精准地与国际公约对人道主义的保护相兼容。但是修订第165条所带来的问题就是根据战时军事刑法典第245条第3款[①]规定，战时军事法院的管辖权，刑事诉讼开始于最高指挥官的命令，涉及所有的战争罪和非法使用武力的行为，则不对那些互惠性原则之内的行为进行惩罚。那么，战时军事刑法典第245条作为战时军事刑法典第四编中的条文规定，就不能适用于宣布为战争的情形中[②]。

① 黄风译：《意大利军事刑法典》，中国政法大学出版社1998年版，第224页。第245条第3款规定，以下情况由最高指挥官决定提起刑事诉讼：（1）如犯罪人是将军或具有相应军衔的军官；（2）如涉及战时刑法第三编第四章规定的某一犯罪（即战争罪）。

② 战时军事刑法典第245条被意大利宪法法院认定违反了意大利宪法第112条的规定，从而被取消，由意大利检察官掌握启动刑事诉讼的权力。

另外，2002 年第 15 号法律的修订内容还包括对战时军事刑法典第 165 条新增了 1 款规定："军事刑法典中的武装冲突，应当是至少冲突中的一方具备了军事武装组织的特征，以及对军队概念的延伸至冲突中的另一方卷入了战争行动。"可见新增规定再次扩大了武装冲突的范围，从而将人道主义保护的触角延伸至更大范围。

第四，删除战时军事刑法典第 183 条（对间谍的立即处决），原因是第 183 条的规定与日内瓦四公约第一附加议定书第 85 条所要求公平且平等的司法审判权利相违背。

第五，将战时军事刑法典第 185 条的刑罚从最高 2 年军事有期徒刑增加到最高 5 年有期徒刑，根据新增条款的规定，当暴力行为含有杀人或是严重伤害或是伤害至死的情节，可根据意大利普通刑法典中总则部分的规定，适当加重刑罚。对第 185 条的另一修订是新增了 2 款犯罪行为，即第 184 条-2 逮捕人质和第 185 条-2 对受国际公约保护人员的其他侵犯行为。第 184 条-2 是对违反国际武装冲突规范禁止逮捕人质规定的协调，并同时删除了战时军事刑法典第 219 条，因该条规定默认了逮捕人质行为的合法性①，违背了日内瓦四公约第一附加议定书第 75 条的禁止性行为规定，修订之后实现了与保证人质安全和战俘的保护规定相平衡。

另外，新增的第 185 条-2 涉及了一系列的违法行为，如酷刑、非人道主义待遇、非法转移人员或是其他国际公约禁止的行为，包括在非本人自愿情形下进行生物实验或非出于健康目的进行的治疗行为，非因战争原因由军人实施，面对战俘、平民或是其他受国际公约保护的人员的违法行为，判处 1 年至 2 年有期徒

---

① 黄风译：《意大利军事刑法典》，中国政法大学出版社 1998 年版，第 213 页。第 219 条规定，在军事刑法中，人质等同于战俘。

刑。可以看出，第 185 条以及 185 条-2 作为闭合性条款，有相当广泛的适用空间。主要原因在于，首先，意大利的战争法律为保持与国际公约的一致性，确定了任何对战俘、平民和其他人员的非人道主义行为都应受刑事处罚。其次，立法者之所以认同对第 185 条及第 185 条-2 所进行的扩大解释是符合意大利宪法规定的合法原则，是因为国内法律条文的规定主要是通过对国际公约规定的转换，由国际公约赋予了国内刑法有权决定何种程度的行为构成刑事犯罪。

目前，意大利战争法律与国际公约不相符之处还体现在：第一，对平民的保护，如日内瓦四公约第二附加议定书规定的侵犯人类基本权利的非法转移人口、驱逐、没有合法理由对平民的推迟遣返，这些都构成了战争罪的“严重违反行为”。但根据意大利国内刑事法律的规定，这些行为还无法找到妥当的适用条款。第二，对于日内瓦四公约第一附加议定书第 11 条和第 85 条禁止酷刑与种族隔离，非法摘取肢体或器官以进行移植的相关行为，意大利国内目前还缺乏专门的法律规定。

（二）2002 年的后续改革

经过 2002 年的改革，意大利战时军事刑法典的适用范围得到了较大幅度的延伸，也有了新增的罪行且与国际公约的规定保持了一致，在此之后的改革可以根据时间顺序概括为三个主要方面：

第一，2006 年初意大利政府首先在北约的理事会上提出，把北约在阿富汗进行的军事行动改为“战争行动”，同年 10 月意大利国内通过法律形式用战时军事刑法典部分代替了原先适用的平时军事刑法典，以适用于意大利军队在阿富汗的军事行动，旨在从意大利战争法律的人道主义角度为在海外执行军事行动的意大利部队提供全面保护。除此之外，立法决定意大利军队之后进行的海外行动都将适用战时军事刑法典。

第二，2009 年关于保护武装冲突中的文化财产改革。2009 年 4 月 16 日，意大利通过第 45 号法律，作为批准并执行 1999 年海牙外交会议通过的第二附加议定书。1907 年 10 月 18 日通过的海牙四公约体现了在武装冲突中保护文化财产的必要性，为文化财产提供了更好的保护体系。海牙四公约规定，在进行军事包围和轰炸时应当采取适当的保护措施，以保证文化财产的安全，宗教信仰、艺术、科学和慈善以及具有历史价值的建筑物都不能成为军事目标。意大利国内立法改革主要涉及新增与文化财产相关的军事犯罪类型，适用于武装冲突或是国际军事行动，禁止攻击、利用军事财产，占有、摧毁以及掠夺受《海牙公约》保护的文化财产，并对因违法行为对受保护的文化财产造成损害规定了严厉的刑罚，希望在国内法律体系中建立起对文化财产保护的良好制度，而这正是《海牙公约》及其附加议定书所致力于构建的保护体系。

改革中较为有特色之处是：首先，战时军事刑法典第 13 条参阅了海牙公约第二附加议定书第 6 条，规定了在袭击或使用军事用途财产时，特殊的免责事由“强制军事必要”。其次，第 15 条规定了协调条款，即对战时军事刑法典第 15 条的适用，这被视为一个新的重要条款，既在国际法律规范之下同时又涉及了军事刑法的内容。最后，法律虽没有规定实施行为或是损害军事利益的行为人主体资格要求绝对具备军人身份，但是从法律规定的背景来看，在武装冲突和海外军事行动中能适用战时军事刑法典的人员最终只能是具有军人身份的人员。

第三，2011 年的立法改革对战争罪的管辖权承认适用普遍管辖权，意大利与国际刑事法院的合作以遵守意大利国内司法原则为基础，合作程序适用意大利刑事诉讼法典中的特殊规范，而进行合作的具体管辖权实体性规范则可以适用普通司法管辖或是军事刑事管辖。

三、战争法律在意大利法律体系中的地位

战争罪在意大利的立法可追溯至1938年颁布的《战争行为与中立行为法》，内容包括了战争行为和中立行为的规定。这部法律也是意大利战时军事刑法典中战争罪部分规定的最初来源，适用于在国家宣布进入战争状态或是国际武装冲突状态，以及除上述状态但涉及意大利国家利益时，通过意大利共和国总统签发的法令而适用。

在第二次世界大战之后，意大利批准适用了绝大多数国际公约中的人道主义规定，并在国内开始对军事刑法典和战争罪的相关法律规定进行修订，1998年作为东道国举办了建立国际刑事法院的外交全会后，更是加快了国内战争罪立法改革的脚步，使得意大利战争罪的立法具有内容完整性和现代性特征，并且与国际公约和国际最新立法动态保持了高度的一致性。进入2000年之后，针对意大利大量参加海外军事行动的现实需求，军事刑法典显得越发重要。尽管在当代意大利社会，战争并不是主流，但无法否认的是，战争立法已经融入意大利国内法律体系之中，也无法否认战争法律和其他法律部门的联系。事实上，如果完全抛开战争法律，也很难解决平时军事刑法典的适用范围。

因此，在今天战争法律作为一种特殊性法律正在意大利社会发挥着重要作用，现实中战争法律的大量适用还体现在意大利议

会和政府向海外派出大量部队参与国际行动，从事维和等国际行动[①]。在过去的数十年中，虽然对在海外执行军事行动的意大利军事部队是否能够适用战时军事刑法典的战争法律规定一直存在争议，但最终意大利军队参加了北约在阿富汗进行的“持久自由”军事行动，意大利政府通过立法肯定了战争法律对海外军事行动的适用性[②]，并同时规定“在有新的法律生效之前，战争法律适用于意大利军事武装部队所有在海外的军事行动”。

可以想见，若意大利战争法律固守自 1941 年以来的立法，必然会因对“战争”概念限制的不断争议而无法实现对战争罪从刑法层面出发对国际公约规定的遵守和履行国际义务，这显然与当今意大利关于国际武装冲突及其海外军事行动为典型代表的需要相背离。因此，意大利政府及时更新作出法律适用标准的改变是十分重要且具有标志性意义的，体现了意大利默认海外行动中的武装冲突危险性，更重要的是体现了对人道主义保护的重视。

因战时军事刑法典在意大利军队海外行动的适用中带来了其他法律问题，比如对外国人在意大利参加的海外行动中实施了对意大利公民的犯罪行为，以及与平时军事刑法典混合适用时的冲

---

① 意大利国防部目前所派出的部队参与的国际军事行动包括：阿富汗、阿尔巴尼亚、波斯尼亚、塞浦路斯、刚果、埃及、印度/巴基斯坦、科索沃、黎巴嫩、叙利亚、马耳他、摩洛哥、地中海地区、中东、索马里水域、巴勒斯坦/埃及、乌干达、达富尔地区。这些国际军事行动分别在欧盟、北约、联合国安理会的组织下进行，军事行动涉及了意大利的海军、陆军、空军及警察人员，http：//www. difesa. it/，最后访问日期：2012 年 12 月 31 日。

② 意大利立法者认为，这些特殊情形不可避免地需要适用战争法律，因为将“和平时期”用于这些军事行动的背景显然是不合适的。这更是意大利政府对国际公约、国际人道主义法律尊重的体现。

突问题，因此2006年意大利军事刑法又出现了新的立法动向，即针对军队海外行动的专项法典。

第三节　意大利军事刑法典中战争罪的构成要件

通过上述介绍，可见意大利对战争罪在战时军事刑法典中进行了专章规定，在立法模式上遵循了日内瓦四公约和国际刑事法院《罗马规约》对战争罪行为进行罗列式的规定模式。但最终对是否构成犯罪的判定还要通过对战争罪的积极要件和消极要件因素进行考量。

一、积极要件

根据意大利军事刑法典规定，构成战争罪的积极要件包括了战争罪的背景因素，是否具有武装冲突或是认同等同于武装冲突性质背景的判断；战争罪行为发生的地点；行为人的身份；行为人的主观因素及犯罪行为侵犯的对象。

（一）时空要素

战争罪不仅可以发生在传统的战争情形中，还可能发生在现代社会中意大利议会和政府外派军队所参与的由国际组织领导的各种和平行动、国际行动中。因此，可以说意大利对战争罪构成的时空要素脱离了传统武装冲突的定义。对战争法律的适用而言，地点或背景因素的划定比单纯的时间界定显得更为突出，这种背景的划定简单来说就是受派遣的意大利军队在进行海外行动时，为达到既定目标而使用了武器的情形。

首先，战时军事刑法典第4条对战时军事刑法典的适用范围作出了规定：“在被认为是战争地域或是相似地域实施的犯罪行为。”从这个规定可以看出其适用范围十分广泛，同时第4条还规定了例外情形，即在战争时期，战时军事刑法典不仅适用于那些已作出规定的犯罪行为，还适用于不认为是战争区域或是其他类似的区域，当所实施的犯罪行为同样对战争中的军事行动或是其他相关军事活动造成损害，或是对战争造成损害的行为。在此种规定模式之下，将所有可能的武装冲突种类都囊括其中。

其次，依据战时军事刑法典第 165 条——战争法律的总则性条款，意大利政府于 2002 年 1 月 31 日颁布的第 6 号法律对第 165 条进行了修订，确认了在武装冲突，独立于战争状态下的适用。因此排除了构成战争罪需要特殊的时间——战争状态——的规定。在随后的修订中，对战时军事刑法典第 165 条新增一款，即明确武装冲突的定义。武装冲突应当扩展至冲突中至少一方使用了军事装备和冲突双方是为了进行战争。第 165 条的修订体现了刑法对人道主义的严格保护，这种保护涉及了所有的武装冲突情形，而不再局限于传统的武装冲突。

在意大利军队参加的海外行动中适用战时军事刑法典已经获得了法律的明文规定，这是为了能有一个开放的司法机构可以有效惩处任何非法的敌对行动或是对人道主义法律所保护的对象造成伤害的战争行为，体现了意大利军事刑法严格遵循国际人道主义法律、国际公约和相关的国际习惯法。事实上，自签署日内瓦四公约及 1977 年两个附加议定书，到国际刑事法院的成立，意大利就一直积极地运用军事刑法打击武装冲突中的战争犯罪行为。对意大利军队在进行海外军事行动中实现人道主义保护而言，战时军事刑法典中战争罪的条款是必不可少的有效工具。同时，战争罪的条款作为在意大利海外区分合法交战情形和对抓获与扣押俘虏身份的司法判定标准，取代了只能在意大利国内具有效力的法律，如意大利有关维护社会公共安全的法律（如普通刑法），以及意大利的军事司法法。

（二）主体

首先，战争罪的构成并不绝对需要军人身份。根据意大利战时军事刑法典第四章，战争罪中的许多罪行对行为人的主体身份并没有特殊要求，无论是否具备军人身份都可以成为犯罪的主体。因此，根据意大利相关法律规定，行为在没有涉及意大利军事利益情形时，如系在意大利境外完成，要启动意大利的司法管辖权需要满足意大利刑法典第 7 条的要求①。

其次，战争罪中必须具备军人身份人员的范围，不仅包括意大利军人，还包括意大利的敌对方，即敌军实施的犯罪行为。意大利战时军事刑法典在适用标准上采取了保护主义原则，即无论违法行为发生的时间和行为主体如何，只要对意大利国家或公民利益造成损害，意大利军事司法机构都具有管辖权。战时军事刑法典第 13 条是关于此判断标准的专门条款，根据此条规定，实施的犯罪行为“适用于军事部队人员和其他任何一个隶属于敌方军事部队的人员，当这些行为对意大利国家或是意大利公民造成损害时”。该条款是追究敌方军事部队人员战争犯罪行为的保证，也是对普遍保护利益原则的发展，体现了对人道主义法律的利益保护。无论是意大利的敌对方军事部队人员还是意大利军人实施的犯罪行为，只要对意大利国家和意大利公民造成损害，就成为战争罪的适格主体。因为战争罪作为国际核心罪行，对战争罪的

① 黄风译注：《最新意大利刑法典》，法律出版社 2007 年版，第 7 页。第 7 条规定，在外国实施犯罪的公民或者外国人在外国实施下列犯罪之一的，依照意大利法律处罚：（1）国事罪；（2）伪造国家印章罪，使用伪造的国家印章罪；（3）伪造在国家领域合法流通的货币、印花或者意大利公共信用票据罪；（4）为国家服务的公务员滥用职权或者违反其职责义务而实施的犯罪；（5）根据法律的特别规定或者国际条约，对其可适用意大利刑法的任何其他犯罪。

追究不仅仅依据人道主义法律，也是各国在国内立法中不能忽视的利益保护问题。

最后，意大利在 2002 年的立法改革中把军事犯罪的概念进行了扩大化处理，随之带来的结果即是对于战时军事刑法典中军事化人员的概念也有了很大的扩展。改革之后的军事化人员包括军事部队人员，或者进行军事服务的人员，以及对意大利军事活动、军事管理或者其他军事制度，或是对意大利海外的军事行动造成损害的人员。

综上所述，战争罪的主体身份构成需要根据具体的行为以判定身份的特殊要求。鉴于战争罪的特殊性质，无论作为国际核心罪行，还是考虑到意大利保护自身国家和国防军事利益的需求，战争罪的其中一部分罪名对行为人身份要求没有进行过多的规定和限制，只需要符合意大利刑法中具备刑事责任能力的人员即可；另一部分要求行为人具备军人身份的犯罪则是因与军人荣誉或军事行动相关，同时包括了只有指挥官特殊身份才能构成的战争罪。

（三）主观意图

拥有完全自主决定能力的自然人的犯罪意图以及实施犯罪行为的自愿性。比如构成战争罪中的集体实施大屠杀行为时，虽然上级所下达的命令没有直接完全体现实施大屠杀行为的具体内容，但对于行为人存在具体实施行为的意识是显而易见的，甚至能够体现出行为人自身在意识上对具体行为有了更加多样化的发展。例如，有行为人意图实施杀人行为，那么就需要进行特定的准备过程，这一过程要从准备杀人工具开始，因为这是生理活动的一个重要组成部分，代表着行为从设想阶段进入了具体的着手阶段，也充分显示出行为人的自愿性意图。

（四）客观行为

意大利战时军事刑法典对战争罪具体行为的表现方式采用了列举的方式，体现了战争罪构成的多样化，其中既包含了普通刑法典中的杀人、故意伤害行为，也包括了违反国际公约禁止使用的武器和战争方法等行为。即意大利战时军事刑法典第四章侵犯战争法和惯例中第 167 条至第 229 条的规定。

（五）对象

意大利战时军事刑法典中战争罪的对象范围较广：意大利批准了国际社会关于人道主义法律的一系列公约，如日内瓦四公约、《海牙公约》等，因此战争罪的行为对象不仅仅是自然人，也包括了受国际公约保护的文化财产、建筑物[①]。并且根据意大利 2011 年修订的法律，通过了对战争的普遍管辖权之后，从刑法适用范围的保护原则发展至普遍管辖权，只要是对国际公约保护对象的侵害行为都被列入意大利的军事司法管辖范围。

二、消极要件

如果说军事刑法所具有的特征是体现作为军事部门法必须关注特殊的利益，那么除了刑事责任部分，军事刑法应呈现出与普通刑法完全不同的内容。1941 年意大利正式批准军事刑法典通过时，并没有采用避开重新确认军事刑法领域与普通军事分离的原则，而是在军事立法思想体系中建立起排除刑事责任的例外情形，要求排除行为可诉性的特征能够体现出军事刑法对于军事纪律的特殊需求。另外，在刑罚部分，军事刑法也没有突出与普通刑法相区别的特殊之处，只是对一些单纯军事犯罪或只能在战时

① 国际公约包括了 1907 年海牙四公约和 1954 年《关于发生武装冲突时保护文化财产的公约》。

构成的犯罪作出了专项规定。另外，军事刑法作为特殊法律规范，为实现与普通法之间的平衡，不仅体现出与普通刑法的互补性，还必须在军事刑法体系中体现完整性特征。反映在战争罪构成的消极要件上，就涵盖了对行为特殊性和行为人特殊身份情形的要求。

（一）服从义务

在军事免责事由中，意大利立法者没有将普通刑法的内容简单地适用于军事刑法领域，而是希望通过结合军事部队的特殊性以实现法律能在特殊部门发挥较为完善的效果。

意大利军事刑法典中服从义务的总则性条款规定于平时军事刑法典第40条①，法律规定的总体特征体现的不仅是在法律规范中确认的服从义务，更为强调的是在规定情形中的服从就是对权力的履行。这一点也在意大利军事立法者的议案中有所体现："关于对权利正确且适当的履行，更准确地说是对权力的履行"。

在人类首次对战争罪宣判的案例中，即上文所述1474年对彼特·范·哈根巴赫的审判，当时庭审过程中曾涉及必须服从义务的下属范围的定义。服从高级别长官下达的指令是否构成犯罪，有三种不同的学说。第一，源自罗马法的"长官负责制（Ⅱ Principio Respondeat Superior）"，刑事责任应当由下达命令者独自承担。但从这个原则的反面又应当延伸出由下属独自承担的刑事责任。显然，这个规定有利于盲从的下属，但考虑到上级人员，又进一步规定了不受罚的范围。第二，严格遵守个人刑事责任原则。第三，作为折中说，认为下属同样应当承担刑事责

① 黄风译：《意大利军事刑法典》，中国政法大学出版社1998年版，第16页。第41条规定，出于抵抗暴力或制服反抗的要求，军人为履行其服役义务而被迫使用或命令使用武器或其他强制手段，不受处罚。

任，至少应当对可减轻情节承担责任。

这个争议持续了数百年，直到纽伦堡国际军事法庭章程的出台，采用了1945年8月8日通过的《伦敦协定》（对欧洲主要战犯的起诉和惩罚），这一章程确认了当时已经消失了的“长官责任制”。其中第8条规定了量刑情节，被告人因服从其所属国政府或高级长官的命令不能免除刑事责任，但可以作为减轻量刑的酌定情节，同时期的远东审判也采用了这个原则①。在此之后，“长官责任制”的司法实践仍在继续，前南斯拉夫问题国际刑事法庭审理中也作出了与前述相同的责任制度表述。另外，1998年《国际刑事法院章程》第33条的规定②正式确认了“直接指示构成灭绝种族罪或反人类罪的命令是非法的”是不容辩驳的法律假设。

回到意大利国内的法律规定，首先根据意大利刑法典第51条第2款“由下命令的官员承当刑事责任”，明文规定了发布命令者才是适格主体，但这不代表执行命令的人就不需要承担刑事责任，第51条第3款、第4款还规定了只有在“因为事实错误

① 参见《远东国际军事法庭章程》原文：Lo Satuto del Tribunale di Tokyo per l' Estremo Oriente ：neither the official position，at any time，of an accused，nor the fact that an accused acted pursuant to order of his government or of a superior shall，of itself，be sufficient to free such accused from responsibility for any crime with which be is charged，but such circumstances may be considered in mitigation of punishment if the tribunal determines that justice so requires。

② 赵秉志、王秀梅译，杨诚审校：《批准与执行国际刑事法院罗马规约手册》，中信出版社2002年版，第389页。《罗马规约》第33条“上级命令和法律规定”规定，（一）某人奉政府命令或军职或文职上级命令行事而实施本法院管辖权内的犯罪的事实，并不免除该人的刑事责任，但下列情况除外：1. 该人有服从有关政府或上级命令的法律义务；2. 该人不知道命令为不法的；和3. 命令的不法性不明显。（二）为了本条的目的，实施灭绝种族罪或危害人类罪的命令是明显不法的。

而认为执行的是正确命令”或者“在法律不允许执行人审查命令的合法性时”，执行不合法命令的人才不受处罚；在其他情况下，“执行（不合法）命令的人也应对犯罪行为负责”。

其次，在军事部队中，一般而言下级军人在面对上级确定下达的不合法命令时有两种选择：不执行命令（如命令的确违法则是正确的处理方式，但却有违反命令的风险，如命令最终显示是合法的）；要求确认命令之后不予执行，但实际上这种处理方式并不适合军队中的下级人员，因为这些人员经常无法获得所有的信息以判定命令是否合法，或是没有时间对命令中的所有因素进行核实。

意大利军事法第1349条第2款规定：“军人所执行的命令违反军事法律，或是构成犯罪时，有义务不执行命令，并尽早通知上级。”另外，根据2010年3月20日颁布的第90号法律——《军事法修正案》第729条第2款规定，军官所发布的命令违反法律时，若下级军人对违法性有真实认识并附和命令，就认为是对命令的执行，构成违法行为。因此，平时军事刑法典遵循了这个规定，以第40条为基础，执行含有犯罪意图的命令导致了执行者的刑事责任，应当不服从所下达的命令。

但是意大利军事法中还规定了对“含有违反国家原则”命令的不服从义务，而实际中要求接到命令的下级军人对每一个命令进行鉴别，判断是否违反国家的基本原则还是比较困难的，因为这样的违法命令不同于那些针对个人实施的具有明显违法性行为的命令。所以应当考虑相应放宽法律的适用标准，或是对原则性的规定再作出具体的细化标准，允许下级认同对命令的执行。另外，军人同样具有不执行构成犯罪命令的义务，而无论是否表现出犯罪性。判定执行者是否能够认识到刑法的否定性，在于命令没有表现出犯罪性质的情形，若缺乏认识显然就应当排除行为人的主观过错。

“含有犯罪意图”应当是在命令中表现的犯罪意图是毫无疑义且显而易见的。意大利理论界有观点认为，“含有犯罪意图”应当以行为对象为衡量标准，在考虑到人类的平均认知水平即一般认识，而不能以绝对的主体为衡量标准，因为若以主体为标准，则法律规范会有无法适用的可能性。当无法排除主体的决定因素，即当绝大多数人都认为是含有犯罪意图的情形。当然，以对象为衡量标准也要适当地考虑评价犯罪意图命令的可能性，即考虑军人在接收到命令时所能认知到的信息。

实际上，这个标准在意大利军事司法实践中早已付诸实践，在罗马军事法庭 1996 年对德军在意大利罗马城实施大屠杀的审判过程中，认为“含有犯罪意图的命令，是指命令在下达时使得一般人通过执行行为或行动能够立即实现犯罪，衡量标准十分简单，即根据一般人平时的经验，社会公德和常识，良知和人类最基本的道德观。反之，如果支持军人不可罚的观点，则会陷入纳粹的思想体系，其认为没有目的地执行对犹太人屠杀命令是合法且不可罚的，行为主体没有显示出过错性；然而这个命令在其他任何人看来都有明显的犯罪意图，对此命令的执行将导致刑事惩罚的发生。因此，考虑到军人职责的特殊性，对命令是否合法的判定标准不能仅仅以一般人的认识为唯一标准，因为其他任何对命令的执行者都会导致法官认为行为主体不具有犯罪意图的疑问[①]。”关于标准的判定还可以参照当时庭审过程中的另一段结论：“任何一般人应该能够察觉到这个命令的非人道性，剥夺众多受害人的生命是如此野蛮，对于标准以及执行命令的方式应该

---

① Tribunale Militare Roma, 1 agosto 1996, Pribke, 1999, https://www.difesa.it/Giustizia_Militare/rassegna/Processi/Priebke/Pagine/default.aspx，最后访问日期：2020 年 8 月 20 日。

是他们的选择，尽管这个标准的设置，无论是在和平时期还是战时社会，因每个人判断能力不同，都有不同的法律原则，使得具体化标准难以明确[①]。”法庭的判决最终认为，德军在罗马城实施的大屠杀是“符合含有犯罪意图的命令，以一般人标准能够认识到刑法对这个命令价值的否定性评价，如平时军事刑法典第40条最后一款规定，现实中不能让下级作为命令合法性的审查者，因为含有犯罪意图的命令不需要特别审查。重要的是对于拒绝执行大屠杀命令的军人，从表面看缺乏拒绝服从含有犯罪意图命令的根据，因为所下达的命令是独立于行为之外的，下级人员的拒绝服从只是阻止结果发生的条件。事实上，任何一个军人都必须拒绝执行含有犯罪意图的命令，即使他意识到其他人能够处理和服从命令，正如本案情形，对多数军人下达的非法命令，其中任何一个军人宣布反对此命令，仅仅是拒绝集体执行的一个条件[②]。”

另外，意大利军事法第1349条还规定了命令“应当符合法律和原则、关于履行职责的模式和不超出工作基本原则范围”，此条规定显示出下级面对命令必须是准备好的，可以谨慎认真地执行。但是当命令超出了工作基本原则范围，就是一个与军事义务无关的命令。根据2010年第90号法律，军人接到命令后认为其与现行法律不相符，就必须告知下达命令者不履行命令的理由，而命令符合法律规定时就必须执行。

---

① Tribunale Militare Roma, 1 agosto 1996, Pribke, 1999, https://www.difesa.it/Giustizia_Militare/rassegna/Processi/Priebke/Pagine/default.aspx，最后访问日期：2020年8月20日。

② Tribunale Militare Roma, luglio 1997, Hass e Pribke, 1999, https://www.difesa.it/Giustizia_Militare/rassegna/Processi/Priebke/Pagine/default.aspx，最后访问日期：2020年8月20日。

综上所述，意大利军事刑法和相关的军事法律在服从义务的相关法律中作出了相当细致的规定，针对不同情形和行为人具体的判断能力，以及对因果关系的考量，从而判断执行上级命令是否能够构成排除刑事责任的要件。

（二）合法使用武器

意大利平时军事刑法典第 41 条规定，对武器合法使用是免除刑事责任因素，具体规定："出于抵制暴侵或制服反抗的需要，军人为履行其服役义务而被迫使用或命令使用武器或其他强制手段，不受处罚。法律规定军人获准使用武器或其他强制手段的其他情况[①]。"

平时军事刑法典第 41 条可以看作对意大利刑法典第 53 条[②]在军事刑法典中的复制性规定，它免除了军人在履行义务被迫使用武器情形时应受刑事处罚。立法者在军事刑法典制定过程中，对军人免责事由特别对照了普通刑法的特点和自治性，立法上显得更加宽松。根据第 41 条的规定，军人在获准使用武器或其他强制手段时成立排除刑事责任事由，但不代表立法者绝对肯定这些武器或强制手段的使用，即如果通过其他手段同样可以达到制止目的时，那么对武器的使用就不能成为排除刑事责任的事由。另外，对武器和其他强制手段的使用必须是适当的，联系平时军

---

① 黄风译：《意大利军事刑法典》，中国政法大学出版社 1998 年版，第 16 页。

② 黄风译注：《最新意大利刑法典》，法律出版社 2007 年版，第 24 页。第 53 条"合法使用武器"规定，除前两条规定的内容外，公务员为履行自己的职责义务而使用或命令使用武器或其他身体强制手段的，当这样做是出于抵御暴力、制服对权力机关的反抗和阻止屠杀、失事、沉没、空难、铁路灾难、故意杀人、武装抢劫和绑架等犯罪的需要时，不受处罚。同样的规定适用于任何根据公务员的合法要求而向其提供协助的人。法律确定可以使用武器或其他强制手段的其他情况。

事刑法典第45条的规定[①]，获准使用武器或其他强制手段在超出必要限度时同样会构成防卫过当。

关于合法使用武器排除刑事责任的适用范围，使用强制手段的目的不能是强迫其他军人履行服从义务，但如果是为了赢得抵抗则可以。意大利平时军事刑法典第41条对使用强制手段排除刑事责任的情形作出了十分精准的规定，它并没有将范围扩展至行为是由上级强迫下级实施一个特定的行为或是针对特定的人员。

第41条第2款重申了军人获准使用武器或其他强制手段的其他情况，同样没有专门强调需要对暴力的制止或是赢得抵抗的情形。但对于这种情况，立法规定必须引用一系列法律规定才可适用，并且所引用的其他法律能够实现对优先利益的保护，这个规定与意大利军队现实需要相吻合。2009年12月29日意大利议会颁布了第197号法律，其中第4条第1款规定了排除刑事责任的情形包括军人在执行国际行动中为达到军事行动的必要，接到命令、合法交战指令或其他合法命令而使用武器或其他强制手段。2009年的这一规定体现了立法者尊重法律的既定规范，把合法交战指令中合法使用武器或其他强制手段也规定为免责事由。因此，第2款假定通过规范授权使用武器是作为一种最后方式的采用，体现了对法律的合理解释适用。

但对第41条的适用有一个例外规定，即根据平时军事刑法典第138条的规定，军人在没有使用一切必要手段阻止以下军事

---

① 黄风译：《意大利军事刑法典》，中国政法大学出版社1998年版，第18页。第45条规定了过失行为过度即当实施第40条、第41条、第42条（最后一款除外）和第44条规定的行为因过失超出法律限制、上级或其他当局命令或必要性的限度时，如果法律将此行为规定为过失犯罪，则适用有关过失犯罪的规定。

犯罪时应承担刑事责任：当场发生的侵犯军人诚信或军事防卫犯罪、暴动罪、哗变罪。第 138 条规定构成犯罪的行为的共同点是拒绝行为，比如在上级下达命令时消极或是集体迟延出现，在这些情形中认为不仅具有免责理由，而且应当是附加的强制干预阻止罪行最终实现的义务，即最终履行上级所下达的命令。

（三）正当防卫

意大利对正当防卫的立法源于 1889 年意大利的扎那尔德利刑法典，其中第 49 条规定："实施为了避免自己或他人受到正在进行的非法暴力的行为不受罚。"

平时军事刑法典第 42 条规定了正当防卫，以代替普通刑法典第 52 条[①]的正当防卫规定，体现了立法者突出军事刑法的特殊性目的。第 42 条第 2 款规定，出于保护自己或他人免遭正在进行的非法暴力的需要，被迫实施构成军事犯罪行为的人，只要其防卫行为与侵害行为程度相对称，不受处罚。可见构成正当防卫的要件包括两个主要方面，第一，行为人在面对非法暴力时，为保护自己或他人免遭侵害；第二，暴力必须是正在进行时。规定区分了主观意愿，进行正当防卫必须建立在行为人已经意识到有正在进行的非法暴力基础之上。有学者认为，军人构成正当防卫的条件更加严格，因为军事部队都是由年轻的男性组成，他们因军事需要配备了武器装备，无论是在军事纪律之内，还是面对防卫机会时，应当对正当防卫规定更为严格的构成要件[②]。

---

① 黄风译注：《最新意大利刑法典》，法律出版社 2007 年版，第 23 页。第 52 条"正当防卫"规定，为了维护自己或他人的权利免遭非法侵害的现实危险而被迫实施行为的，只要其防卫行为与侵害行为相对称，不受处罚。

② Giuseppe Cairdi：Istituzioni di Diritto Penale Militare，Edizioni dell' Ateneo，1950，p. 259.

正当防卫的构成首先肯定了行为在客观上已经符合了军事犯罪的构成，从而体现出对客观构成犯罪的行为排除刑事责任和排除行为的违法性。对构成正当防卫的行为排除军事刑事责任的原因在于行为人主观上反对犯罪结果的发生，从而排除了刑法的惩罚性。其次，关于暴力的定义可见平时军事刑法典第43条："谋杀，包括未遂或超意图，人身伤害，殴打，虐待和以其他武力实施侵害的行为"。第42条涉及的"正在进行的暴力"概念，通过字面含义能够理解为一个正在实施的暴力行为，而不仅仅是一个侵害的危险。符合规定的条件，即需要在现实中存在与侵犯性行为本质的因果关系，侵犯性行为从本质上来讲就是存在引发危险的可能。

意大利立法者在军事正当防卫中突出了军人特殊的身份状态，认为因其身份职责更容易暴露在危险之中，但如果现实中没有迫在眉睫的非法暴力而进行防卫行为不认为是妥当的行为反应。对法律适用的判定所强调的是军人所面临的危险包含了其在战争中所遇到的各种可能性，或是其他严重的意外事件，正当防卫需要与其身份特征相适应，排除非合法化的行为。

（四）军事犯罪专属消极要件：军事避险的特殊情况

首先，平时军事刑法典第44条规定了军事避险的特殊情况："如军人为阻止哗变、暴动、抢掠、破坏或其他足以危害某地船舰或飞机安全的行为，被迫实施了构成犯罪的行为，则不受处罚[①]。"法律规定在行为已经构成了犯罪的情形时，不是不予起诉而是排除了犯罪构成，作为免责事由，体现了法律肯定军人为了自己或他人的安全，为保护军事法律中的利益所作出行为的积

---

① 黄风译：《意大利军事刑法典》，中国政法大学出版社1998年版，第17页。

极性。

意大利在判断军事避险的认定上十分重视避险行为的可操作性，将其作为排除犯罪构成要素与阻止相关犯罪行为实施相联系。一方面，怀疑军人实施这些非法行为的主观意愿，则不能肯定有效地排除实施这些犯罪行为造成的损害惩罚性；另一方面，不是必须等待犯罪行为对所有行为对象都实施完毕才可以进行军事避险行为。可见判断军事避险合理性的标准是为了阻止犯罪行为，因此从行为试图开始到最终完成军事避险行为的每一个阶段都可以进行军事避险。开始行为标志着对行为造成损害的犯罪行为进行合法化，在这个避险行为实施之后，只要没有明确显示出直接与犯罪行为相联系，并且最终达到军事避险的目的和效果，就可以认为构成了军事避险，从而扩大了法律的操作范围。例如，2007 年 5 月 9 日罗马军事法庭审判了两名在伊拉克执行军事行动的意大利士兵，他们被控于 2004 年 8 月 5 日夜间至 6 日凌晨在伊拉克对一辆救护车开火，因两名士兵相信是敌方人员在救护车上且准备发动攻击。两名意大利士兵以战时军事刑法典第 191 条“对救护队、医院、医疗船只或飞机和医疗人员使用武器”的罪名被起诉，法庭认为这两名意大利士兵违反了在执行军事行动中禁止对救护车、医疗人员使用武器的规定，但法庭同时认为两名士兵构成了平时军事刑法典第 44 条规定的军事紧急避险要件，因为他们认为自己正处于非常危险的状况之中，最终法庭排除了他们的刑事责任。另外，根据立法规定，实施军事避险行为的军人没有阻止犯罪发生的军事义务，以此区别于军事刑法典中其他专门规定了军事避险负有阻止犯罪行为发生义务的条款。

其次，军事避险作为免责事由来源于战争法律古老的“战争的理由优于战争中的权利”原则（Ⅱ principio Krigsraeson geth vor Kriegsrecht)，以此为根基，国际武装冲突法对交战方规定了“紧迫的军事避险”情形。1950 年纽伦堡国际军事法庭审判中对此进行了重新解释并予以适用，“军事必要”不能成为“造成平民死亡和在占领区对城市和乡村实施毁坏行动”的合法化理由。另外，“军事必要”还在其他国际公约原则中体现出来，如日内瓦第一公约第 33 条“毁坏或掠夺中立国的财产”：在没有合理的军事必要情形下毁坏和占有财产，非法或肆意大规模毁坏或占有属于医疗用途的建筑物和物品。依据规定军事医疗用途的建筑物和物品在落入敌方掌控时，应继续保留其医疗用途，以医治伤病员。该公约第 33 条、第 34 条还进一步规定了军事必要性的核心是对“紧急状态”的判定，即除履行充足预防措施的义务之外，还应采取适当措施以保护伤病员和其他应受保护的人员和物品。在国际战争法律中，军事必要性是一类具有限制性的概念，须对规范严格遵守，不可以强迫交战方实施不相容的行为。

再次，军事必要性能够作为一般禁止情形中行为的免责事由，即武装冲突法中的决定性要件。如德国军事部队《武装冲突人道主义法律守则》第 131 条[①]规定，对国际人道法在武装冲突中的引用，包括军事紧急情形即人道紧急情形，这些法律规范不仅尊重军事必要性，同样也尊重人类的基本权利，以此建立起了考虑到军事必要性不可以作为脱离人道主义法律的正当性理由，以及为得到军事优势而使用禁止性的武器。因此，第 132 条规定了对一般行为军事必要理由的例外性规定，只有当国际人道主义法律规定对此情形作出肯定时才应当允许。关于这一点，可以参考瑞典国防部作出的相关规定，其规定强调了对军事必要性概念

① Federal Ministry of Defense of Federal Republic of Germany: Humanitarian Law in Armed Conflicts - Manual (DSK VV207320067), Bonn, 1992, p. 18.

的延伸使用，能够更加便利地运用于不确定情形中的军事行动，但同时应当考虑国际法的内容，体现了在现代国际法中的发展，军事必要性的适用同样应当在国际法一般性原则规定的范围之内。因此，具体的规定即是“除了军事必要，只能是如果有国际公约为基础①”。从这些规定得出军事必要性，在明确规定的情形之外，应当是在“严重违反行为”即构成国际刑事犯罪行为之前。

最后，军事必要性与适当性原则和“交战方对战争武器和方式的选择必须是合法原则②”紧密联系。攻击行为最终必须对敌军起到削弱作用，并且为达到军事优势不能对平民及其利益产生过度损害。根据这些规定，军事行动必须针对军事目标，而不是政治目标。但现实中的确很难对这两者划定清晰的界限，甚至两者是难以分开的，如针对敌军进行的空中轰炸行动。并且，在战争中极端手段的使用往往是从政治角度出发的。

军事必要性与战争罪的联系体现在战时军事刑法典第 172 条（针对中立国或盟国的敌对行为③）、第 178 条（指挥官在轰炸前

① Swedish Ministry of Defense：International Humanitarian Law in Armed Conflict with Reference to the Swedish Total Defense System，Stockholm，1990，p. 90.

② Manuale di Diritto Internazionale Umanitario per le Forze Tedesche ed in quello della Marina Statunitense，https：//www. difesa. it/InformazioniDellaDifesa/periodico/IlPeriodico _ AnniPrecedenti/Documents/La _ necessità _ militare. pdf，最后访问日期：2020 年 8 月 20 日。

③ 黄风译：《意大利军事刑法典》，中国政法大学出版社 1998 年版，第 202 页。第 172 条规定，指挥官未经政府批准或在紧急避险情况之外，针对中立国或盟国实施敌对行为。

不做通知①)、第187条（在敌国制造火灾、毁坏或严重损坏②)、第188条（私自占有③）这些条款中。因此，对军事必要性特殊情形的界定也是对“对人员造成严重损害”概念的界定，直接成为隶属于军事武装部队的军人为阻止上述违法犯罪行为发生所实施的行为造成危害时的免责事由。

三、意大利对战争罪的立法趋势

自1938年的战争专项法律诞生，战争罪在意大利具有悠久的历史，虽然彼时的战争立法大多是在两次世界大战的背景之下，但不可否认的是，随着意大利战后重建，战争罪立法在意大利的发展与更新保持了较高的创新性和适用性。意大利战争罪立法虽立足于军事刑法体系之中，但在当今国际社会和平的大背景之下，开始跳出军事刑法的框架，以满足意大利国家和军事的现实需求。在立法构成上，与国际公约以及国际刑事法院《罗马规约》相同，列举方式全方面地体现了战争罪的构成行为，做到不遗漏任何行为，实现对人和物的全面保护。这种犯罪构成方式，在我国日后进行战争罪以及其他国际核心罪行的立法时也可借鉴。若根据传统单一的犯罪构成，必然不能符合战争罪的多种犯

---

① 黄风译:《意大利军事刑法典》，中国政法大学出版社1998年版，第203页。第178条规定，除出于军事作战的需要外，攻击部队的指挥官在开始轰炸前不依照法律或国际条约尽可能地通知敌方要塞当局。

② 黄风译:《意大利军事刑法典》，中国政法大学出版社1998年版，第206页。第187条规定，任何人非因军事作战需要的迫使，在敌国放火焚烧房屋或建筑物或者以其他手段将其毁灭。

③ 黄风译:《意大利军事刑法典》，中国政法大学出版社1998年版，第206页。第188条规定，军人、为国家武装力量服务的人员或随军人员，在无必要和未经批准的情况下，私自占有食品、衣物和装备，或者所有上述物品。

罪模式和情形，因为无论是在战争还是在相同的环境之下，违法行为肯定会出现多样化的表现形式。并且这种立法模式也与国际公约相符合，能够更好地将国际公约转化为国内立法，特别是在转化过程中，通过列举式的立法模式，可以将重点关注的实现优先立法，也不影响在社会情势变化和科技发展推动之后的新增犯罪行为。

意大利对战争罪立法的另一个重要趋势是通过这些年对军事刑法典的频繁修订，已经实现了将战争罪与现实需求紧密联系。对战争罪的启动不需要再对特定的背景进行甄别，体现了对人道主义保护的重视。意大利对战争立法的修订与其军队参加海外行动的国家背景有着十分紧密的联系，我国现在也在参加联合国安理会组织下的维和行动和海外护航行动，将来也不排除将出现更多参加各种国际行动的情形，因此针对军队在海外行动的情形进行相关立法同样值得关注。

四、战争罪的背景要件——武装冲突

1968 年 5 月 12 日德黑兰会议通过第 23 号议案，对武装冲突中须遵守人道主义作出法律规定，对 1899 年和 1907 年的《海牙公约》重新规定“马尔顿斯条款”。根据这个议案，武装冲突期间须遵守最少化的原则规定：“一个国家法律建立的原则应当来源于人民的习惯法，人道主义法律和那些公认的良知”。同年 12 月，联合国大国第 23 次会议通过了第 2444 号议案，以及在第二年通过了一份名为“在武装冲突中尊重人权”的报告。联合国秘书长签署通过了这些议案，将武装冲突直接与战争法律、人权相联系，并在随后几年的发展中对武装冲突类型和人道主义待遇等相关内容进行了具体化的规定。最终于 1977 年 6 月 8 日在日内瓦外交会议上重新确认并发展了国际人道主义法律在武装冲突中的适用。

（一）武装冲突的概念

判定武装冲突的标准即是否在冲突中使用了武器装备，国际法对于国际武装冲突和国内武装冲突没有使用同样的规定模式，而是对两种武装冲突分别制定了各自独立的规定体系。但是，两者之间最重要的区别在于是否属于合法交战方，是否能够享有战俘待遇。因此，在实践中为国际武装冲突和国内武装冲突划定了一条十分清晰的界限。

1. 国际武装冲突

国际武装冲突是在主权国家之间发生的冲突，实施国际武装冲突的主体在国际法中被认为具有合法性，因此不能对其符合战争法律的交战行为进行惩罚，在交战中被俘的人员自动具有战俘身份。国际武装冲突，如第三国对一个国家内战进行干预以支持反政府方，则交战方都是具有合法地位的政府和国家。

但进一步看，国际武装冲突的主体不能仅限于主权国家和政府，其中还包括在一个国家内进行的解放战争和为争取民族自决权所发生的冲突。比如冲突中有民族群体参加，但没有组成一个独立的国家，希望通过推翻执政政府以实现民族自决权。因此，这种为了实现民族自决权，以及为推翻殖民统治权的冲突类型被国家之间的武装冲突所吸收，就具有国际武装冲突的地位。

有关国际武装冲突的国际公约可见日内瓦四公约以及 1977 年日内瓦四公约第一附加议定书。国际公约体现了人道主义法律保护原则的关注对象是在冲突中没有参与冲突或不再参与冲突的个人或是特殊类型的人群。

日内瓦四公约第一附加议定书对民族解放战争能够获得的国

际武装冲突资格认定作出了规定[①]。而在日内瓦四公约的附加议定书生效之前，为民族自决进行的武装冲突都属于国内武装冲突，无法在国际社会获得合法交战身份的认定。在《联合国宪章》和联合国大会承认了民族自决权的合法身份后，日内瓦四公约第一附加议定书对有民族群体参加的国家解放战争进行了约束性的规定，认定交战若是为了实现民族自决权，则无论处于殖民统治之下还是专制政体之下，或是外国占领之下，都符合国际武装冲突的构成条件。同时，对殖民统治和专制政权下定义必须依照《联合国宪章》和相关国际公约[②]的规定，但对外国占领下定义比较困难，因为如果从立法技术层面上对占领进行定义，则相当于对一个国家的领土进行战争占领，相关冲突应当被认定为国际性的武装冲突，直接导致对日内瓦四公约体系的适用。但是，在日内瓦四公约附加议定书的制定过程中，对占领的定义却是从非技术层面制定的，对于这些冲突方卷入了原住民族和后来成立了主权政府的情形，如某地域上还没有建立一个独立的国家，则无论是通过武力方式还是通过其他方式所进行的冲突都不属于任何其他国家。

有关民族自决权的冲突不包括冲突是由少数民族主义进行的，并且根据现有规定，少数民族主义也不拥有民族自决权，这是日内瓦四公约第一附加议定书第 1 条和其他相关国际公约明确规定的。这些规定既没有承认冲突中少数民族主义的合法交战地位，也没有承认少数民族主义在冲突结束之后在一个独立国家内

---

① 日内瓦四公约第一附加议定书第 1 条对国家解放战争和国际武装冲突作出了划分，但是这些国家并不都受国际公约保护，如美国在自主决定继续参加冲突时，则认定为是国内武装冲突。

② 相关公约分别为 1965 年的《消除种族歧视公约》和 1973 年的《禁止并惩治种族隔离罪行国际公约》。

部成立的组织。除非这个民族主义处于类似于被殖民、专政统治或“外国人占领”的情形之下。

但是，如果参与冲突双方中有一方使用了恐怖主义手段，如战争方式或利用武装组织达到军事武装部队的行动能力，如“基地”组织对美国发动的“9·11”恐怖袭击即是一个恐怖组织对国家秩序的破坏，则构成了典型的国际武装冲突。

2. 国内武装冲突

国际法否认在一个国家范围之内发生的冲突即国内武装冲突的合法地位。在一国武装冲突中，国家政府有权自主划分反叛群体，并对其在人道主义法律范围内进行惩罚。因此，国内武装冲突不被承认具有合法的交战地位。交战双方是合法地位的国家和反叛群体。如有第三国对交战国进行干涉并支持合法政府，则归属于国际武装冲突，交战双方是具有合法地位的政府和反政府方。

对国内武装冲突进行约束性规定的国际法律主要由三类国际公约及其他规范组成，第一，1949 年日内瓦四公约体系的建立对于国内武装冲突而言，打破了国内武装冲突原先只存在于习惯法中的人道主义原则惩罚措施的情形，首次在国际公约的原则中作出规定，并进行了具体性规定，即日内瓦四公约共同第 3 条。第二，1977 年日内瓦四公约第二附加议定书第 1 条规定了公约对事物的适用范围：“一、本议定书发展和补充一九四九年八月十二日日内瓦四公约共同第三条而不改变其现有的适用条件，应适用于为一九四九年八月十二日日内瓦四公约关于保护国际性武装冲突受难者的附加议定书（第一议定书）所未包括、而在缔约一方领土内发生的该方武装部队和在负责统率下对该方一部分领土行使控制权，从而使其能进行持久而协调的军事行动并执行本议定书的持不同政见的武装部队或其他有组织的武装集团之间的一切武装冲突。二、本议定书不应适用于非武装冲突的内部动乱和紧张局势，如暴动、孤立而不时发生的暴力行为和其他类似性质的行为。”第三，其他可适用的条约法或习惯法，如关于文化财产的公约、关于化学武器的公约、关于地雷的公约等。

在国际司法实践中，通过前南斯拉夫问题国际刑事法庭对塔迪奇的审判认可了战争罪的构成既可以是在国际武装冲突中，也可以是在国内武装冲突中。即在一个国家的内战中或是大规模武装冲突时，不需要与国际战争相联系同样也能成为战争罪的合法背景要件。因此，在国际刑事法院战争罪的条款规定中，以及联合国安理会最近的议案中都认可了内战同样也能对国际社会的基本利益造成严重损害，同样构成了对全人类基本权利的伤害。因此国际人道主义法律的保护同样应当涉及国内武装冲突。

（二）马尔顿斯条款

武装冲突法中的一个基础性条款即是在1907年海牙第四公约序言的倒数第三段，与陆地战争法律和使用武器相关的马尔顿斯条款①，该条款反复出现在1949年的日内瓦四公约及其1977年的两个附加议定书中。国际司法法院也肯定了马尔顿斯条款在国际习惯法中的地位。它作为对国际人道主义法律公约的冲突参与方原则性的保障措施，填补了国际社会战争法律中的空白。马尔顿斯条款对于武装冲突法还有着另一个重要意义，即对人道主义的重要保护，包括了对战争方法的使用限制，正如关于非人道主义武器使用的1981年公约序言部分，对起源于人道主义原则和有关社会良知而后转换为法律原则的法律进行了规定。因此，

---

① 马尔顿斯条款：“在颁布更完整的战争法规之前，缔约各国认为有必要声明，凡属他们通过的规章中所没有包括的情况，居民和交战者仍应受国际法原则的保护和管辖，因为这些原则是来源于文明国家间制定的惯例、人道主义法规和公众良知的要求。”

对马尔顿斯条款的适用，前南斯拉夫问题国际刑事法庭采用了以下认定："在袭击偶然对平民造成损伤的情形时，尽管认可了行为的基础合法性，但是在进行袭击时应当同时考虑到此行为并不完全符合适当性原则，即日内瓦第一附加议定书第 57 条的规定。因此这样的袭击行为造成了对平民及其财产的过度损害，是对人道主义需求的违反。"

五、意大利军事刑法典对于武装冲突的调整

意大利政府在国家军事武装部队频繁参加海外军事行动中意识到了对军事刑法典改革的迫切需要。因为在当今国际社会武装冲突的背景下，对于应提起刑事诉讼的违法犯罪行为，意大利原有法律体系无法完全实现与国际人道主义法律原则对接，难以在意大利军队的海外行动中构建完整的保护框架。如意大利军人在索马里执行军事行动时遭受到严重的爆炸事件，造成了人员伤亡，但在意大利普通刑法典及平时军事刑法典中都无法找到对这些爆炸行为依法进行惩罚的准确法律依据。

（一）推动改革的因素

意大利于 1941 年通过军事刑法典（包括平时军事刑法典和战时军事刑法典），回顾那个战争时期，我们不难看出立法者当时是为了在战争环境中建立一个特殊的法律体系，以保证战争及国家的运行。但在当下如果不对立法当时的特殊意图进行修订，就难以找到合适的军事刑法典，特别是战时军事刑法典的适用范围。另外，现代强行法对战争行为的表现设置，就是对在国际社会和国际关系层面之下部分或局限性的武装冲突建立与规范规定的共存情形。这种规范的设置显然符合现代武装冲突中人道主义的需求。对意大利而言，也能够满足军队在海外参加国际行动的需求，因为这些在国际组织领导之下或为维持和平或为实现和平

的行动背景并不要求一个国家从和平状态转变为战争状态，但是对于军队执行的任务而言，所进行的军事行动和面临的危险环境都无异于战争状态的界定，需要法律规范能够提供人道主义的保护。

自美国“9·11”恐怖袭击之后，意大利政府开展并参与了越来越多的海外派遣军事活动，这对意大利原有军事法律原则造成了很大的挑战，也给意大利军事司法管辖权对军队在海外的武装行动的管辖带来质疑。意识到这些问题后，意大利政府认为应当修订国内战争法律，使之与国际法律的最新发展相统一。而国际法在这方面的发展也不仅仅是通过国际公约的签署展现出来的，还通过对习惯法的发展来展现，因此对意大利而言，遵守国际法规定，履行签署国的义务，就应当表现为完善军事犯罪的构成资格，正如作为国际刑事法院规定的国际核心罪行的战争罪。因此，2003 年意大利议会通过了关于修改意大利军事刑法及军事司法的专项法律（2003 年 9 月 19 日通过的第 2493 号法律），进一步推动了与战争罪相关的立法改革。

（二）对武装冲突和国际行动的法律改革

意大利军事刑法典分为平时军事刑法典和战时军事刑法典两部分，显然平时军事刑法典不能适用于意大利没有和其他国家发生战争的情形；而战时军事刑法典的条款适用范围是在宣布战争开始直到战争结束时，以及出征海外执行军事任务的意大利军队①。

1982 年，意大利派出了一支部队与其他参与行动的国家一起前往黎巴嫩的贝鲁特地区，为营救巴勒斯坦战斗员而进行了轰

① 意大利战时军事刑法典第 9 条规定了出征国外的部队由战时军事刑法典管辖。

炸。对于这次行动，意大利议会投票排除了战时军事刑法典的适用，转而对海外执行军事任务的部队适用平时军事刑法典，排除战时军事刑法典的原因在于那时死刑还是战时军事刑法典中的一种刑罚方式[①]。但在这次黎巴嫩的外派行动之后，意大利就建立了对海外军事行动适用平时军事刑法典的惯例。但是战时军事刑法典第 9 条作为一个特别条款，曾明确规定了战时军事刑法典在意大利军队执行海外军事任务时的适用性。

对意大利军队执行海外行动适用平时军事刑法典的惯例一直持续到 2001 年 12 月 1 日，通过意大利颁布的第 421 号法律开始对战时军事刑法典进行修订，显示出了立法者对战时军事刑法典改革的意愿。第 421 号法律实际上是针对意大利军队执行北约“持久自由”这一海外军事行动而制定的，其规定参加此次军事行动的人员适用战时军事刑法典，而意大利派出的参加其他国际行动的人员则适用平时军事刑法典，其中参加这些国际行动的平民不适用军事刑法典，而适用普通刑法典。最终在 2006 年第 247 号法律中统一确认了意大利军队参加海外行动适用平时军事刑法典，但仍保留对“持久自由”行动的战时军事刑法典的适用。因此，2001 年的这次修订标志着意大利重新开启对战时军事刑法典的改革，扩大了战时军事刑法典的适用范围。到 2002 年 1 月 31 日，这一法案正式成为第 6 号法律[②]，对意大利战时军事刑法典部分的适用范围等进行了一系列的修订与完善。修订之后的法律确认：第一，在和平时期，战时军事刑法典仅适用于武装军事行动，排除平民遇到意外事件的情形，如自然灾难。第二，战

① 1994 年 10 月 13 日，意大利通过第 589 号法律，在战时军事刑法典中废除了死刑。

② 2002 年 2 月 27 日，意大利通过第 15 号法律，重新对战争法律进行了结构上的调整，即本书前述的改革内容。

时军事刑法典确认了对国际人道主义法律的严格遵守，不仅在典型的战争情形中适用战时军事刑法典，同时在单纯的武装冲突中仍可适用，包括国际武装冲突和国内武装冲突。

可以看出，确认战时军事刑法典在这一军事行动中的适用性，标志着意大利立法确认了海外军事行动具有武装冲突这一重要特征。这也可以从第6号法律对战时军事刑法典第9条的修订中反映出来，修订后的规定为："直到有新的军事刑法规范生效，这些都是战时军事刑法典的适用范围，即使是在和平时期，派遣军队至海外执行军事武装行动。"不再需要对"战争状态"进行确认，同样可以在相关的海外"武装"行动中适用，除非执行海外军事行动没有配备武器装备，如意大利政府向外派出的救援队。修订后的法律清晰地表明了军队前往海外执行军事行动自离开意大利国境之时起就开始适用意大利战时军事刑法典。

事实上，2001年"9·11"事件发生后，北约派遣军事部队前往美国纽约执行相关军事任务时，就有了以下这种情势，即北约中若有成员国受到武装攻击，其他成员国有对受武装攻击国家进行救助的义务。比如"9·11"恐怖袭击发生之后，其他成员国对美国需要帮助时必须提供帮助，包括在集体合法正当防卫的范围内对军事武装部队的动用①，而这同时也是1949年《华盛顿条约》第5条所规定的。对这种在武装冲突中所独立出的情势，意大利的普通刑法典以及平时军事刑法典都没有条款能够提供适当法律依据满足这一现实需要，因此面临欠缺在这种独立情势下对所有可能的受害人提供人道主义法律保护的境况。

2006年意大利议会重新作出选择，将意大利军队参与海外

① A. TAMMARO："Ambito Operative della Legittima Difesa nel Diritto Internazionale e sua Ammissibilità nelle Ipotesi di Aggressione Indiretta"，In Diritto Militare，2001，n. 2/3，p. 73.

的国际行动再次归于平时军事刑法典的管辖范畴。当然，合理看待意大利军队在海外的军事行动问题，需要将其放在意大利的政治框架之内。从宪法角度来看，当意大利宪法还未对军队执行海外军事行动作出解释时，意大利政府和议会是没有法律资格将军队派遣至海外的，也缺少立法机构对此问题作出规定。解决这个问题并不是简单地规定以何种形式动用武装力量（毫无疑问这些武装力量都来自意大利军队），而是在于规范的制定必须遵循相关国际法和国际公约。因此核心因素就是对军队执行海外军事行动建立一个具体的标准原则。这个标准包含了对上级命令，特别是对使用武器命令的规范，以及动用武力的"交战规则"。

海外军事行动作为维护意大利政治利益的体现，对海外军事行动立法的考虑更多的是从本国利益角度出发，目的是能够给执行海外军事行动的军人提供全面的法律保护。这也指明一个发展方向，即在程序决定中定义行动。尽管面对国际社会的整体和平趋势，世界的主流呼声都倾向于应当考虑使用更加温和的方式代替武装冲突，通过非战争方式解决争议。但是，这种呼声在国家政治利益或国家利益受损时，往往显得微弱而徒劳，正如意大利政府、议会以及国家首脑对意大利军队参加海外军事行动的选择都显示出保证意大利国内安全的利益重于派出军队参加海外武装冲突的利益。

（三）立法趋势——新增海外军事行动法典

最初在 2002 年 1 月 23 日，意大利政府向议会提交了一份议案：在与宪法保持完全一致的基础之上，重新制定一部新的法律，由此实现规范海外军事行动的军事法律规范从军事司法和普通司法中合理分离。在这一时间段内，意大利对军事刑法典也一直跟随着意大利外派军事行动和参与国际组织或多边组织进行的维和行动或建立和平行动的现实要求而不断进行修订。

2010年，从军事刑法典中再独立出另一个专项的刑法典以专门适用于军队在海外执行行动的提议逐渐成熟。建立海外军事行动专项法典的原因大致可以归纳为如下几点：首先，海外军事行动对意大利而言已经不是零零星星或是偶然出现，而已然成为意大利政府、国防部的日常工作之一，执行海外军事行动必然需要有成文法典提供法律支持，需要体系化的法律规范以及由此建立起的相关规则。其次，现行的意大利平时军事刑法典无法提供足够的人道主义规范，它造成了在海外军事行动中不时需要动用战时军事刑法典以保护此种情形中的弱者，这种混合的状态必然会引发法律适用的困惑和不确定性，无法保证构建完善的人道主义法律保护体系。最后，通过新法典中有关犯罪构成和时效的规定能够与国际刑事法院章程《罗马规约》第8条，即战争罪的规定实现更加精准的一致。

对新增法典的立法建议主要包含了以下几点[①]：(1) 以《罗马规约》第8条规定的犯罪为基础，即以战争罪为基础；(2) 对执行海外军事行动中实施的平时军事刑法典规定的犯罪行为加重处罚；(3) 对在执行海外军事行动中使用武器和其他强制性方式提出特殊的免责事由；(4) 进一步规定了相应的刑罚条款以保护特殊弱者；(5) 对在执行海外军事行动中由在职指挥官构成的犯罪，由有权的部长提出适用管辖权的要求；(6) 指定机构的程序规范专门适用于海外军事行动；(7) 程序规范还应包括对在海外执行军事行动抓捕罪犯的相关规定，包括构成由普通司法机构管辖的犯罪。

---

① Aggiornamento Nazionale Istruttori D. I. U Montesilvano (pe) 23 - 25 settembre 2011. il Nuovo Codice dell' Operazioni Militari Italiane all' Estero, https: //www. cri. it/flex/cm/pages/ServeBLOB. php/L/IT/IDPagina/9654, 最后访问日期：2020年8月20日。

尤其值得注意之处是上述第三点，意大利新出台的法典在海外军事行动中接纳了新的免责事由，即对合法使用武器和服从义务两者之间的行为免责，这种独特的免责事由最早由意大利军事上诉法院主席在 2010 年提出，对于意大利军人在执行海外军事行动中使用或命令使用武器或其他具有人身强制性的方法，但使用武器和其他方法都遵守法律和武器使用规则，并包括了下达命令合法性的情形。并且，此项规定也与《罗马规约》第 31 条“排除刑事责任的事由”第 1 款第 3 项①所述相符。规定解释了排除刑事责任的事由能够作为解决刑法中何时自动演变为免责事由的疑问，从而为执行军事行动的军人合法使用武器的情形提供更为全面的保护，排除不适当的刑事责任。

总之，选择再制定一部特殊法典是为了满足意大利参加大量海事行动的专项需求，因为执行海外行动的地方无论从事实还是从法律上看，都不能十分恰当地归于和平时期或是战争时期，只能说是一种混合的状态。综观意大利现行的整个法律体系，战时军事刑法典无疑是作为从人道主义方面保护执行任务士兵的唯一法律依据。那么，若坚持拒绝将海外军事行动这种可以算作反常态的武装冲突情形完全归于战时军事刑法典，则又只能回到平时军事刑法典的管辖范围，这就显得更加不妥当，因为军队在海外军事行动中对武器的频繁使用这种情形完全符合国际法中的武装冲突标准，并且与国际战争法律、国际刑事法院《罗马规约》

---

① 赵秉志、王秀梅译，杨诚审校：《批准与执行国际刑事法院罗马规约手册》，中信出版社 2002 年版，第 388 页。《罗马规约》第 31 条第 1 款第 3 项规定：“该人以合理行为防卫本人或他人，或者在战争罪方面，防卫本人或他人生存所必需的财产，或防卫完成一项军事任务所必需的财产，以避免即将不法使用的武力，而且采用的防卫方式与被保护的本人或他人或财产所面对的危险程度是相称的。该人参与部队进行的防御行动的事实，本身并不构成本项规定的排除刑事责任的理由。”

第 8 条规定战争罪的构成相符合。

意大利作为欧盟重要的成员国之一，在欧盟和北约的活动中承担了重要的角色，现实中表现为积极地派出军队参加国际组织的各种国际联合行动，当然其中一部分是在联合国安理会统一协调下的维和行动。这些国际行动基本由维和行动、实现和平行动，以及宣传为实现民主人权的行动所构成，行动的背景基本都具有武装冲突的高风险环境，因此首先具备了构成战争罪的背景要素。意大利新增对军队执行海外行动的专项法典正是以战争罪为基础制定的，体现了修订法律以适应军队在上述现实行动中的需求。

法典的出台，一方面表现出意大利政府以及立法者对成文法修订的积极性，另一方面也体现了意大利国家对立法规范的重视，试图通过每一个专项化的法典为现实中的军队活动提供法律依据和支撑，当然这种支撑基本上是从意大利国家利益的角度出发，在出现冲突或利益受损害时，能够起到维护意大利国家利益和意大利军人以及平民的保护作用。

这种立法改革具有十分积极的作用，因为它适应了现代化军队的现实需求。尽管将中国和意大利相比，无论是政体、外交政策、军队管理等各个方面都有着巨大的不同，但面对全球各国之间日益紧密的联系，中国和意大利其实面临着许多相同的挑战和任务，如参加联合国安理会组织的维和行动，或是参加区域组织的共同反恐行动等。虽然当今国际社会的主流呼声是维持大范围的和平现状，但在区域和局部地区的战争状态或是武装冲突状态在短期内也是难以消除的。在此情形下，中国作为联合国安理会常任理事国和联合国成员参加联合国安理会进行干预和调停行动，是成员国的义务和履行国际责任的表现。

因此，对我国目前而言，派出军队参加维和行动，如在东帝汶、海地，以及在亚丁湾实施保障来往商船安全的护航行动，都是军队走向海外维护世界和平及我国利益的表现。虽然我国一向奉行的是不称霸政策，但为适应国际社会联系紧密的趋势，也不可避免地将出现更多的海外军事行动。并且针对现实需要，2017年8月1日，我国在吉布提建立的首个海外保障基地正式投入使用，我国也不排除未来在海外建立更多军事补给点，以及军事基地的设想。总而言之，作为联合国的一个重要成员国，又是亚太地区的核心国家，我国未来派往海外参加各种国际活动的军队力量是不会减少的，因此，更加凸显了需要国内制定相关法律提供支撑的需求。笔者认为，我国需在未来制定战争罪条款和完善军事刑法的原因可概括为以下几点：

第一，从人道主义法律所保护的利益角度出发。战争罪是对全人类最基本权利的侵犯，对战争罪的立法规范体现了对人权的保护和对人道主义精神的维护，并不是说缺乏战争罪的规定就无法有效保护人权，但对战争罪进行具体的内容制定，无疑能够更加清晰地展现出人道主义法律对所保护利益的重视，提高我国在国际社会上的人权形象。

战争罪与其他普通刑事犯罪虽在行为具体表现方式上可能有所类似，如实施故意杀害行为，但战争罪侵犯法律所保护的利益核心在于，战争罪是在大背景环境下，以集体行动为主导，体现了人道主义法律所保护的利益不仅是单个个体的生命权、健康权或是财产权等，而是将这些法律共同提升，放置在代表全人类共同利益的保证层面上。可以说对战争罪的惩罚不仅是针对单个利益，更是从全人类整体层面进行的反思，实现对全人类基本权利的保障。在此层面上，所实现的是法律与道德的高度结合，通过法律控制手段以严格限制道德行为的标准。因此，对战争罪的立法可以认为是进一步提升法治、重视人权的立法趋势。

第二，现代军事刑法的特征决定了军事刑法并不仅仅局限在国内层面的适用，在全球一体化浪潮的推动下，国家军队也会涉及相关的海外行动。因此，军队的行动不能单纯定位为国家遇到战争状态时的动用，应针对现代社会的变化制定更加符合需求的法律规范。正如意大利军事刑法典在进入新千年后所经历的频繁修订，无不体现了国家和政府对军事法律的重视，保证军事刑法典的及时更新和修订，以规制军队在海外的行动。

第三，完善军事刑法规定的必要性。军事刑法的创建体现了面对军队的专项法律适用于特殊群体的需要，军事刑法虽是整个刑事法律体系的一部分，但因其针对专项群体和所保护的特殊利益，还具有普通刑法所无法完全涵盖的特征。面对现阶段我国军事刑事法律涵括于普通刑法典中的情形，可以在将来考虑与相关的军事管理法律、军事纪律相结合，形成完善的军事法律体系。

对战争罪具体的立法建议是，对我国进行战争罪立法可归入我国现行的刑法典，立法体系上的考量也应当更为慎重，可以考虑单独设立一章，以专门针对国际核心罪行。关于具体犯罪构成的设置，笔者建议，首先我国可以采取对战争罪行为进行罗列式的立法模式，以构建对人权全面保护的体系。其次，构成要件中的背景因素，同样可以突破对战争状态判定的依赖，包括典型的武装冲突和非典型的武装冲突两种情形，如中国军队在海外执行任务的情形，因考虑到将来中国军队可能会更加频繁地参与联合国安理会安排的维和行动以及海军的护航行动，这些都需要纳入立法的考量范围。最后，战争立法核心所体现的虽然是对人道主义的保护，但保护范围并不能局限于对人的保护，对文化财产予以相应的法律保护同样值得重视。

第三章　对战争罪的司法审判

本章内容主要涉及意大利的军事机构体系构建以及其构成特性，由现役军官加入庭审是意大利军事司法审判的一大特色。意大利军事司法审判原则主要有公平原则、互补性原则及战时特殊的审判原则。意大利通过独立同时又与普通刑事诉讼紧密联系的军事刑事程序完成对军事犯罪、战争罪的审理和裁决。本章最后通过军事刑事诉讼程序人员权利保障视角的研究，论证了意大利军事刑事诉讼程序对参与人特别是被告人基本权利的保障。

第一节　对军事犯罪的司法管辖

依据意大利军事刑法典和意大利宪法的相关规定，确定军事犯罪的司法管辖权，以及意大利军事司法机构在和平时期和战争时期不同的管辖权范围。

一、意大利军事刑法典的规定

意大利军事刑法典分别规定了战时军事司法管辖与平时军事司法管辖，平时军事司法管辖的认定主要以军事犯罪和军人身份等因素为标准，而战时军事司法管辖则与战争区域紧密相联，并以此来划定管辖权范围。

（一）行为对象

从军事司法体系的角度而言，意大利宪法作为上位法，从根本上确定了军事司法的管辖权范围。但 1931 年军事司法的适用范围曾被扩大至针对意大利平民以及公共安全的严重犯罪、对国家首脑的违法犯罪行为等。为了避免此类现象再次出现，之后的意大利宪法正式对军事司法的适用范围进行了严格的限制，以保证军事刑法的运行始终处于宪法的框架内。

具体而言，平时军事刑法典第 37 条①明确了军事司法的管辖范围，第 37 条的核心即判定是否属于军事部队的有关实质性标准和形式推断的内容②。在普通刑法典的修订中，立法者并未采纳相同的标准来限制军事司法管辖权的管辖范围。这就导致了军事犯罪的范围扩大化，军事犯罪除了所有规定在军事刑法典中的罪行外，还包括那些对军人或军事性质财产的犯罪；或者由具有军人身份的行为人实施的犯罪行为；或者仅是犯罪行为所侵犯对象或实施行为地点具有军事性质，通过事实能够认为是军事犯罪的行为。因此，能够确定的是普通司法在评估某项行为是否属于军事犯罪这一问题上具有较大的自由裁量空间。但意大利宪法法院认为，对军事犯罪行使管辖权与军事部队没有必然关系，就规范本质而言，采纳不同和最广泛的标准是为了限制军事司法的管辖权。

总之，意大利军事司法管辖权最终需要通过意大利普通刑事诉讼法典的规定加以补充，即当违法犯罪行为与普通刑法和军事刑法都有联系时，军事司法对包括普通刑事诉讼程序在内的所有

---

① 意大利平时军事刑法典第 37 条“军事犯罪的概念”。

② 意大利刑法典第 292 条-2 中曾规定退伍军人构成相关犯罪时作为法定量刑加重情节，后在 2006 年时废除了这一加重情节的规定。

程序都拥有管辖权。

（二）主体

意大利军事刑法典规定的原则是任何行为主体实施了军事犯罪都属于军事司法的管辖权范围，且上述原则不存在例外。平时军事刑法典第263条规定，军事司法管辖权效力之下的主体包括所有现役军人、退伍军人、完全退伍军人以及构成军事犯罪的非军事部队人员。当然，军事法院的管辖权具有专属性。

虽然意大利的军事刑法和军事司法都对司法管辖权作出了规定，但仍存在着相当大的例外适用空间。随着意大利宪法的生效，其中第103条和第263条直接影响了军事司法的效力，即把军事法院对非军事部队人员或是完全退伍人员行使管辖权的可能性予以排除。1956年意大利进行法律修订，立法者根据属于军事部队人员的新理念对相关规定进行了调整[①]，一并被修订的还有关于犯罪行为与普通司法管辖相联系的情形。

围绕管辖权主体的认定，学界主要有以下几点争论：

第一，退伍军人是否属于军事部队范围，学术界对此有较多的争议，但是意大利军事司法审判实践却一直没有对这个问题作出太多的回应。意大利平时军事刑法典第7条肯定了退伍军人作为军事犯罪主体的适格性，但意大利学界对此不乏质疑之声。虽然意大利宪法对和平时期军事司法管辖权作出了限制规定，并突出了宪法规范的创新性和限制性的特征，但鉴于意大利军事法律规定了不同类型的退伍军人，因此退伍军人的身份划定仍具争议性。

如果退伍军人能够作为军事法院的审判对象，包括所有军事犯罪，或仅仅限于特定的罪行（即平时军事刑法典第7条规定的

① 这一规定在2006年颁布的第85号法律中再次被删除。

内容)，势必引起对普通刑法典第263条[①]和第292条-2违宪性的探讨。事实上，意大利宪法法院最终宣布第263条违宪："对属于军事司法管辖的人员适用军事刑法，应当仅仅是现役军人或是自实施犯罪行为之时起被认为具备军人身份的人员[②]。"这不是意大利宪法法院首次作出限制军事司法管辖主体的判决，在此之前其也作出过把某一类别主体排除在军事法院管辖之外的决定。宪法法院随后的一些判决也都肯定了军事法庭对一些案件起诉的合法性，如对在征兵时行为人假装患病案件的管辖权，行为人虽然已经退伍，但是仍属于军事司法管辖的范围。

如果对退伍军人采用与现役军事部队相同的标准，就不能把退伍军人与现役军人犯罪的情形进行具体区分，这在司法实践中缺乏可行性和合理性，如涉及永久性的在职官员身份，暂缓职务的刑罚显然只能对现役军人规定，这些刑罚措施不能也无法适用于退伍军人。

意大利宪法法院认为，通过第292条-2的规定，实践中能够在更加广泛的范围内使用"隶属于军队"的概念，如针对属于军事犯罪的行为，以及构成普通犯罪时的加重量刑情节。2006年，意大利通过法律废除了第292条-2，但单纯地废除这条法律仍无法解决意大利司法适用的困境，也无助于区分法律涉及的特

---

① 黄风译注：《最新意大利刑法典》，法律出版社2007年版，第98页。第263条规定，公务员或受委托从事公共服务的人员，利用由于其职务或服役原因而知晓的并且为了国家安全应当保密的科学发明或发现或新的工业实用技术，为自己或他人谋利的，处以5年以上有期徒刑和1032欧元以上罚金。如行为是为了与意大利交战的国家的利益实施的，或影响了国家的战备、战果或军事行动，对犯罪人处以无期徒刑。

② Corte Costituzionale, Sentenza N. 429, 23 ottobre 1992, http://www.giurcost.org/decisioni/1992/0429s-92.html，最后访问日期：2020年8月29日。

殊类别人群，如现役军人或法律认定为现役军人、相对退役军人（即平时军事刑法典第 13 条，关于军事刑法效力，不属于军事部队人员，即平时军事刑法典第 7 条规定[①]的情形之外）、绝对退役军人和非军事部队人员。另外，法典还规定了“解除与国家军事部队关系”人员的概念，即平时军事刑法典第 8 条的规定。意大利宪法法院也肯定了军事刑法典中上述类型化的人员概念。基于此，和平时期军事法院的管辖权包括与入伍报到相关的罪行（平时军事刑法典第 151 条），军人的报到义务是军事部队与行为人建立关系的前提，通过报到从而建立起行为人与军事部队的隶

① 黄风译：《意大利军事刑法典》，中国政法大学出版社 1998 年版，第 7 页。第 7 条规定，不被视为现役的退役军人，军事刑法无条件适用于下列情形中的退役军人：除第 5 条和第 6 条规定的被视为服现役的情况外，在下列情况中，军事刑法适用于无条件退役的军人：（1）如他们犯有第 77 条（叛逆罪）、第 78 条（教唆叛逆罪、预谋、武装团伙）、第 84 条（与外国人勾结并提供服务）、第 85 条（隐匿、毁灭、伪造或窃取有关军队、战备或军事防卫的文件和物品）、第 86 条（为间谍目的泄露军事秘密）、第 87 条（为间谍目的合谋实施泄露军事秘密罪）、第 88 条（为间谍目的刺探秘密情报）、第 89 条-2（非法绘图，为间谍目的非法进入军事要地）、第 99 条（与外国通信企图实施叛逆和军事间谍活动）和第 98 条（教唆或提议）规定的侵害军事忠诚和防卫的犯罪；在实施第 98 条规定的犯罪情况时，如教唆或提议涉及的是第 84 条和第 85 条、第 86 条、第 87 条、第 88 条和第 89 条-2 列举的犯罪。对于实施以上列举犯罪之一的退役军人，也可适用本法典第 96 条、第 101 条和第 102 条的规定。（2）如犯有第 157 条、第 158 条和第 159 条（为逃避军事服役义务自寻病患或假冒病患）、第 212 条（教唆实施军事犯罪）和第 238 条（因执行任务而实施的犯罪）规定的犯罪；上述犯罪分别以本法典第 160 条、第 214 条和第 238 条规定的限度和条件为限。（3）犯有 1930 年 3 月 27 日第 460 号法律（经 1935 年 6 月 3 日第 1018 号法律和 1951 年 12 月 7 日第 1565 号法律修改）第 4 条和第 7 条、1938 年 2 月 24 日第 329 号谕令第 205 条和第 207 条以及 1932 年 7 月 28 日第 1365 号谕令第 103 条规定的不接受检查召唤的犯罪。

属关系，进而建立起属于军事司法管辖权主体的关系。

第二，军人的概念是否涵盖敌方军人。战时军事刑法典第13条规定，在实施了战争罪且对意大利国家或公民造成损害时，而敌方军人在构成军事犯罪时，如符合意大利法律的可诉性规定，从行为着手之时起属于意大利军事法院管辖。根据意大利法律，军事司法管辖权仅限于意大利军事部队人员实施的军事犯罪。

战时军事刑法典第四编对战时军事司法管辖进行了具体规定。其第231条规定了国家（即意大利）对在进入战争状态之后实施的有关犯罪行为行使战时军事司法管辖权，如在宣布进入战争状态时，刑事诉讼尚未开始或诉讼正在进行，对在宣布战争状态之前实施的有关犯罪，也属于战时军事司法管辖权。可以说宣布进入战争状态①与战时军事司法管辖权紧密相联。从另一个角度来看，尽管意大利宪法第103条明确规定了军事法院的司法管辖权，但是并未涉及国家在进入战争状态时的管辖权情况，只是对国家进入战争时期的管辖权进行了规定。因此，可以说上述战时军事刑法典的规定是对宪法规定进行确认并实现具体化的补充。

对于战争犯罪，意大利军事司法管辖权不仅适用于意大利军人，还适用于敌方军人和敌对方的属民实施了针对意大利国家和意大利国民的战争犯罪行为。因此，意大利战争罪的管辖权可以概括为以下三个方面：一是意大利军人对敌对方军人实施的犯罪；二是意大利军人对意大利军人或意大利盟国军人实施的犯罪；三是意大利敌对方对意大利军人或意大利盟国、合作方（即参加同一国际行动或战争行动）军人实施的犯罪。

---

① 意大利宪法第87条规定，由共和国总统宣布国家进入战争状态（根据2012年修订版从意大利文直接翻译）。

因此，综观意大利这两部法律的规定，我们认为意大利宪法和军事刑法分别作出这样的规定并不只是单纯的立法巧合。战争状态和战争时期并非同一概念。意大利宪法涉及的战争时期比战争状态有更广的时空范围。

二、意大利军事司法管辖权和普通司法管辖权的关系

关于司法管辖权冲突，意大利刑事诉讼法典第 28 条第 1 款规定："无论诉讼在任何一个国家和诉讼过程的任意阶段，若有一个或多个普通司法机构或是一个或多个特殊司法机构同时对被归罪于同一事实或同一个人员进行审理或要求回避。"可见，虽然存在不同司法机构之间的管辖权冲突，但这种冲突归属于同一法律秩序，因此应在该秩序中决定相互的关系和主体权力分配。

就意大利国内而言，司法实践中的司法管辖权冲突基本发生在普通刑事司法管辖权和军事刑事司法管辖权之间，而这个管辖权冲突从更高位阶的法律角度来说，也体现了宪法与军事刑事司法之间的关系。

具体来说，意大利普通法官监督机构和军事法官监督机构之间的管辖权冲突是因为这两个机构往往采用一系列相互对立的判断标准。因此，为解决这种冲突，意大利宪法法院认为，应当首先考察司法机构对被关押者监督的可能性，因为这种监督涉及司法机构采取的措施，即被判刑人具体服刑的场所是监狱、司法教养所或是特殊教养所。从这一点出发，意大利发展出了一套特色鲜明的管辖权冲突解决体系，即通过是否能够保证对服刑人员持续性监督的角度来解决司法管辖权的冲突问题。从监管角度着手是为了更有效率地解决问题：对被判刑人进行再教育是一个复杂的过程，势必需要多个司法机构之间的相互合作，而不同的刑罚执行场所对应不同的监督机构。因此，通过考察监督机构来解决

管辖权，不仅解决了管辖权问题，而且保证了之后对犯人持续有效的监督，可以更好地对犯人进行改造教育。

根据意大利平时军事刑法典规定，在军事司法体系中，军人通过服军事有期徒刑代替普通有期徒刑，由统一的军事部门监督对被扣押人进行社会服务性的缓刑等。因此，根据平时军事刑法典第 65 条规定的已丧失军人身份人员①，不在军事教养所服刑，而是通过在普通司法教养所服刑的方式，接受普通法官监督机构的监管，从而解决司法管辖权的冲突问题。

军人在普通司法教养所服刑则是承认了普通法官监督机构的管辖权，而若在军事司法教养所服刑就是承认军事监督机构的管辖权。当然，这个结论也符合意大利宪法对军事司法管辖权的限制。从另一个角度来看，除宪法明确的例外规定外，军事服刑机构中的服刑人员专门由军事法官监督机构管辖和监管。

关于有期徒刑执行的代替措施，即普通有期徒刑和军事有期徒刑之间的转换，在军事刑罚制度中已有介绍。根据平时军事刑法典第 63 条的规定，对永久性服役的现役军人执行刑罚，构成普通刑法典规定的犯罪以及执行刑法代替普通有期徒刑，刑罚若没有包含剥夺公职，则执行与军事有期徒刑相同时间的刑罚。在这种情形中，可以是普通司法机构宣布刑罚措施，而在军事监狱执行刑罚。

有关军事司法管辖权方面的法律依据，还需提及意大利 1981 年颁布的军事司法法，该法第 79 条第 1 款规定，隶属于军事警察部队的人员因触犯普通刑事法律，被判处普通刑事处罚时有权要求在军事监狱而不是普通监狱服刑，这也体现了警察部队

① 意大利平时军事刑法典第 65 条规定，除了丧失军人身份的人员，还包括不再属于国家武装力量的人员、准军人、服从军事命令的民事单位人员和其他不属于上述部队的人员因军事犯罪而受处罚时。

的军事化特征。

意大利最近一次关于军事监狱的法律修订扩大了上述规定的适用范围。2010 年 3 月 15 日通过的第 66 号立法性政令第 82 条规定，所有军人在被判处普通监禁刑时，可以要求在军事监狱服刑。修订中类似的情形还包括为保证程序的持续性，在审判机关与执行机关之间发生冲突时，必须作出有利于军事法官监督机构管辖权的选择，且根据军事司法管辖权规定，上述选择必须由军事法官监督机构作出最终决定，从而可能造成忽视普通法院对那些非军人实施的普通刑事犯罪的司法管辖权的局面。

在此基础上，回过头来重新审视意大利平时军事刑法典第 63 条，会发现其无疑使得司法管辖权出现了被割裂的情形，但是根据意大利宪法第 103 条规定，当然也适用于法官监督机构的审判过程，在不考虑军事法院监督机构的管辖权时，也并不会绝对导致普通司法管辖权的扩大化，因为这时管辖权有可能被划归为其他军事司法机构。军事司法权力机构执行军事刑罚的权力是军事刑法管辖权的核心，这种权力肯定是体系化的，能对军事体系权力作出限制的只有宪法。所以，对于普通司法监督机构和军事司法监督机构之间的管辖权争议，普通司法是没有权力作出相关规定的。

值得一提的是，两个司法程序交叉的情况，即军人由普通司法机构判决构成军事犯罪时，则可能在军事监狱服刑。这种情况既是因为军人身份的存在也是因为涉及军事犯罪，但更重要的是，意大利现行宪法并未否定军事法院监督机构对上述情形的管辖权，因此需要重点考虑军事法院监督机构和监狱或教养所之间的联系，当属于军事法院监督机构的职权范围时，被判刑人应在军事监狱机构服刑。因此，还是需要通过宪法法院更深入的干预来统一决定军事司法领域和普通司法领域的适用情况。

不同于上述情形，普通监狱对执行刑罚功能标准的判断有利于实现法官和被判刑人之间有效联系的可能性，而由军事法院监督机构负责对被关押在普通监狱中的人员承担义务显然是不合理的，因此意大利最高法院确认了管辖权的判定在服刑人员要求适用缓刑时不再需要一定期限的观察期。

法院在对服刑人作出判决时，应采用辅助性要求评价是否能够对其采取缓刑措施或有条件的释放，但这个评价标准的效力不能高于刑罚原则标准。这种由法院承担观察和监督的职责相当于军事法院对属于军事武装部队人员实施的军事犯罪的观察和监督职责，即使判处刑罚之后行为人可能会丧失军人身份，但仍由军事法院监督机构负责。

在行为人已被军事法院判处刑罚，但其提出适用社会服务性的缓刑要求时，无论刑罚是否涉及对军人身份的剥夺，其都应向军事法院监督机构提出请求，而不是向普通法院监督机构提出请求。换言之，军事法院监督机构的管辖权范围不能超出军事法院的权力范围，同时也不能任意缩小军事法院的权力范围。

总而言之，对于军事司法管辖权和普通司法管辖权之间的冲突和联系，最终解释还得回归意大利宪法第 103 条。该条规定，军事法院在和平时期拥有对军事犯罪的管辖权，并且是由属于军事武装部队人员实施的，从行为开始着手的那一刻起就绝对地拥有管辖权。需要指出的是，对军事武装部队人员的概念解释需要与时俱进，因为随着社会形势的变化，不断有传统意义上的平民或其他人员为军事武装部队服务，或是接受军事武装部队的委托而承担相关的军事职能。此时，对这些人员身份的判定和归类就成为认定军事司法管辖权的关键所在。

不可否认的是，司法实践部门也通过法律解释对军事司法管辖理论的发展发挥着重要作用。因此，以意大利刑事诉讼法为基础，存在多样化的上诉法院、军事法院和从军事上诉法院分立出的部门，从而实现军事法院与普通上诉法院之间的平衡。这也正是2007年军事司法改革最重要的特征，正是通过这次改革，意大利实现了军事刑事诉讼与普通刑事诉讼的相互兼容。

三、意大利军事刑法典对参加北约行动的司法管辖权

意大利对北约行动中的军队管辖权作出了专门规定，对属于北约的部队在意大利境外实施的犯罪行为，平时军事刑法典第267条规定，出征国外的部队行使意大利军事司法管辖权，依据一同允许出征部队过境或驻扎的国家达成的协议规定，若无协议则依照国际惯例。根据意大利宪法法院的观点，根据国家所保留的司法管辖权规定，国际惯例适用于和平时期在盟国境内实施的犯罪行为[①]。

意大利之所以对属于北约的军队作出特别管辖权规定，是因为既然在北约协调下进行多国行动，就不可避免地会发生管辖权冲突的情形，如部队所属国与过境国之间的管辖权冲突。《北约军事部队章程》[②] 第7条规定，对危害派遣国国家安全的犯罪管辖权专属于部队的派遣国，即根据旗帜国原则。这个原则还可以适用于犯罪行为涉及了危害派遣国的安全或财产，以及侵犯了共同行动国之一的人员或财产犯罪，还包括源于任何指挥官故意或疏忽行使职能的行为。

意大利在1955年批准《北约军事部队章程》之后，在1956

---

① 意大利宪法法院在1973年作出的第96号判决以及1982年颁布的第969号和第970号法律都规定了对意大利军队在海外执行多国军事行动的军事司法管辖权。

② 1951年6月19日，在英国伦敦通过，意大利于1955年11月30日批准。

年颁布的另一部法律中确认了意大利司法部有权代表意大利政府提出要求，但应在其他司法主体宣布行使权力之前。并且意大利法官认为，对所提交的罪行在缺乏适当管辖权情形时，对于由北约军队人员实施的犯罪，应由人员所属国自愿行使适当的司法管辖权以及过境国同意接受管辖权限制。

外国部队士兵与当地政府之间的关系一般应受《联合国和东道国之间部队地位协定范本》的调整。该条约确立了民事、刑事司法豁免的内容及其限制，基本采用了对派遣国人员有利的标准，但没有对外国部队士兵之间的关系作出规定。由于缺乏普遍公约性规定，参与国之间会选择达成特殊协定，尽管协定内容基本来自国际习惯法，但这仍会使协定内容变得难以判定。在实践中，协定都会以国际通行的旗帜法为原则，根据旗帜法参与国对其国家的士兵拥有民事和刑事管辖权。但是，这又出现了一个问题，即多国同时拥有管辖权的可能性，因为若其他有利益关系的盟国和宣布采取旗帜法的国家都有意愿实施管辖权，那么是旗帜国享有专属管辖权还是与其他有利益关系的国家共同实施管辖权？对此，意大利军事法院的一个判例给出了解答。该案件发生在北约名为“古巴比伦”的军事行动中。行动中一名前美军士兵利用职务便利杀害了一名意大利军事情报官员①。针对此案，从 2007 年 10 月至 2008 年 1 月，经过近 4 个月的审理，法院最终决定不对这名美军士兵提起诉讼，理由是美军士兵是专属于美国国内司法系统的适格主体。意大利法庭的管辖权缺陷并非完全是

---

① 尼古拉·卡利帕里（Nicola Calipari）供职于意大利军事安全和情报服务部门，该部门之前是意大利专门从事军事秘密情报工作的机构，2007 年经过改革被“外国情报和安全部门”替代。当时，这名意大利官员为护送一名被伊拉克武装组织扣押的人质前往巴格达机场，欲乘坐意大利官方航班回到意大利。

因为适用旗帜法则，而是因为追究战争罪法律责任时，可能出现国家作为被告人的情形，结果必然是判定国家行为，而不是个人行为，对国家机构的豁免仅仅发生在实施了国际刑事犯罪的情形中。当然，这个结果在意大利国内并未得到太多的认可，虽然意大利最高法院维持了这一裁定，认为意大利缺乏管辖权的依据是因为意大利在伊拉克的这项军事行动并不是发生在军事占领区，并且受害人也不是意大利外派军队中的一员。而豁免权的缺乏仅能是当犯罪行为是国际核心罪行的情形时，即战争罪或反人类罪等。

意大利作为北约成员国，参与了北约的多项海外军事行动。因此，参与这些行动最先涉及的就是外派军事行动的交战标准。根据交战规则标准的经典定义："交战规则是由政府建立的指令，为了鉴别进入本国武装组织部队（包括海军、陆军、空军）所需要考虑的情形和限制条件，因为这些标准决定了一国的武装力量在面对敌方时开始战斗或进行战斗的能力①。"可见，交战条件的实质是一个国家的内部规范。通常来讲，其属于行政管理规范且不能超出法律范围，若规定与刑法冲突也不能认为构成了刑事免责事由，最多只能考虑为减轻量刑情节。交战规定可以是原则性的，适用于所有的行动，也可以是为一次特别行动专门设立的条件。一般而言，交战条件是由武装力量所属国家政府颁布实施的，但涉及多国行动情形时则是由组织中的指挥者决定。因此，面对不同国家各自不同的交战条件，在多国行动中建立一套标准化的交战条件并不容易。因此，每个国家允许对交战条件进行保留，规定本国的适用限制性条件。一般来说，北约在使用武力方面的交战条件显得弹性很大，比如允许参与者不仅能对敌对

① Ashley J. Roach: "Rules of Engagement", In Naval War College Review, Vol. 36., n. 1. January-February 1983, p. 45-55.

者发动攻击，还能对有敌对意图者发动攻击[①]。各国对交战条件的限制和保留是非常重要的，因为这直接表达了这个国家参加多国行动的意愿，也不再对行动附加本国的法律限制和其他政治阻碍。因此，交战条件不能成为军事刑法典中的免责事由。虽然没有任何交战条件能够将非法行为合法化，但是在武装部队执行任务时可以成为国际法允许的适用模式，即并不被国内法律所禁止。

第二节　意大利的军事司法机构

早在 1859 年，意大利就设立了“军事调查委员会”，一方面，委员会作为行政机构，主要负责对军事司法机构的管理，包括对所属地军事法庭、军队法院以及战争时期最高法院的管理。另一方面，委员会还承担着制定军事刑事程序的法定职能，收集整理诉讼资料并对上述各军事法庭和法院的审判案件作出终审裁决。同时，检察机关委托军事检察官在军事最高战争法庭中承担诉讼职能。10 年之后，即 1869 年意大利通过了陆军军事刑法典和海军军事刑法典，根据法典规定设立了战争时期最高法庭，并分为陆军战时最高法庭和海军战时最高法庭。直到 1923 年，经过改革更名为军事最高法庭并延续至 1981 年。可见，在意大利宪法产生之前，意大利国内就形成了独立于普通司法体系，具备专业性、有效性及协调性，与军事原则紧密相联系的军事司法体系。

---

① 如北约在波斯尼亚—黑塞哥维那地区发起的 IFOR 行动，从 1995 年 12 月 20 日到 1996 年 12 月 20 日，共计 1 年时间，为了推动落实上述地区的和平协定，在此之后的行动是北约历史上规模最大的一次行动，共有 6 万名来自不同国家的士兵参与。

现在对战争罪的审判在意大利国内主要由国防部负责，意大利国防部主要依靠军事检察机关、军事法院进行司法审判。上述机构以意大利平时军事刑法典和战时军事刑法典为依据进行司法审判。国防部中的军事法官议会同样是一个独立性司法机构，拥有相当于意大利最高法官议会对普通刑事案件管辖权的权力，并对军事司法机构拥有领导权和监督权。

一、意大利军事法院

军事法院作为意大利军事司法体系中承担审判职责的司法机构具有十分重要的地位。实际上，在第二次世界大战结束之后，意大利军事法院针对第二次世界大战中纳粹组织在欧洲战场犯下的战争罪行进行了多次审判，其中包括现代社会中意大利军队在海外执行行动时所实施的相关犯罪行为。当然，军事司法系统的构成与普通司法及政治力量是具有不可分割性的，这也在一定程度上印证了军事与政治的天然联系。

意大利军事法院虽然与普通法院一样都是具有高度独立自主权的司法审判机构，但更具有强烈的军事特色。可以说无论是军事法院设置还是人员构成都把军事特征渗透在了法院的每个部分，实现了军事专业和司法专业的良好结合。

（一）军事法官

1923 年 12 月 30 日，根据第 2903 号法律规定，意大利军事司法系统正式出现军事法官的职位。作为承担军事司法机构重要审判职能的意大利军事法官，其发展历程具有鲜明的特色，最初对军事法官的资格选拔是从普通在职法官之中进行考核，考核过程和意大利司法机构选拔普通法官相似[①]，只是军事法官因其就职部门的特殊性，在选拔过程中显得要求更加严格和复杂。[②] 例如，在历史上意大利曾经禁止女性担任军事法官一职[③]。

1981 年意大利颁布了军事司法的专项法律，这部法律对意大利军事司法体系而言极其重要，正是这部法律搭建起意大利军事司法体系的主要框架并延续至今。法律赋予了军事法院和军事法官享有与普通法院和司法法官相同的独立权和自主权，但是在军事法律规定中多了一个界定词汇，即“在适用的时候”。那么，该如何看待这个界定的时间？首先，根据普通法律规定，除非是特殊情形和不同的行为对象，才可进行适当解释，但不能任意进行扩大化解释，以防止对特殊法律保留内容或原则的损害。其次，军事法官可直接适用普通法官对法官独立权保证的规定，但同时根据意大利宪法第 108 条规定，为保证特殊司法系统中的独立权，允许军事法官拥有超越普通法官的权力范围。之后，意大利宪法法院重申了军事司法规范已经广泛吸收了普通司法规范中对军事法官独立性保证司法体系的规定，并确认了 1981 年颁布的军事司法法不适用于普通司法规范的标准，因为普通司法规范的标准影响了军事法官的权力运行。在军事司法体系中，军事法官团体应当遵循军事司法体系预先设定的标准和由军事法官议

---

① 比如意大利进行法官职位考核的基础性条件是已获得法学学位以及具有一定法律工作的从业期限。

② 1923 年颁布的这部法律还对军事法官的录取考试内容进行了规定，并进一步规定不能录取在两次考核中被宣布为不适合担任军事一职的人员。

③ 1953 年第 210 号法律规定，考虑到参加庭审的军事法官必须是具有一定级别的军官，同时考虑到男女性别上的生理差异，因此女性不适合担任军事法官一职。直到 1989 年，根据意大利军事法官议会宣布女性同样可以参加军事法官的考核，并在 1990 年颁布的第 380 号法律正式规定只要是意大利公民（不论男女），都可以自愿参加军事部队和军事法官考核。

会所指示的目的明确的措施。并且，意大利宪法法院更进一步指出了对军事法官独立性的损害不能归因于作为国防部法官的身份的相关原则和措施，而应属于对司法部法官独立原则的损害①。

意大利军事法院中的军事法官实际上分为两类，一类是专业性法官，即专职的军事法官；另一类则较为特殊，直接来自意大利现役军队中的军官，这类法官被形象地称为代表了世俗性质的法官，他们来自军队第一线，因此具备了较高的军队素养，在军事司法机构的审判过程中凭借其独特的军事视角发挥着重要作用。军事刑事法院的所有案件审理都必须由这两类法官共同参与，因此审判过程具有司法专业性和军队专业性的混合特征。从司法专业领域的角度看，尽管有时担任军事法官的军官会出现欠缺司法认知的可能性，但他们能够凭借其在军事特殊领域的能力和认识胜任法官工作。从这一点来看，意大利立法者在军事司法领域的设置过程中十分注重军事专业性，通过任用现役军官参与司法审判过程，保证司法过程始终带有强烈的军事特性。

关于军事法官成为军事司法机构领导人的选举权，依据意大利 1988 年颁布的第 561 号法律规定，除被暂停职务的军事法官外，其他人员都有选举权和被选举权，没有特定的候选人条件②。从现在的意大利司法体系角度看，军事法官吸收了普通法官规定中所有能保证其独立自主履行职能和职业性的条款。意大利宪法法院认同由现役军官担任军事法官和军事司法程序性原则都是军事法官司法特性的体现，这是因为军事司法作为新生司法

---

① Ordinanza 27 novembre 2000，n. 542，http：//www. giurcost. org/decisioni/2000/0542o-00. html，最后访问日期：2020 年 9 月 1 日。

② 意大利宪法第 102 条规定，意大利宪法法院排除军事法官议会建立一项新的特殊司法规范的权力（根据 2012 年修订版，从意大利文直接翻译）。

机关引入了新的司法体系和新的专门司法与管辖权规定，肯定会对普通司法已建立起的规则和管辖权产生较大的影响，同时军事法官现在已经与普通法官处在相同的位置，并形成了各自的特征。

（二）意大利军事法院的构成

1981年5月7日，意大利通过第180号法律，颁布了专门的军事司法法，该法对平时军事司法机构进行了根本性改革。改革过程中任命了大量的专业军事法官，以保证军事司法审判中的专业性技术要求。根据规定，意大利和平时期军事法院既包括海上军事法院，也包括执行海外行动的军队建立的法院。军事法院审理案件会有两名军事法官参与，一名法官担任审判长。军事法庭审判由军事法庭审判长主持，若遇到法律障碍，则由军事上诉法庭法官担任审判长一职，而另一名法官的身份正是上述提到的来自意大利陆军、海军、空军、宪兵或财税警察中的一名现役军人，军人担任法官的要求简单清晰，即与审理的被告相同级别。换言之，至少是一名意大利军官在军事法院庭审中临时担任法官一职。1981年改革之前，现役军官担任法官需要意大利共和国总统签发的法令，后通过改革已经删除了这一法令要件。现役军官只要收到来自军事法院具有强制性的法令，就应当且能够担任法官一职，同时在军官收到法令之时起就享有了与普通法官相同的基本的独立性和公平性保证。可以说，对于军事部队这种特殊的独立小社会，在军事法庭审理中加入现役军官担任法官一职，使得庭审更加具有平等性和公平性。但是，这种独特的军事法庭构成也需要有严格的程序要求以保证不会影响正常的司法效果，因此在法庭审理的第一阶段有且只有一名专业法官，军人法官只在法庭审讯阶段参与，即庭审阶段是由一名专业法官和一名现役军官法官组成。并且根据法律规范原则和程序规定，在军事刑事程序中不可以任意改变现役军官参与案件审理的顺序，以防损害司法的专业性和民主性。

关于意大利军事法庭这种特殊的庭审法官构成模式，意大利宪法法院作出了合宪性的申明："虽然法官的特殊构成缺乏法律条文支撑，但这种军事法庭构成原则正反映了现实的特殊性要求，所以需要制定相关条款以符合军事部门的特殊模式，就像未成年人法庭和农业法庭所建立的特殊模式。因此，法院认定军事法庭构成没有违反宪法规定。这个结构设置是为了改善法官对审理事实对象的认识，以及实现在军事司法的特殊程序中对被告人权益的保障①。"

（三）级别设置

2007 年 12 月 24 日，意大利议会颁布第 244 号法律，其中第 603 条撤销了以下地点的军事法院和军事检察院：都灵、拉斯佩齐亚、帕多瓦、卡利亚里、巴里和巴勒莫，相应地扩大了维罗纳、那不勒斯和罗马三个军事法院和军事检察院的属地管辖范围。位于维罗纳的军事法院和检察院的属地管辖包括以下大区：瓦莱达奥斯塔、皮埃蒙德、里古里亚、伦巴第、特伦蒂诺—上阿迪杰、维内托、弗留利—威尼斯朱利亚、艾米利亚—罗马涅；位于罗马的军事法院和检察院的属地管辖包括以下大区：托斯卡纳、翁布里亚、马尔凯、拉齐奥、阿布鲁佐、撒丁岛；位于那不勒斯的军事法院和检察院的属地管辖包括以下大区：莫利塞、坎帕尼亚、普利亚、巴西利卡塔、卡拉布里亚、西西里岛②。对军事法院进行了大量撤销之后，随之而来的就是相应地减少了军事

---

① Ordinanza 4 giugno 2001，n. 204，http：//giurcost. org/decisioni/2001/0204o-01. html，最后访问日期：2020 年 8 月 30 日。

② 改革之后的意大利军事法院和检察院的属地管辖基本是将意大利 20 个大区按地域从北到南进行划分。

法官的数量。

实际上，在2007年这次大幅度削减军事法院之前，意大利军事司法界就一直在推动军事法院的减少，但在实际操作中因政治或经费的原因，并且担忧改革会对军事法院的自治性带来巨大的破坏，就此否定了改革可行性而一直搁置。但在此期间，军事法官议会坚持认为，在地域上安排过于分散的军事法院造成相互之间缺乏合作并存在矛盾和冲突。不过，若改革方案就是极其简单地对军事法院进行削减则只能解决表象问题而不具可行性。因此，为军事部队的司法机构改革保持合法性效力，需要有能够与地域要求相符合的合适方案，才能彻底解决之前的矛盾和冲突问题①。

20世纪90年代意大利由军事刑法学界推动的军事司法机构改革总是徒劳无功的原因基本可以归结于改革目标过于宽泛，没有体现改革的有效性、透彻性和代表性；同时，受财政经费因素的直接影响，需要从财政上控制机构改革的合理性。所以，2007年的军事司法体系改革很明显，正是从经济的角度出发，为节约国家财政在军事司法方面的支出，实现资源更优化发挥作用，减少了军事法院的数量。其实，在1981年意大利最初的军事司法法律中就有对军事司法财政方面的规定，其中把原来意大利全国的103名军事专业法官减至58名②。

通过改革体现出意大利军事司法结构正努力与普通司法结构

① Consiglio Della Magistratura Militare, Deliberazione del 26 settembre 1994, in Notiziario C. M. M, 1994, n. 3-4, p. 29.

② 改革中，同时将削减的军事法官划归为普通司法法官。当然，在当时大量减少的军事法官进入普通司法机构时，给普通司法机构带来了相当大的压力。因此，又对普通司法机构无法接受的法官进一步作出了或保留法官资格或年长者提早退休的措施。

保持一致，尽管这两个法律规范很难实现完全一致，但仍在机构的结构设置上保持了较高的相似度，以此协调相互间的合作。

（四）职能设置

2010年，意大利共和国总统签发第66号法律，意大利军事法律正式确立了意大利军事司法机构的职能分类，即法官承担审判职能，军事检察官负责案件的调查工作。这样的职责划分是与普通司法机构相协调的。

军事审判机构有军事一审法院，包括司法驻地的军事法院和军事监督机构；二审法院是军事上诉法院。军事法院主席是一审法院的领导和负责人，但作为军事监督机构的主席对一审法院拥有更高的领导权；同样，军事上诉法院主席是二审法院的领导和负责人。在2010年的意大利军事司法机构改革中，意大利全国唯一的军事监督法庭仍然位于罗马，军事监督法庭对全国的军事法官拥有监督和管辖权，并且有权任命军事法官理事会的法官，以及提名担任军事监督法官主席。

根据意大利军事法律规定，军事法官审判委员会是军事法院的领导机构，直到宪法规定成立另外的机构自动代替军事法官审判委员会。也就在一年之后，意大利国防部通过了与军事法官相关的法律，建立了军事法官委员会以代替军事法官审判委员会。1988年12月30日，通过第561号法律建立了军事法官议会，这是一个独立自主的行政管理机构，负责对军事法官的行政管理。由最高法院的首席主席担任军事法官议会主席，其他人员构成是最高法院的军事法官，5名由军事法官选举，另外2名经意大利议会选举。军事法官议会在程序法和实体法方面都与意大利普通司法机构中的最高法官议会享有同样的权力。虽然军事司法机构和普通司法机构在审理对象上并不相同，但这“微小的”差别并不影响这两个司法机构之间独立自主的相同原则。

意大利军事法官完成案件数据①

2018. 1-2018. 12. 31

（单位：件）

	法令			判决			
	正式受理	普通诉讼程序	立即审判	缺席审判	依当事人要求适用刑罚	简易审判	其他
	993	134	9	108	16	27	132
小计	1136			151			132
总计	1419						

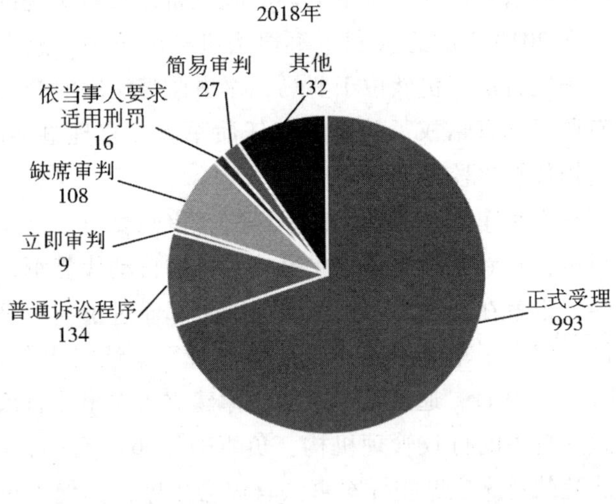

① http://www.difesa.it/Giustizia_Militare/rassegna/Bimestrale/2019/Documents/MAZZI.pdf，最后访问日期：2020 年 5 月 20 日。

2017. 1. 1–2017. 12. 31①

（单位：件）

	法令			判决			
	正式受理	普通诉讼程序	立即审判	缺席审判	依当事人要求适用刑罚	简易审判	其他
	896	173	13	100	19	37	55
小计	1082			156			55
总计	1293						

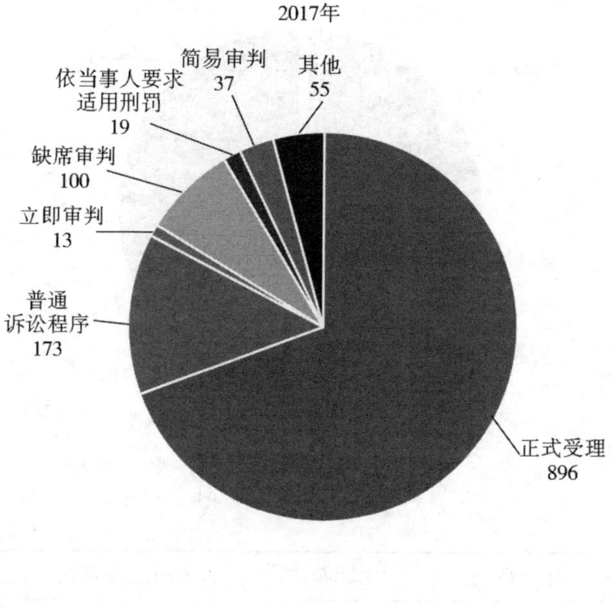

① http://www.difesa.it/Giustizia_Militare/rassegna/Bimestrale/2018/Documents/2_2018/1%20Relazione%20dott.%20TORNATORE%20CMA.pdf，最后访问日期：2020 年 5 月 20 日。

意大利军事法院结案数据

2018. 1. 1–2018. 12. 31

（单位：件）

	有罪判决	无罪判决	无司法裁判权	其他
	94	102	3	9
共计	208			

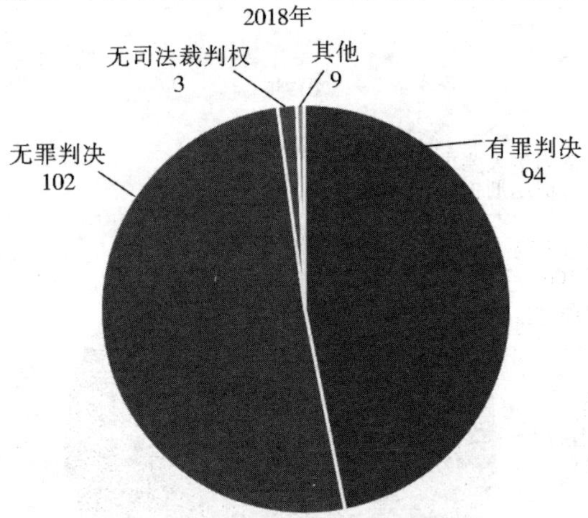

2017. 1. 1–2017. 12. 31

（单位：件）

	有罪判决	无罪判决	无司法裁判权	其他
	92	101	2	14
共计	209			

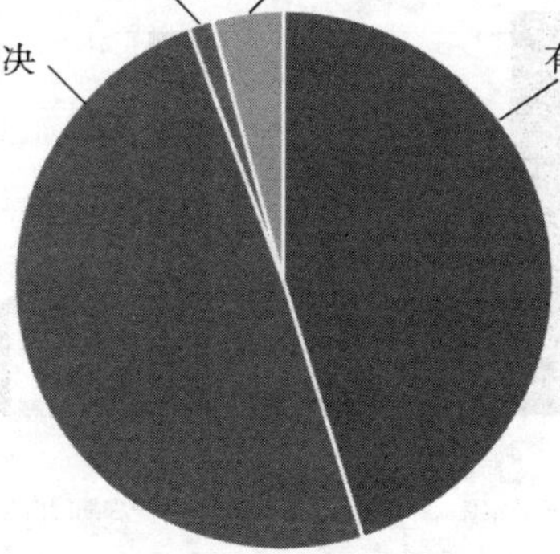

意大利军事法官进行初步庭审阶段的案件数据

2018. 1. 1-2018. 12. 31

（单位：件）

法院	进行审理的案件	在期间内开始的案件	在期间内完结的案件	未决案件
罗马	22	532	528	26
维罗纳	59	550	503	106
那不勒斯	150	442	388	204
共计	231	1524	1419	336

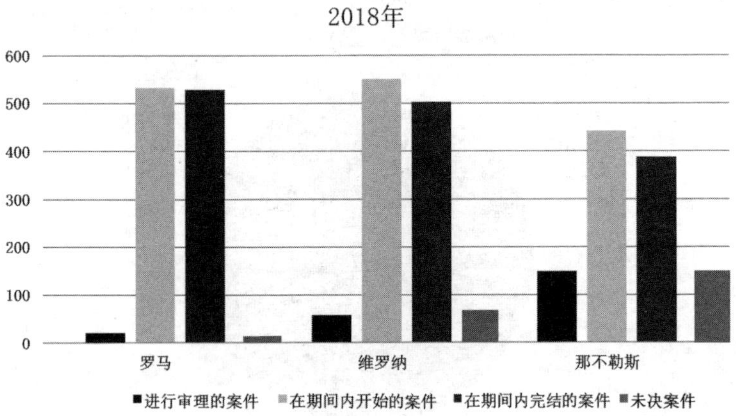

2017. 1. 1-2017. 12. 31

（单位：件）

法院	进行审理的案件	在期间内开始的案件	在期间内完结的案件	未决案件
罗马	44	515	524	35
维罗纳	58	448	447	59
那不勒斯	54	418	322	150
共计	156	1381	1293	244

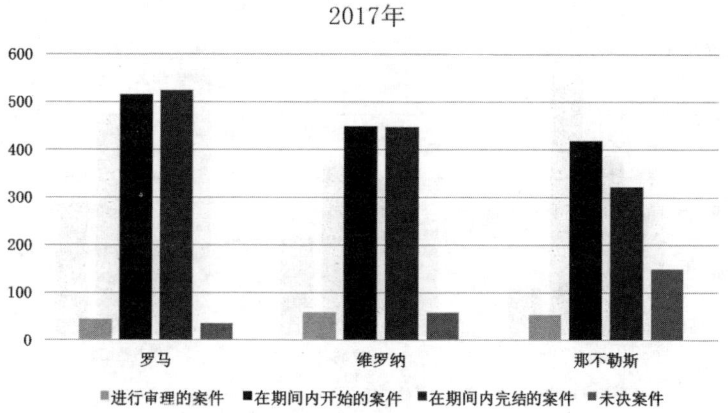

意大利军事法院审理及结案数据

2018. 1. 1-2018. 12. 31

（单位：件）

法院	进行审理的案件	在期间内开始的案件	在期间内完结的案件	未决案件
罗马	43	57	84	16
维罗纳	37	50	54	32
那不勒斯	83	29	70	42
共计	163	136	208	90

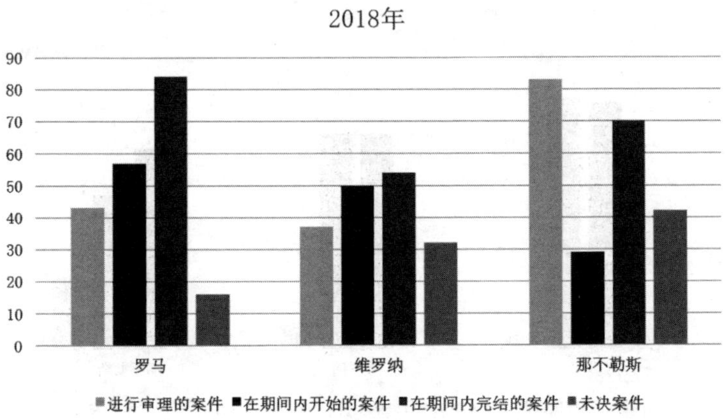

2017. 1. 1-2017. 12. 31

（单位：件）

法院	进行审理的案件	在期间内开始的案件	在期间内完结的案件	未决案件
罗马	51	69	77	43
维罗纳	68	57	88	37
那不勒斯	84	55	56	83
共计	203	181	221	163

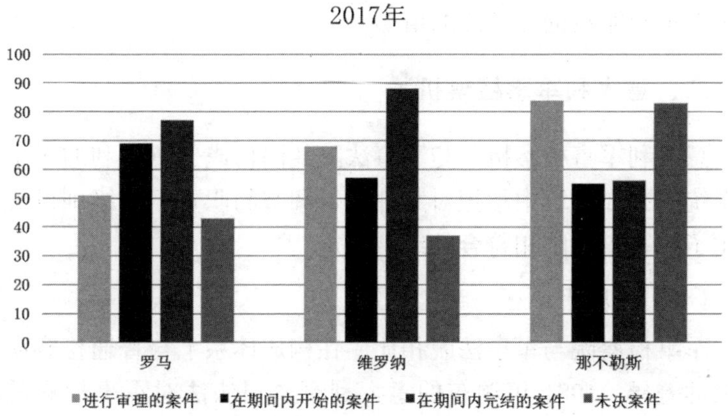

上述图表体现了近些年来意大利军事法院的完成案件数、结案数、初步庭审案件数，由此可以看出，首先，意大利军事法院的司法实践始终保持在非常活跃的状态，无论是一审军事法院还是上诉军事法院，都积极地通过军事审判维护了意大利的军事立法，惩处了违反军事刑法的违法犯罪活动，而通过以上数据也可以看出涉及军事犯罪的案件仍不在少数。其次，关于适用的刑事诉讼程序，考虑到军事刑事诉讼程序本身具有特殊性，被告人的基本权利能否得到有效保障一直是军事刑事诉讼程序特别引人关注之处，由以上数据可知，为从程序上保证被告人的基本权利，意大利军事法院审理的绝大多数案件都适用了普通诉讼程序，而没有适用刑事诉讼法典中的简易或是特殊程序。但缺席审判的案件数也很多，这也是因为军事犯罪的特殊性，而造成缺席审判数据较高的一个原因则是意大利军事法院自第二次世界大战后，便不断对第二次世界大战期间涉及意大利公民和利益的战争犯罪进行调查和审理，相当一部分案件审判中，由于历史原因，被告人无法到庭。最后，从三地军事一审法院的受理和审判数据来看，意大利各地涉及军事犯罪的数量还是比较均衡的，没有出现某一地区军事犯罪数据异常高的情形。

二、意大利军事检察机关

意大利军事检察机关与军事法院共同构成了意大利的军事司法系统，并在系统中承担对案件进行调查的职责，在级别设置上采用了与军事法院相符合的级别规定。

（一）构成

军事检察院与军事法院相比，在构成体系上与普通检察院有更大的差异。1981 年颁布的意大利军事司法法对军事检察院的结构和构成进行了基础性的规定，在意大利最高检察院中建立军事检察办公室，由军事法官和独立的军事检察官构成。意大利最高检察院认为，军事检察系统的特殊系统结构既是为了保证军事司法部门的特殊性，也是因为军事司法中的行为人一般都具有军人的特殊身份，或因为实施了特殊性质的军事犯罪。因此，军事检察官参与诉讼或是在诉讼过程中的作用相对于普通刑事诉讼程序而言并没有十分重要且强烈的需求①。

1994 年，军事检察院系统进行了与普通司法体系相互同化的改革，分别在军事法院和军事上诉法院驻地设立了意大利共和国检察官和意大利共和国检察长的职位。同时在普通司法体系中作出了进一步确保军事法官理事会独立性的规定，其中包含删除为军事检察院分配的“对任何涉及军事司法的内容，给当地军事指挥官提供合法建议”的任务②。事实上，当地军事指挥官和军

---

① Sezione Unite Cassazione, 21 maggio 1983, http://www.cortedicassazione.it/corte-di-cassazione/it/det_civile_sezioni_unite.page，最后访问日期：2020 年 8 月 29 日。

② 2010 年第 66 号法律——意大利军事规范法律第 200 条。

事检察院之间的关系遵循的是意大利普通法律规范中对司法警察和调查法官的规定。军事检察官在与普通司法机关的合作调查中，由意大利普通刑事诉讼法典规定涉及与军事法官的合作分工，以及军事检察官与普通检察官的合作关系①。

对于意大利普通司法机构中的助理检察官职位，军事检察系统并没有相对应的规定。在 2008 年的军事刑事诉讼法改革中曾提出过增设助理检察官职位的想法，即考虑到军事法院和军事检察院的相互关系，在军事法院和军事上诉法院之外的军事属地法院中增加助理检察官的职位。但考虑到意大利普通司法体系中助理检察官职位的设置是根据检察官职位的比例而定，不能超过检察官办公室职位数量的 10%，而至今意大利军事司法系统中没有一个军事检察官办公室的检察官数量超过 10 人，因此不具备设置这一职位的基础性条件。

2016-2017 年军事检察院采取匿名预防措施并注册入档的案件数据

（单位：件）

	2016 年	2017 年	2018 年
罗马	329	237	231
维罗纳	150	158	140
那不勒斯	145	154	199
总计	624	549	570

① 黄风译：《意大利刑事诉讼法典》，中国检察出版社 2016 年版，第 156 页。第 371 条“各不同公诉人办公室之间的关系”规定，如果各不同的公诉人办公室进行相互关联的侦查工作，它们之间应当在进度、效益、效力上相互协调。为此目的，他们相互交换文书和情报，相互通报各自向司法警察发布的指示，也可以联合开展某些活动。

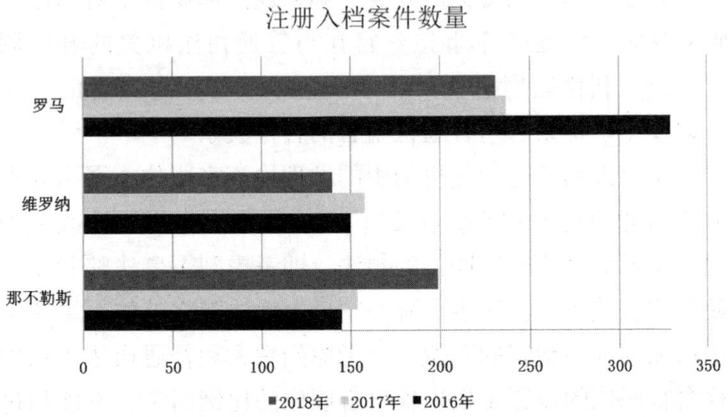

意大利军事检察院登记入档案件总数

（单位：件）

	登记入档行为未构成犯罪的案件总数			前款入档行为在犯罪信息登记簿上构成犯罪的案件总数		
	2016 年	2017 年	2018 年	2016 年	2017 年	2018 年
罗马	823	728	412	10	7	6
维罗纳	312	417	374	21	20	20
那不勒斯	1181	1539	1339	35	46	55

意大利军事检察院与普通司法机关相关的诉讼程序数据

（单位：件）

	由军事司法机关转交普通司法机关		由普通司法机关转交军事司法机关	
	2016 年	2017 年	2016 年	2017 年
罗马	37	31	0	1
维罗纳	11	14	0	8
那不勒斯	12	8	1	0

其中，意大利三地军事检察院采用匿名登记入册措施的数量以地理位置为区分存在着较大的不同，罗马军事检察院采用匿名预防措施并注册入档的案件的数量明显高于其他两地的军事检察院。

（二）职能设置

意大利平时军事刑法典原第 290 条、第 291 条规定了检察官的职能，后颁布的军事司法法认为这两条规定违背了刑事诉讼法典的基本精神，删除了上述条款并直接适用普通刑事诉讼法的相关规定。根据意大利刑事诉讼法典第 51 条规定，一审诉讼，由驻法院的检察官担任；二审诉讼，由驻上诉法院的检察署或最高法院检察署中的执法官担任。一审的指令由检察官向军事法院发出，二审的指令则由检察官向军事上诉法院发出；针对法律合法性调查，由军事检察长和两名代理军事检察官组成的检察办公室提交至意大利最高法院。从军事检察院结构上看，检察院提交案件至军事法院和军事上诉法院，保持了与普通检察院相同的结构。

（三）意大利军事司法警察

意大利的军事司法警察隶属于军事检察系统①，履行逮捕、检查或搜查职能。

2010 年第 66 号法律、意大利军事规范法律第 91 条规定，军事武装部队根据军事刑法典（平时军事刑法典和战时军事刑法典）以及普通刑法典的规定行使军事司法警察的职能；第 151 条规定宪兵根据上述第 91 条的规定，行使司法警察的职能，扣押

① 意大利平时军事刑法典第 302 条规定，军事司法警察的隶属关系，属于军事司法警察的人员在意大利共和国军事检察长和共和国军事检察官的领导下行使职责，并遵守在各自制度中调整内部上下级关系的规定。

的权力及资格条件审查则专属于部队指挥官、分队指挥官或是不同岗位的负责人。由此可以看出，意大利军事司法警察是由来自部队和宪兵队的人员直接行使司法警察的相关职能，而没有另外成立专门机构。

因此，军事刑法典是意大利军人和宪兵行使司法警察职权的根本法律依据。首先，意大利平时军事刑法典第三编对军事刑事诉讼作出了专项规定。其中第 301 条规定了行使军事司法警察职能依照以下顺序进行：(1) 各军队、分队或岗位的指挥官；(2) 宪兵部队的军官或士官以及其他根据刑事诉讼法规定的司法警察官员。第 301 条第 2 款规定，若同时出现上述两种人员，由较高级别人员行使军事司法警察职能，若级别相同则由年长者行使军事司法警察职能。规定强调了对军队级别制度的遵循，在军事司法警察构成军事犯罪时，免除履行军事司法警察职能和相关义务。第 301 条第 3 款规定，履行军事司法警察职能的主体必须向军事检察官及时履行报告义务。

平时军事刑法典第 301 条所确立的归属于军队指挥官的职能出于以下原因：第一，军事司法警察中指挥官职能与军事刑事司法管辖权限相呼应，自军事刑法典颁布之时起，就缺乏对于新法[①]原则的实施效力。该法第 89 条-8 规定了军事司法警察的职责是阻止由军人在军事营地实施本法所规定的犯罪行为，应等待部队指挥官处理（不低于高级军官级别）。部队指挥官在这种情形下，根据这部专项法律的规定具有司法警察的职能，而不是依据平时军事刑法典第 301 条的规定。而普通司法警察对于普通刑事犯罪的职责仅限于毒品犯罪。虽然第 89 条规定了部队指挥官的权限，但不能认为是其专属的权限。第二，这是平时军事刑法

① 意大利 1990 年 7 月 26 日颁布的第 162 号法律。

典唯一的特殊条款，与普通法律的规定相对应，明确重申了行使司法警察职权的主体是个人。

平时军事刑法典第 305 条规定了对军事司法警察的纪律制裁[①]。这个规定与第 302 条相互协调，军事司法警察人员接受军事检察长和军事检察官的指令。因此，军事检察长涉及向法庭提供建议时，如果没有进行必要的进一步的仔细审查，就会被处以纪律制裁。

第三节 意大利军事审判的基本原则

军事刑事诉讼程序作为普通刑事诉讼程序的例外体系，必然会产生自身特殊的审判特征，如诉讼程序的快速性、军事诉讼的专业性。总体而言，军事审判原则体现为在普通司法审判原则基础上强调了军事司法的特性。

一、公平与自治原则

意大利军事司法体系的一大特色就是现役军官参与司法审判，他们在整个军事司法过程中的作用是不可忽视的。也正因为这些现役军官的加入，使得军事司法突出了军事等级的特征，根据被告人的军级决定参审军官的级别，体现了军事司法对等级制度的重视，为保证军事司法中军事制度的专业性，允许对公平原则进行一定程度的妥协。

在军事刑事诉讼程序中，原先除了现役军人法官的加入，如

① 黄风译：《意大利军事刑法典》，中国政法大学出版社 1998 年版，第 104 页。第 305 条规定，拒绝执行、不执行或迟延执行军事司法机关的命令，或片面或有遗漏地执行命令，由上级官员根据共和国军事检察长请求予以纪律制裁。

鉴定人等诉讼相关参与人①，都是以现役军人为优先考虑，之后这些条款因涉及与意大利刑事诉讼法的基础原则——司法审判的合法性相违背而被陆续删除；另外，为保证被告人的利益，还要求相应人员具有军事专业能力和素质。

因此，意大利在军事刑事诉讼中，需在公平性与自治性之间找到一个合适的平衡点，以保证军事刑事诉讼程序既不失司法公正的基础，又能充分考虑被告人和相关案情的军事特性。首先，意大利军事刑事诉讼主要以普通刑事诉讼法为基础，遵循普通刑事诉讼法的原则和立法精神。其次，在军事司法体系内部建立了完整的机构体系和监督体制，以保证军事法官行使审判职能的独立性和自主性。以意大利宪法规定为基础，成立了军事法官议会，从而体现了无论是普通司法体系还是特殊司法体系都对法官独立性作出了必要的保证。军事法官议会保证军事法官和军事检察官都能够独立履行工作职能，并且这种独立性体现在军事司法中的每一个方面——机构设置、法官或检察官本人以及军事刑事诉讼程序的独立性。因此，意大利军事司法审判原则中的公平和自治是通过系统机构的建立来保证权力的独立运行的。

二、互补性原则

意大利平时军事刑法典第 261 条是军事司法制度的基础性条款，规定除法律另有规定外，军事法院的诉讼程序遵循意大利刑事诉讼法条文。这一规定体现了军事刑事诉讼与普通刑事诉讼之间的紧密联系，并且军事刑事诉讼所有的基础性条文都是源于普通刑事诉讼法，展现了军事刑法的互补性和特殊性。

---

① 黄风译：《意大利军事刑法典》，中国政法大学出版社 1998 年版，第 110 页。第 329 条规定，任命鉴定人，在军事诉讼程序中，需要鉴定时，由法官优先从国家军事武装部队人员中进行挑选。

首先，关于军事刑法的互补性特征，意大利有学者认为它与意大利法律中的技术性条款是相同的，平时军事刑法典其实并没有特殊条款与意大利的刑事诉讼法典相联系。那么互补性特征，就像技术性条款，体现了机构唯一的选择，在与特殊法律合并时，对两个法律规范需要进行重新解释和整合。另外，就像合作性原则，对于单一司法经验与一般性规范，同样在特殊情形中对军事司法机构、军事程序法律进行评价与普通法律原则是否兼容，这就是期待规则所发挥出的效能①。

根据互补性特征的指引，关于军事刑事程序的规定可直接适用意大利刑事诉讼法的规范。1988 年意大利通过现行刑事诉讼法典，尽管这一法典所有原则中都没有与平时军事刑法典直接相对应的内容。但是，作为特殊法律规范的军事刑事诉讼法仍然具有适用性。

其次，第 261 条对军事刑事诉讼法的特殊性也有表述，虽然在立法改革中，第 261 条的部分内容被删除，但总体而言这个规范在意大利军事刑法改革中仍具有效力。虽无法否认军事程序性规范的部分精神实质与意大利现行刑事诉讼法典中对基本权利保障的精神并不协调，但之所以能够依旧发挥效力，就是因为其适用范围仅限于军事司法领域。军事刑事诉讼规范和普通刑事诉讼规范是根据同样的逻辑结构创建的，只不过军事刑事诉讼规范是为了特殊的需求，比如在战时或是在军队范围内。对于军事刑事诉讼法和普通刑事诉讼法之间的这些争议，最终通过意大利宪法法院肯定了应有基础性的模式和标准对应军事刑事诉讼法和普通刑事诉讼法之间的区别，即在平时军事刑法典中加入诉讼法的规

---

① Giuseppe Riccio：“Premesse Metodologiche e Linee di Indirizzo per L’applicazione e la Riforma della Legge Processuale Penale Militare”，In Rassegna Giustizia Militare Rivista，n. 1-2，1991，p. 179.

定，作为普通刑事诉讼法的例外情形，因此这两个刑事诉讼体系并不是完全不同的，只是确立了一个新的司法体系。

其实，无论是军事刑事诉讼法还是普通刑事诉讼法，法律的合法性，即与宪法基本精神和具体规定相一致是支撑这部法律规范的最重要特征，也是解决对所有法律不确定解释的关键要素，这在意大利宪法与军事刑事诉讼法的关系上得到了完美的体现。作为国家整个法律体系中一个极为特殊的分支，如何在能够保证与宪法和谐的基础上又能满足特殊部门的要求，这就需要在普通法律和特殊法律之间建立连接点，使其能够在特殊性和兼容性之间找到平衡关系，这种平衡关系的建立应依靠法律解释的涉入，以防止两个法律规范出现实质上的不协调，尊重法律之间的不同之处，正如第 261 条规定的互补性，军事刑事诉讼法的例外特征需要通过更多的法律解释，也需要与普通法律进行合作解释，从而判断军事刑事诉讼法的兼容性。

三、战争时期特殊的军事刑事审判原则

在战时同样需要有适格的司法机构和相应的特殊审理原则以处理有关军事领域的诉讼和审判。意大利现行的战时法律具有明显的非适用性，其中有多少对技术性和专业性的司法需求是必须得到保证的，并且在意大利现行社会状态中也是需要存在并能发挥有效作用的。意大利战时军事刑法典适用的困境，在很大程度上是因为意大利国内曾一度缺乏对战时军事刑法典进行改革的利益驱动，而导致出现这一现象正是因为意大利战时军事刑法典第四编的规定，即战时刑事诉讼的启动必须建立在发生战争的前提之上，这几乎剥夺了在现代意大利社会适用战时军事刑法典的可能性。

因此，对战争时期特殊的军事刑事审判原则历史特征的回顾

是现在意大利军事刑法学的主要研究内容之一。由于在立法过程中缺少干预，使得这个领域的法律规定缺少长远性的特征。军事刑事法律的预先规定是为了解决未来或可能最终出现或不确定的战争，缺乏及时的立法调整加以干预，会使得法律规范难以适应不断变化的社会环境，最终使得这一法律特殊领域陷入难以应对社会变化的尴尬局面。意大利军事刑法学界已经意识到了上述问题，并提出了修订战时刑事诉讼程序法是非常有必要的，也只有对战时军事刑法典的刑事诉讼部分进行修订才能与其他现行法律规范相协调，包括平时军事刑法典中的刑事诉讼法、军事司法规范以及其他对国家进入战争状态而制定的法律规定。这样的修订符合意大利军事刑法在过去十几年经历的修订工作。实际上，在修订过后，无论是平时军事刑法典还是战时军事刑法典都具有之前未曾涉及的领域和特征，这些最终推动了战时军事刑法典刑事诉讼法修订工作的开展。

战时军事刑法典第四编是对战时刑事诉讼法的规定，其中第231条规定了战时司法管辖权的起始时间①。同样，意大利宪法规定的战争时期直接决定了刑法典第310条的规定内容，在战争时期包括战争危险将要来临的时期，即战争是紧随发生的。

战时军事刑法典第232条对战时司法管辖权作出了基本规定，它包括了十分广泛的范围，这点从条文的多样化也能看出：（1）任何人在处于战争状态的领域或被视为处于此种状态的领域内实施的军事犯罪；（2）军人在前项列举的领域内实施的，由

① 黄风译：《意大利军事刑法典》，中国政法大学出版社1998年版，第219页。第231条规定，战争状态导致对在宣告进入战争状态之后实施的有关犯罪行使战时军事司法管辖权；如果在宣告进入战争状态时，刑事诉讼尚未开始或正在进行，对于在宣告进入战争状态前实施的有关犯罪也可以行使战时军事司法管辖权。

普通刑法规定的犯罪；（3）任何人在第1项列举的领域外实施的可能对战时军事行动、有关服务或战争的进行造成损害的军事犯罪；（4）由处于意大利国家管制或看守之下的战俘实施的任何犯罪；（5）敌方武装力量人员实施的侵犯战争法律或惯例的犯罪。另外，战时司法管辖权还包括了不属于军人，但在军事战争地域或被视为该地域实施的任何犯罪，这些人员包括：（1）虽不属于国家武装力量，但因任何原因与该武装力量有服务、职务、劳务、供给、供应、征用等方面的关系，包括具有间接关系的人员；（2）前项列举的平民人员，其他因任何职责而依照法律或由共和国总统令所批准的条例规定附属国家武装力量的人员。

对战时军事司法管辖权的分析必定要与平时军事司法管辖权相结合，这两个军事司法管辖权有着紧密的内在联系，如对于行为人资格的要求，单纯军事犯罪主体的构成必须属于军事武装部队人员。但是，战时军事司法管辖权，如上文提到的情形，还包括对两种非军事武装部队人员实施犯罪时同样具有管辖权。在这两种情形中，管辖权的判断标准不再取决于行为人主体，而是取决于犯罪行为实施的对象，以损害利益作为管辖权的判断标准。当然，如法条所规定，对平民动用战时军事司法管辖权还需要判断行为构成的地点是否属于战争地域等相关条件。

综上所述，战时军事司法管辖权具有较为广泛的范围，不仅仅局限于传统的战争概念之中，还包括了对普通刑事犯罪的有效管辖权。还有一点特殊的地方，即意大利的战时军事司法管辖权还包括了未成年人犯罪情形①。

当然，战时军事司法管辖权还涉及军事司法法律的规定，意

---

① 意大利宪法第103条第3款也确认了战时军事司法对未成年人犯罪管辖权的合法性，在战争持续期间，战时军事司法是唯一获得承认的合法管辖权。

大利军事司法法第 59 条[①]、第 64 条[②]、第 65 条[③]对战时军事法院的分类作出了更加细化的规定。

战时军事刑法典第 251 条规定了战时军事法院中的集团军、部队、要塞法院的管辖权范围。这些管辖权的划定不以犯罪的实施地点为标准，如战时军事法院对已动员的部队或机构中的军人实施的犯罪具有管辖权，如果该部队或机构直接隶属于上述法院所在的单位指挥部；以及由在上述部队或机构中服务或随军、不属于国家武装力量人员实施的犯罪。此种情形中的管辖权取决于行为人的身份是否属于军事武装部队或是否属于军事武装部队的服务人员。第 252 条专门对战时地域军事法院管辖权作出规定，实际上战时地域军事法院的管辖权是对不属于第 251 条管辖权规定情形作出的补充规定，包括：（1）不属于第 251 条规定的军人；（2）不属于第 251 条规定的平民；（3）敌方战俘；（4）属于敌方军队人员或其他人员实施的战争犯罪；（5）意大利战俘在被俘期间对敌方实施的犯罪，以及战时军事刑法典第 218 条[④]规定的犯罪。

---

① 意大利军事司法法第 59 条规定，战时军事法院分为日常性军事法院、特殊性军事法院和船上法庭（根据 2011 年修订版，从意大利文直接翻译）。

② 意大利军事司法法第 64 条规定，战时军事法院具体又分为四类，分别是军队法庭、部队法庭、要塞法庭、战时地域法庭（根据 2011 年修订版，从意大利文直接翻译）。

③ 意大利军事司法法第 65 条规定了日常性军事法院的工作内容（根据 2011 年修订版，从意大利文直接翻译）。

④ 黄风译：《意大利军事刑法典》，中国政法大学出版社 1998 年版，第 213 页。第 218 条规定，被释放的意大利军人，无正当理由，自进入意大利领域或被意大利武装力量占领的领域之日后 3 天内，不向意大利军事当局报到。

关于战时特殊军事法院管辖权的规定，战时军事刑法典第283条表明战时特殊军事法院对应判处无期徒刑的军事犯罪[①]，如被告人是当场被捕，根据军事法律，组成该法院的指挥官出于立即审判以达到以儆效尤的目的有权予以审判。第2款明确规定了战时特殊军事法院的管辖权仅限于第1款规定的犯罪。从以上规定可以看出，战时特殊军事法院主要是为了在战时扩大法律即时性的震慑作用，因此规定的管辖权范围十分简明。有学者认为，考虑到在战时背景下即时组成审判法庭，审判人员由指挥官确定，战时特殊军事法院的管辖权违反了宪法规定，直接违背了法定原则之一的回避原则[②]。尽管对代表军事权威的司法指挥官的具体行为不进行追责违背了法律的基本原则，但不能就此否认战时军事法院审判权的特殊性。立法者不能建立一个特殊的司法制度以审判之前的行为，具有预设性成员的司法机构不可否认其公平性，但是这一特殊的司法机构在追究责任时却不能对指挥官进行追责。总之，可以说战时军事司法机构和管辖权都违反了意大利宪法的相关基础规定。战时军事司法机构和管辖权只能存在于特殊的战争时期，以满足国家和军队的特殊需求。

战时专职的军事法官也必须具备现役军人身份，特别是军事司法的部队军官，以保证法官也属于军事级别制度管辖。那么，在法官也归于军事部队的指挥官管辖权之下，这样的规定明显违反了司法公平的基础性保障——法官的独立原则以及权力分立原则。另外，军事检察官在战时的权力行使也要通过军事指挥官。根据战时军事刑法典第245条，战时刑事诉讼的开始是由战时军事法院的指挥官负责提起并开展相关工作。在此规定之下，军事

① 原文是涉及应判处死刑的犯罪，在意大利军事刑法典取消死刑之后，变更为无期徒刑。

② Rodolfo Venditti：Il Processo Penale Militare，Giuffrè，1997，p. 28.

检察官成为指挥官委托的代表者，在行使权力时还受到一定限制，如涉及犯罪嫌疑人的军事级别，则由指挥官决定是否提起刑事诉讼[①]。另外，战时只有最高指挥官才有权对以下情形提起刑事诉讼：(1) 如罪犯是将军或其他具有相同级别的军官；(2) 涉及第三编第四章的犯罪（即战争罪）的某一犯罪行为。第 245 条进一步规定了本条所列举的指挥官在案件预审期间拥有决定暂缓或撤销刑事诉讼的权力。因此，战时军事刑事司法制度的特殊性不仅体现在运行过程中，同时也体现于机构的设置之中，可以说战时军事刑事司法制度的核心就是军事指挥官制度。显然，军事指挥官制度影响下的战时军事刑事司法制度对行使权力人员的独立性保障必然造成极大影响，包括对被告人权利的负面作用，其辩护权利无法得到保证。

虽然战时军事刑事司法制度发展过程备受争议，与意大利宪法所保护的基础性原则存在差异，但是仍不能否定战时军事刑事司法制度存在的必要性，因为战争时期的特殊性质，从而允许战时军事刑事司法制度通过另一种更加粗犷的方式实现意大利宪法的原则精神。

第 248 条是违反军事指挥官和构成战争罪行为的刑事诉讼规定[②]，透露出战争的首要目的——维护意大利在战争中的整体利

① 黄风译：《意大利军事刑法典》，中国政法大学出版社 1998 年版，第 224 页。第 245 条规定，战时军事法院的指挥官可以暂时将提起刑事诉讼的权力委托给公诉检察官，除非诉讼针对的是具有上尉以上军衔或级别的军人、军事人员或准军人。

② 黄风译：《意大利军事刑法典》，中国政法大学出版社 1998 年版，第 225 页。第 248 条“对指挥官的刑事诉讼”规定，指挥官的犯罪行为是在战争状态中实施的，如果国防部长没有要求，只能在战争结束之后开始刑事诉讼过程。同样对于战争犯罪，如果被告人不是意大利军人，则由司法部部长提出要求。

益，在战争结束之后才开始相关的刑事诉讼工作，从而也利用战争的缓冲时间来达到消灭罪行的目的。

我们能够看出，涉及战争罪的情形，战时军事刑事司法制度作出了专项规定，以区别于其他军事犯罪，可见在战时军事司法制度中，战争罪仍旧处在一个特殊位置，这不仅是因为战争罪侵害的利益受到更高级别的保护，也体现了意大利军事刑事中的一个原则，即特殊法律原则，特殊利益放在了更重要的位置。此外，从中也能看出意大利立法者对战争罪的重视，以实现对人类基本利益的保障。

第四节　军事诉讼的基本程序

1941 年，即军事刑法典正式通过的同一年，意大利军事司法法颁布。意大利军事司法法作为意大利军事司法的系统性法律规范，在颁布之时并未展现出高度的创新性，相反集中了意大利过去所有关于军事司法规范的特征，只是在对所有意大利军队建立唯一的军事法庭这一点上实现了创新[①]。

意大利军事诉讼程序主要包括一审和上诉审，体现了意大利军事司法与普通司法之间的管辖冲突和联系，以及意大利宪法法院对于军事诉讼程序的制约和影响。

一、一审的程序性规定

意大利军事刑法典没有专门条款对一审程序作出规定，意大利普通刑事诉讼法第八编规定了独任法官制度，从而与平时军事刑法典的总则性条款——第 261 条互补性规定相结合。我们可以

① Pier Paolo Rivello：“ Tribunale militare”，In Enciclopèdico Diritto XLV，Giuffè，1992，p. 9-10.

认为，意大利军事诉讼程序是一个具有自动化操作性的系统，军事刑事诉讼程序适用普通程序法律的一般性条款，除了那些明显与军事特殊法律不兼容的条款。

普通刑事诉讼程序中关于公诉模式基本性的条款——保障人身自由可能性条款，在意大利刑事诉讼程序体系中体现意大利宪法章程的基本精神都可以直接适用于军事诉讼程序。但在军事法院审判过程中，在法庭审讯阶段是通过上文所述的混合法官制进行，即法官由两名专职法官和一名现役军官组成，这些人员是社会生活及军事领域的专家，具备充当军事法官的资格。尽管这样的构成已经脱离了宪法的规定，但立法者认为，虽然军事诉讼程序中审判人员的挑选并没有完全遵循普通法律规定的公平原则，但考虑到军事诉讼的特殊性，这种违反普通法律公平原则的规定反而更加符合军事诉讼的特点。可以认为，军事诉讼中的一审程序作为普通司法体系例外性的体现，保留了军事刑法的特殊性，没有适用独任法官制。

二、上诉审的程序性规定

1981 年意大利颁布军事司法法，规定了在军事司法体系中通过军事法院进行上诉的可能性，这也是意大利至今为止唯一一部对军事上诉法院作出规定的法律。这部法律规定了在意大利全国军事司法体系中有且只有一个军事上诉法院，位于首都罗马①。

在 1980 年之前，意大利军事司法体系中并没有上诉法院这样级别的机构，对于起诉情节严重性的划分不仅仅是在普通司法

① 罗马军事上诉法院曾经包括两个分部，分别位于维罗纳和那不勒斯。2007 年的司法改革，通过第 244 号法律已撤销了这两个分部的上诉法院。

和军事司法之间进行的，同样包括在军事司法领域进行划分。但这样的划分导致普通司法管辖权具有过于宽泛的弹性适用空间，如一名军人与平民共同实施军事犯罪的情形，就都归于普通司法管辖。因为被告人具有军人的身份，就能够在普通司法规范中获得优势地位，获得军事司法程序作出的保留规定，使得具有军人身份的被告人能够获得与其他军人相同的待遇和地位，能够最大限度地利用管辖权，即普通司法管辖权。

2010 年，意大利军事司法程序改革法案第 57 条第 4 款规定了军事上诉法院由 5 名法官组成，其中 3 名是专业法官，并且其中 1 名为审判长，剩余的 2 名法官来自意大利陆军、海军、空军、宪兵部队和财税警察部队中的军官，选择担任法官的军官级别至少与被告人同级，换句话说，这些军官至少是中校级别。

如上所述，军事上诉法院审判法官的组成模式决定了不可避免地会产生不平等，当被告人具有不低于中校级别的军衔，其被审判时 2 名担任法官的军官肯定与被告人具有相同军衔，而在其他所有的司法审判中，对于被告人而言，出现与被告人相同军衔的人担任法官的可能性则是微乎其微的，因此只会受到处于独立地位法官的评价。另外，与意大利普通司法系统中的上诉法院相比，军事上诉法院法官在构成数量上也明显更多[①]。

因此，我们能够得知意大利军事上诉法院的法官构成，作为军事刑法这一特殊法律部门中的一部分同样显得十分特别，与意大利其他的现行司法结构不相协调。那么，为了保持国家整体司法结构的和谐运行，就需要每一部分都能够与其他部分相互合作，尽量减少矛盾，以实现资源优化，这样才能使整个司法体系发挥出最佳功效。针对军事上诉法院与普通司法体系的矛盾问

① 根据意大利 1977 年 8 月 1 日通过的第 532 号法律，已经把普通上诉法院法官减少为 3 名。

题，意大利在 2007 年又进行了改革，大量减少了军事司法机构的数量。因此，在最近的一次立法修订中，意大利平时军事刑法典第 264 条增加了一款规定，涉及诉讼规范在军事司法机构中的上诉机关适用，增加的规定使得上诉机构只能适用刑事诉讼法。

下列图表展示了意大利军事上诉法院 2017-2018 年审理案件的相关数据，从整体数据来看，军事上诉法院具有一定的活跃度，对上诉案件的处理，也具有不同的裁决结果。

意大利军事上诉法院作出裁决决定的案件数量

2018. 1. 1-2018. 12. 31

（单位：件）

维持原判	审判委员会维持原判	上诉仅减刑	审判委员会仅减刑	上诉全部改判	审判委员会全部改判	上诉部分改判	审判委员会部分改判	无效	不予受理	移交其他司法主体	其他
44	8	2	0	28	5	15	3	1	1	0	8

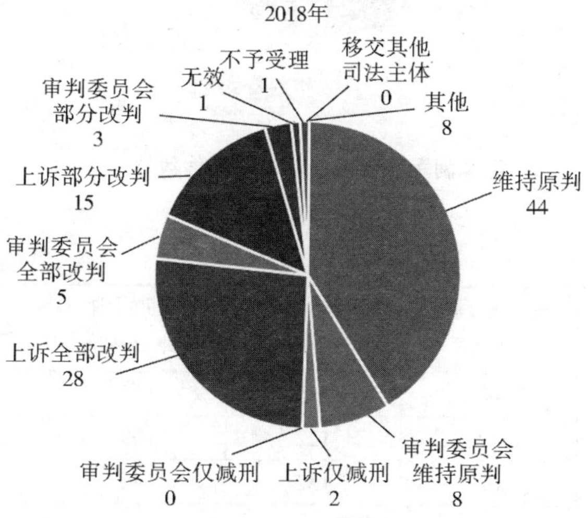

2017.1.1-2017.12.31

（单位：件）

维持原判	审判委员会维持原判	上诉仅减刑	审判委员会仅减刑	上诉全部改判	审判委员会全部改判	上诉部分改判	审判委员会部分改判	无效	不予受理	移交其他司法主体	其他
26	8	18	2	28	10	9	2	2	0	0	4

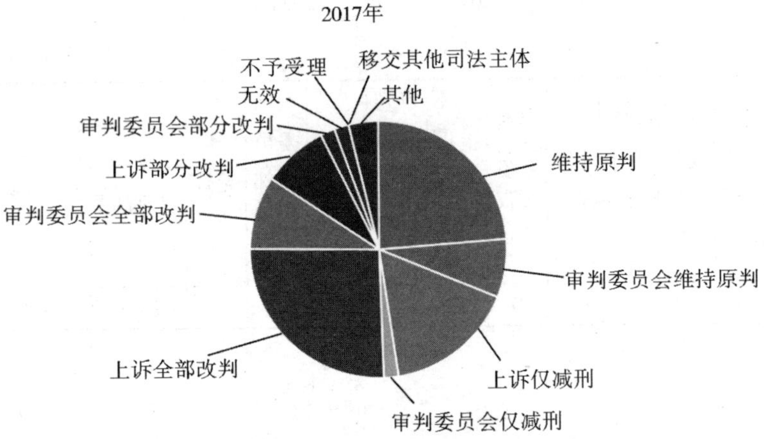

意大利军事上诉法院审理案件数量

2014.1.1-2018.12.31

（单位：件）

年份	进行审理的案件	在期间内开始的案件	在期间内完结的案件	未决案件
2018	60	135	115	80
2017	47	122	109	60
2016	61	132	146	47

续表

年份	进行审理的案件	在期间内开始的案件	在期间内完结的案件	未决案件
2015	65	151	155	61
2014	84	159	178	65

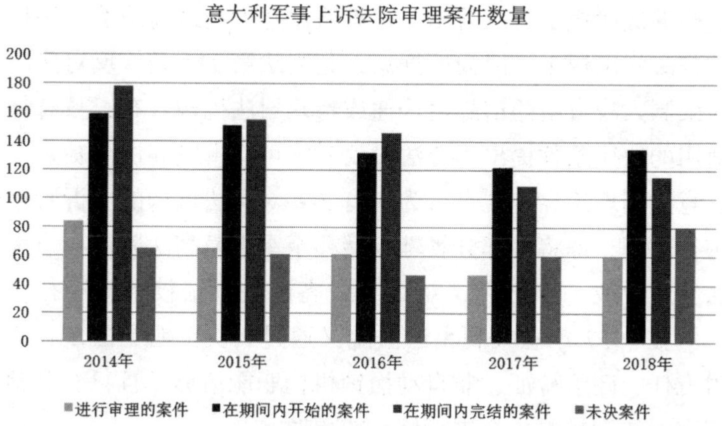

三、最高法院的受理范围

2010年军事刑法修订之前，根据平时军事刑法典第387条规定，军事最高法院是唯一能够接受军事法院判决进行上诉的法院，提出上诉基于：（1）未遵守或错误地适用刑事法律和其他在适用刑事法律时应予考虑的法律规范；（2）法官行使依法只能由立法机构或行政机构行使的权力，或者是超过了权力范围；（3）为遵守法定的诉讼程序规范，从而可导致诉讼行为无效、不可接受或失效。2010年新增了军事司法同样能够上诉至意大利最高法院的规定，即新增的平时军事刑法典第261条-3：反对军事法官的措施，可以通过普通刑事诉讼法的规定提交至最高法院[①]。

对于提交至最高法院的案件，有极其严格的限制条件，依据意大利刑事诉讼法典第400条规定，全部或部分反对意大利军事最高法院判决时，可以通过军事检察长以及被告人向意大利最高法院提出上诉，但是仅仅适用于审判法院没有管辖权或超出管辖权的情形。

根据法律规定可以看出，很难通过意大利最高法院对违反法律的判决作出纠正，因为依据意大利宪法第111条，反对判决和反对限制人身自由的措施由普通或特殊司法机构宣布，只有针对所适用的法律条款提出不合法异议时才可交由最高法院裁定。因此，意大利理论界有观点认为，有必要对司法机构的上诉管辖规定进行改革，即将一部分管辖权转移至军事最高法院。在意大利宪法实施生效一年之后，对军事最高法院管辖权条款进行了修订。但在1957年意大利宪法法院又通过判决申明宪法仅在出现绝对责任、政治特征、非自动撤销机构职能情形，且只有其他法律规定无法满足时才会进行修订或更改。

另外，1981年颁布的法律虽然规定了军事法院的判决可以最终上诉至最高法院，但是仅仅是对和平时期的军事法院作出规定，而鉴于战时的特殊情形，没有对军事法院的审判上诉作出相关规定。因此，还是要回归意大利宪法的规定，依然通过宪法第111条的核心原则，即前面所述的只有对法律的合法性提出质疑时才能提交至最高法院，那么例外也是仅仅与战时军事法院判决相关的情形，应当考虑法律的适用是否过限。

通过以下图表能够看出，意大利最高法院就军事上诉法院提出上诉的案件，可依据不同的情形，通过公开庭审和审判委员会

---

① 意大利军事司法法第2121条第1款C0项。

审理两种方式进行审理，以作出具体的裁决结果。

军事上诉法院向意大利最高法院提出上诉案件的处理数据

2018. 1. 1-2018. 12. 31

（单位：件）

	驳回	不可受理	案件撤销不再发回重审	案件撤销发回重审	诉讼解决	因新当事人加入重审	发回全院审判庭	军事上诉法院重新组成新的审判庭	判决尚未公布	总计
公开庭审	8	13	0	1	0	4	0	0	0	26
合议	0	3	1	2	0	0	0	0	3	9
按照意大利刑事诉讼法典第127条合议程序	2	0	0	0	0	0	0	0	0	2
共计	10	16	1	3	0	4	0	0	3	37

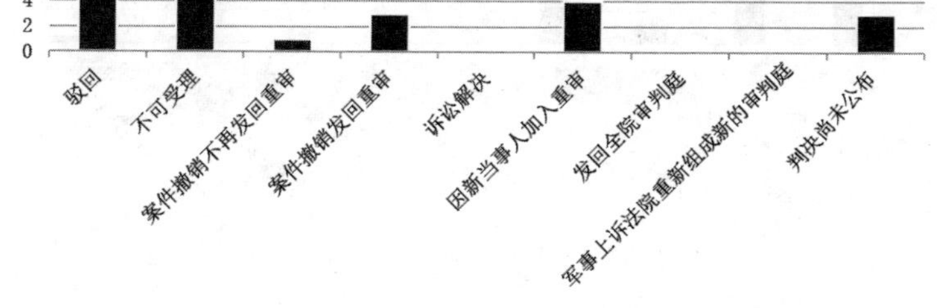

2017.1.1-2017.12.31

（单位：件）

	驳回	不可受理	案件撤销不再发回重审	案件撤销发回重审	诉讼解决	因新当事人加入重审	发回全院审判庭	军事上诉法院重新组成新的审判庭	判决尚未公布	总计
公开庭审	11	19	4	10	0	0	0	1	0	45
合议	1	3	0	0	0	0	0	0	3	7
按照意大利刑事诉讼法典第127条合议程序	1	8	0	3	0	0	0	0	0	12
共计	13	30	4	13	0	0	0	1	3	64

2017年

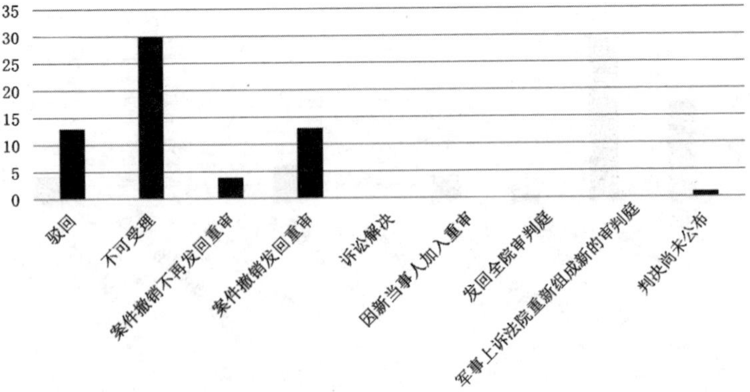

意大利最高法院受理军事上诉案件的处理数据

2018. 1. 1–2018. 12. 31

（单位：件）

公开庭审	审判委员会审理	共计
26	11	37

2017. 1. 1–2017. 12. 31

（单位：件）

公开庭审	审判委员会审理	共计
46	18	63

四、意大利现行军事司法体系的特征

作为军事司法机构，首先必定是和军事特征紧密联系的，其次才会强调这些机构具有司法特征。因此，对于军事法庭领土管辖而言，对属地的定义相对于普通司法机构的解释而言，就必须通过军事特殊阶层的定义进行，即军事指挥范围，这也正是由其本质性特征所决定的，其概念具有严格的军事化特征。这个特征也能从军事法庭构成中由一名现役军人担任法官一职体现出来。事实上，根据意大利 1941 年军事司法法规定，军事法庭由 5 名法官组成，其中只有 1 名法官是专职法官，具有专业法律知识和技能，隶属于军事法官系列，其他 4 名都是现役军官。这样的庭审构成很难得出有效的司法结果，这也对意大利自古罗马时期以来就具有的司法传统造成了强烈冲击，人们开始意识到这样的军事司法构成有可能演变为长官制的司法结果，司法中的军事因素已经绝对超越了司法本应具备的法律性和专业性。意大利的立法者似乎把更多的精力放在了规定军官的级别、所属部队的条款设置上，以期能够描述出不同军事部队参与司法机构的庭审过程。

（一）司法长官制

意大利军事刑法传统上对军事司法体系中的军事原则保护有多种理论根据，如通过利用刑法对军事指挥官的作用，能够实现对原则权力的限制；排除军事主权对普通司法规定干预的风险；在和平时期和战争时期都能有司法机构进行司法活动。司法的技术性保证与军事司法的单一司法对象即军事犯罪相联系[①]。通过以上观点能够看出，意大利军事刑法界认同军事部队是与国家其他机构相分离的单独机构。军事司法机构是长官制司法结构，是普通司法结构的例外模式。

在意大利宪法生效之后，通过分析军事司法和其他相关普通法律的联系，首先能肯定意大利军事刑法属于国家整体法律规范的一部分，对军人的权利和义务都通过立法正式成为生效的法律，有关军事司法的规范呈现出了清晰的模式，在一定程度上去除了军事司法传统的最高指挥官的司法特征。从这一点来讲，意大利已经作出了相关法律规定来平衡军事法官和普通法官之间的关系；规定了合法性审查虽然有军事检察机构参与，虽仍由意大利最高法院这个普通司法机构进行最终判定，但军事司法存在的根据是以军事长官在刑事司法中的权力必要性为基础，或者可以说是为保护军事权威在刑法法官的干预或条件下的活动。军事长官的权威在现行法律中仍具有法律基础，现实中的众多条件保证了军事司法其实就是军事部队中的一种内部封闭的形式，缺乏外部力量的介入。

法律规定作为审判法官的现役军官必须高于被告人的级别，

① Pietro Vico：Diritto Penale Formale Militare，Società Editrice Libraria，1917，p. 105.

即对于传统法律而言，意大利军事司法体系更像是体现了军队指挥官对司法的认知。同时还规定了其他法官应隶属于与被告人同样的军事部队，目的是使军官法官与军人有同样的逻辑结构以形成同样的认识结果。这就决定了根据军事司法所存在的特殊辩护理由有效发挥作用，这同样也是军事领域的绝对特殊性，即让法官与被告人在认知上具有高度一致性，因具有管辖权的人员可能与被告人来自同一个部队，从而能够清晰地体现出军事业务的特殊性，比如在海军或空军中任何行使权力的人员都会遵守履行职务的标准。这就是 1941 年意大利军事司法法规定每一次庭审须有 2 名军官来自与被告人相同的部队的理由。同时，在庭审过程中，涉及财税警察的案件还必须有 1 名法官来自财税警察队伍。同样，立法者对军官担任庭审法官一职注入了大量的精力并对此规定持有严谨的态度，不仅是在法庭构成上，同时还通过对每一个任职法官的规定体现出来①。那么，违反关于军事法官级别规定的要求或是保证相应军事级别的原则都将构成解除判决的理由。

当然也有意大利学者对军事法庭这种构成提出了质疑，认为对于审判长由现役军官代替专职法官来担任这样结构的军事法庭，这些高级别的军官参与庭审会使得军事司法越发走向内部化争辩，本应具有高度公正性的司法被简单的军事级别所腐蚀，而且会带来另一种风险，不仅仅是表面化军事法官构成，通过军事

① 意大利军事司法法（1941 年）第 16 条规定，如果被告人是上尉、少校、中校（或海军、空军相应级别），审判长必须是旅级长官或是与其他 3 名军事法官具有相应级别的高级军官——上校或中校。若被告人是上校级别（或其他军队相应级别），审判长应是陆军师级长官（或其他相应级别，如海军舰艇分队长官、空军航空兵分队长官），其他 3 名军事法官则都应是旅级长官。若被告人是旅级、师级或其他部队的将军级别，则审判长应具有将军级别，而其他 3 名军事法官应是师级或其他部队的将军。根据规定的内容能够看出，意大利军事法官的构成必须有更高级别的军官。

级别划分来行使司法权力，不可避免地需要面对这种司法体系无法与军事级别体系分离的情况[①]，将对被告人和证人带来无法消除的拘束性影响。

根据军事司法法第22条规定，若有其他决定性的因素造成无法遵从相应军事级别的原则，则应通过法官与被告人来自同一个部队的方式，从而使得诉讼过程能够更加接近军事法庭的规定。

意大利军事司法体系中另一种军事法院，即船上军事法庭因其构成要素使得军事法院在发展过程中受到了更多的批评和质疑。军事司法法曾规定海上军事刑事司法由船上军事法庭负责，因此船上军事法庭对于在海上的任何犯罪都具有管辖权。追溯意大利海上军事法院的根源可知，它最早是由“海上即时理事会”和“战时海上理事会”组成的，因此兼具两个机构的基本特征。军事司法法认为在当时创立具有永久性机构特征的“战时海上军事法院”并不合适，因为这个机构可能会陷入长期无案件的状况。

海上军事法院受到批判的主要原因就在于从构成上来看，它也是指挥官司法的典型代表。当时这种规定无疑指向了海上指挥官必须承担航海方向和指挥船员活动的职责，因此同样在有关管理其所属船员的程序中扮演了具有决定性作用的角色。意大利平时军事刑法典第415条及其后续条款对此作出了有效的限制。例如，考虑到海上军事法院由指挥官行使管辖权，由于海上指挥官的绝对权威，如果程序中不存在其他有效司法主体的介入，那么海上指挥官显然将会在诉讼程序中起到绝对主导作用，司法程序中尽管可能存在不同的军官，但最终都会听从指挥官的选择。对

① Rodolfo Venditti: “Profili Critici del Processo Penale Militare”, In Rivista Italiana di procedura penale, 1971, p. 100.

此，通过平时军事刑法典的规定，海上军事法院的部分职能已经成为检察官的权力，从而排除海上指挥官对诉讼程序的唯一管辖。

对此，我们不能因为指挥官司法制度的存在，就认为军事司法机构和普通司法机构之间存在泾渭分明的区别，也不能降低军事刑事法律对普通司法原则的吸收和同化。需要强调的是，意大利立法者始终在军事立法中寻找合理性，这一合理性对于司法结构的形成是必不可少的，而若要建成这种司法结构必然要引导军事司法与普通司法保持一致。深入分析这种司法结构可知，特殊的军事司法结构中必然存在一定的限制性。虽然军事司法法肯定了司法长官制在军事司法中的存在意义，但是这个法律意义上的司法长官已经不能享有过去那么多的权力。

军事领域的司法长官制是很特别的。国家立法者简单地接受和采纳了军事领域的原始规范，因为司法长官制的实质正体现了军事的特征，而当司法结构原则与国家其他原则规范以及法案适用的广泛领域相比时，又很难分辨出军事特征与司法公正的平衡点究竟在哪里。另外，军事规范被认为是与国家其他规范相分离的，并且这个分离似乎有合理依据，无论是军事规范还是军事机构的存在，都清晰地与一般规范区分开。经过了现代宪法民主性的选择之后，意大利仍保留了军事机构的原始特征，虽然军事规范是典型的国内规范，即一部分是属于国家机构的，但无论是过去还是现在它都发挥着有效作用。对意大利而言，这个规范甚至可以追溯至古罗马人时代，在古罗马时期，有生命力的军事部队以及它的行为规范就是一个国家法律应当公认且更应当确立的①。并且，军事规范是一种特别的规范制度，几乎独立于国家

① Vittorio Bachelet：Disciplina Militare ed Ordinamento Giuridico Statale，Giuffrè，1962，p. 21-22.

的其他规范制度，对军事规范的设立必须建立在独立和差异的基础之上，这也是与军事刑事诉讼程序原则的精神和基本规定相吻合的，这些原则在普通司法程序中都没有得到体现。

无疑，意大利这种军事法庭的构成具有十分强烈的特色和军事性，它通过普通军官的视角来看待法律问题，又不同于普通司法程序一般意义上的平民陪审团，因为这些军官都具有更独特的军事视野，的确能够从更加专业化的角度面对军事违法犯罪问题。但是，在笔者看来这种法庭构成也是十分冒险的，因为把一名普通军官放在专业法官的位置上，其中的司法专业性差异还是十分明显的。在法律专业知识的要求上，显然他们与专业性法官的要求差距很大。因此，意大利军事法院这种特殊构成，对我国军事法律更多的应当是一种借鉴性的经验，不适合直接引用。军事审判的基础仍是要保证审判过程的合法性和公正性，意大利的军事司法体系构成显然不符合我国现行军事审判体系的构成，对我国的军事法治建设缺少借鉴意义。

2016-2018 年意大利军事检察院刑事侦查对象分类数据

（单位：件）

	2016 年	2017 年	2018 年
空军	111	121	120
宪兵	672	633	769
陆军	412	423	426
金融警察	152	126	120
海军	106	127	125
其他	4	1	3
总计	1457	1431	1563

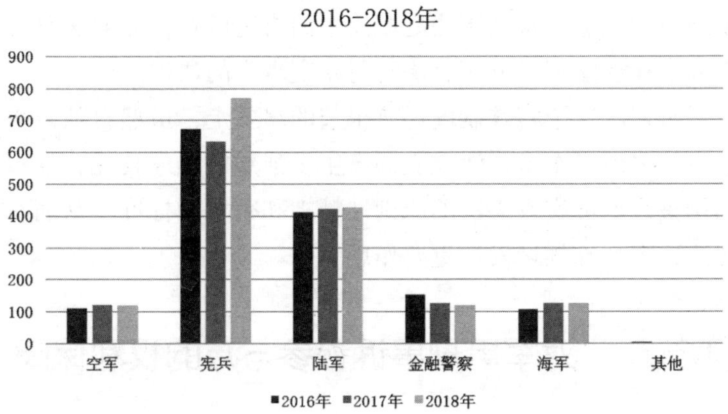

（二）司法技术专业性保证

意大利军事法庭带有强烈的军事风格，但是专业法官的作用却是同样不能忽视的。在军事法庭的审判过程中，专业法官的角色更像是一种破坏平衡的价值要求，他作为专业性人员独立于其他4名军官法官，承担了军事庭审中的司法发言人角色。根据意大利平时军事刑法典第307条规定，专业法官作为有且仅有的平民法官，需要承担所有的涉及预审、附带诉讼、事实和法律问题的鉴别。从这一点来看，可以认为专业法官在军事庭审中相当于司法领航员的角色。另外，第307条第2款规定，审判长必须接纳投票结果，由专业法官开始，其他级别较低的军官法官随后，等级相同时则年轻者先投票。虽然规定了投票是由专业法官最先开始，但我们不得不承认的是，作为首位投票人员，专业法官的决定必然会对后面投票的军官法官造成一定程度的影响，从而影响判决的结果。另外，专业法官必须与审判长一起在判决书上签名，这个程序性要求反映出专业法官的重要性。

但是，意大利军事法律的立法者还希望能够强调赋予专业法官的特权不能建立在有效消除客观事实的基础上，专业法官虽然属于绝对少数但经常处于法庭职能中的决定位置，专业法官通过法律方法往往能够影响军官法官对特定事实的认识。

军事司法这个特殊制度还有很长的路要走，虽然自从意大利宪法生效之后，军事司法就立即产生了强烈的程序转化，通过自身的调整来保证实现宪法的原则性精神和宪章的标准，从而在军事司法这个特殊领域发挥重要作用。

第五节　对军事刑事诉讼参与方的权利保障

毫无疑问，军事司法系统是一个独立的体系，它与普通司法体系有较大的不同，对诉讼主体的权利保障是体现军事司法体系正当性、公平性的重要基础。意大利军事司法体系为保证诉讼主体的基本权利，从机构设置和程序各个方面进行了规定。

一、被告人

军事司法系统中被告人基本权利的保障是一个十分重要的议题。因为军事司法体系的独立性决定了被告人必将面对特殊的诉讼程序，国际社会也普遍认为军事法院缺乏普通法院的合法性和正当程序保证。那么，意大利军事刑事程序中被告人的权利将如何保证？

首先，就军事司法体系庭审程序中被告人的表达方式而言。考虑到意大利对军事司法体系结构的修订和改革，从诉讼程序参与人的角度来看，军事刑法中没有对军事被告人表达方式的保证的相关规定，他们作为诉讼参与人主要违反了军事刑法的规定，虽然根据规定他们是专属于军事部队的人员，实际上军事刑法的管辖主体和那些属于军事司法体系的人员并不是一一对应的关系。上述提到1992年意大利宪法法院作出判决，平时军事刑法典第263条的部分内容明显具有违宪性，即那些军事司法体系管辖权下的人员仅能是现役军人。

军事刑法典中关于被告人的条款都已经被意大利1981年军事司法法删除，转而直接适用意大利普通刑事诉讼法典规定①。在取消了对被告人不合理以及不理性的不平等待遇的法律规定之后，现行普通刑事诉讼法律保证被告人在军事刑事诉讼程序中绝对能够获得与普通诉讼程序相同的待遇。特别是意大利宪法法院在1994年作出的一份判决中对平时军事刑法典第365条第1款和第2款的非法性评价。根据第365条规定，军事刑事法院的被告人必须出庭，并且在任何情况下都不允许要求或同意缺席审判。尽管绝对否定缺席审判的规定实际上剥夺了被告人可能自愿性缺席审判的情形，换句话说，也在一定程度上剥夺了军事法庭被告人在审判程序中使用庭审策略的可能性。有学者认为，军事刑法典中这个规定实际上反映了军事司法的特殊性，军事程序内部原则的概念和合法性支撑，也就是说军事刑事诉讼程序反映了军事刑事体系的核心，即长官司法制②。1990年意大利宪法法院判定平时军事刑法典第377条违宪，宪法法院认为这一规定使得擅离职守和缺席的军人受到了不平等待遇，直接排除了被告人被诉犯有擅离职守和缺席罪行的缺席审判权利③。因此，除特殊性规定外，第377条的其他内容已经被删除。

---

① 意大利刑事诉讼法典第66条“核实被告人身份”；第96条“自选辩护人”；第105条“弃置或拒绝辩护”。

② Rodolfo Venditti：Il Processo Penale Militare e Il Nuovo Codice di Procedura Penale，Giuffrè，1993，p. 96.

③ Corte Costituzionale，Sentenza N. 469，9 ottobre 1990，http://www.giurcost.org/decisioni/1990/0469s-90.html，最后访问日期：2020年8月19日。

其次，对于擅离职守和缺席的军人而言。事实上，虽然平时军事刑法典第308条赋予了行使司法警察职权的人员有义务对任何现行军事犯罪者实施抓捕，以及通过规定可以推断出这一条款同样适用于擅离职守和缺席人员。目前对于这些罪行的限制性门槛显然太低，面对行为人没有造成任何损害的情形很可能无法采取强制性措施。

二、辩护人

意大利军事刑法中对辩护人的规定原来是根据平时军事刑法典第293条①、第294条②、第295条③的规定制定的，但这些条款因被认为与意大利刑事诉讼法典的基本原则相违背，因此被取消了，之后直接适用普通刑事诉讼法典的规定，即第96条和其他相关条款④。

军事刑事诉讼程序中的辩护人是为保障被告人在刑事诉讼中的辩护权利。辩护权利在军事刑事诉讼程序中的确立可以追溯至

---

① 黄风译：《意大利军事刑法典》，中国政法大学出版社1998年版，第100页。第293条规定，当需要保守政治秘密和军事秘密时，预审法官或院长可以作出不受抗辩的决定，从而排除非军人担任辩护人。

② 黄风译：《意大利军事刑法典》，中国政法大学出版社1998年版，第101页。第294条规定，由官方指派或由被告人选择的军事辩护人不得在无正当理由的情形时拒绝委托。如具备正当理由，院长有权免除辩护义务。如拒绝履行辩护义务没有正当根据，军事法院对军事辩护人处以根据条例可由上级科处的纪律制裁。军事辩护人包括由被告人选择的辩护人，如因进行辩护而接受任何形式的报酬，在行为不构成犯罪的情形时，受纪律处分，但刑事诉讼不受影响。

③ 意大利平时军事刑法典第295条规定的关于非军人辩护人的纪律规定已删除。

④ 意大利刑事诉讼法典第一编第七章第96-108条。

1981 年意大利军事司法法[①]。根据法律规定，辩护人相当于普通刑事诉讼程序中的律师。意大利军事司法中现役军官同样能担任辩护人，但考虑到这个规定有损辩护人的专业性，意大利宪法法院在 1983 年通过判决已宣布了此规定的不合法性。

意大利军事刑法典只对公职辩护人的职责进行了标准化规定，综观整个军事刑事诉讼的特殊程序，对辩护人职责规定还是缺乏相关的法律规范，虽然普通司法程序对辩护人权利保障的规定十分丰富，但在军事刑事诉讼中可能引发的问题就是无法完全与军事刑法的特征相协调。

军事刑事诉讼程序对辩护人的规定可视为意大利刑事诉讼法典第 97 条[②]的延伸规定，辩护人的核心职责在于在军事诉讼程序中阻止自由裁量的不平等干涉或权力滥用，从而保证庭审的公平性，只是作为普通司法程序的基础性条款，不足以满足军事刑事司法的特殊需求。

军事刑法的特殊性首先体现在规定在军事刑法领域担任辩护人的特殊要求，类似于意大利普通司法中未成年人法庭的模式，

① 1981 年意大利军事司法法第 16 条规定了辩护人职责，在后来法律修订中由新的军事司法法第 53 条取代。

② 黄风译：《意大利刑事诉讼法典》，中国检察出版社 2016 年版，第 37 页。第 97 条规定，未聘请辩护人的被告人或没有辩护人的被告人得到一名指派辩护人的帮助。为了保障辩护的效果，律师行业委员会事先准备好辩护人名单，并在与法院院长协商一致后确定根据轮流原则指派辩护人的标准。在法官、公诉人和司法警察需要实施依法应有辩护人参加的行为而且被告人没有辩护人时，将此行为通知根据第 2 款指出的标准确定的辩护人。当需要辩护人出席又找不到自选辩护人或依照第 2 款和第 3 款指派的辩护人时，或当辩护人不出席或放弃辩护时，法官或公诉人任命一名可立即找到的辩护人取代前者，对该辩护人适用第 102 条的规定。官方指派的辩护人有义务为被告人提供保护，并且只能根据正当理由加以更换。如果被告人任命了自选辩护人，指派辩护人则停止行使其职责。

通过特殊的程序来保护特定人群，避免当危及公平程序和审判的可能性存在时，法律却无法对其进行调整。所以，为发挥辩护人职责，在意大利军事司法体系中建立了一些新的特殊规定，同时军事法官议会也进行了类似的调整，或是对分担的职能进行模糊化处理，从而能够弥补现实中欠缺有效地发挥职能的法律依据。

立法者为避免军事司法实践中所指派的公职辩护人因对相关军事法律或职业缺乏认知的情形发生，作出了与普通刑事诉讼程序法并不完全相同的规定，但是却没有针对特殊职权的情形进行系统化的规定。

其次体现在普通刑事诉讼法虽然能够根据司法机构划分管辖地域，但却无法适用于军事刑事领域。因为根据意大利司法法的规定，选择上诉法院时可以选择管区中的任何一个法院，在军事司法体系中，鉴于军事刑事的特殊管辖范围和军事司法特殊的管辖权，军事司法管辖权与普通刑事司法相比显然扩大了很多。因此，在军事上诉法院内部进行了十几个部分的细化和管区的划分。

为了能够在军事司法领域适用刑事诉讼法典第 97 条所创建的机制，军事司法系统采用了通过经验主义的方式，在此基础上设有军事法院的城市出现了能够出庭承担辩护职责的公职律师名录，这种操作方式显然只对适用军事法院属地管辖权的一小部分地区有益，事实上排除了在没有军事法院的城市提供公职律师进行专业辩护工作的可能性。因此，要解决这个问题，需要通过立法干预，更有创新性的建议才能在实质上解决辩护人缺乏的问题。面对这个问题，直接反对公职辩护人参加军事刑事诉讼程序的可能性就是避开所有不在军事法院驻地法庭目录中的律师，军事法官议会认为排除这些和军事法院驻地相关的名录是完全合法的，最终所采取的相似方案正是类似于普通上诉法院的庭审程序。

根据意大利刑事诉讼法典第 26 条①和第 109 条②的相关规定，在具有管辖权的司法主权者开始运行司法程序前，对地域上属于少数民族聚集区，被告人也是少数民族人员的案件，司法主权者在确定公职辩护人和被告人指定的辩护人时，应根据被告人的种族和语言满足相应的要求，从而能够提供更加有效的辩护。军事司法体系中的辩护人虽然因军事刑法的特殊性具有与普通司法程序完全不同的专业知识和用语，但的确是与意大利普通刑事诉讼法典中对少数民族语言的规定要求不同，反而更具专业性人员资格的要求。

三、军事刑事诉讼中涉及的民事赔偿程序

对军事犯罪附带民事赔偿的规定最早出现于意大利平时军事刑法典第 270 条："由军事法官管辖的诉讼中，要求返还和赔偿损失的民事诉讼不得向军事法院提出。对上述民事诉讼的审判暂缓进行，直到预审中对刑事诉讼作出的无罪判决不再受到抗辩的影响，或者直到在审判中作出不可撤销的判决为止，或直到处罚裁定获得执行效力为止。"

上述法律规定排除了军事法院对犯罪行为造成损失的民事赔偿诉讼管辖权，这主要可归结于以诉讼程序的迅速性为重要特征的军事司法系统并不适合进行财产权的相关民事诉讼程序。虽然

---

① 黄风译：《意大利刑事诉讼法典》，中国检察出版社 2016 年版，第 9 页。第 26 条规定，未遵守关于管辖的规范已经取得的证据无效。

② 黄风译：《意大利刑事诉讼法典》，中国检察出版社 2016 年版，第 45 页。第 109 条第 2 款规定，在使用少数民族语言的地区，拥有一审和上诉审管辖权的司法机关可以根据属于少数民族的意大利公民的要求使用其母语对其进行讯问或询问，有关笔录也应当使用同一语言制作。随后根据其要求而寄交该人的诉讼文书应翻译成同一语言。特别是国际条约规定的其他权利不变。

平时军事刑法典第 373 条规定了判决被告人返还物品并赔偿因犯罪所造成的损害，但这只是表明了军事刑法同样会对犯罪行为造成财产损失进行否定性评价。

最初意大利宪法法院认为，平时军事刑法典第 270 条的规定缺乏与宪法的联系①，因为依据军事刑法典的规定，必然在军事刑法程序中无法实现对相关民事诉讼予以恢复及赔偿因犯罪行为造成的损失，违背了意大利宪法中对民事财产权利的基础保障。尽管这一规定未被宪法法院认可，但平时军事刑法典第 270 条的规定从另一个角度体现了军事刑法的特殊性本质，即军事刑法是专门保障军事服役和军事纪律的法律，军事刑法内部并没有动因也没有能力对民事纠纷进行审判。

但是，针对军事犯罪行为不可避免地会对民事财产造成损失的境况，立法者还是认同了在军事司法体系内部应当具备相应的解决能力。随着意大利新刑事诉讼法典的颁布，规定了民事财产权部分在预审司法程序中进行，默认了军事刑法典的规定。

总之，虽然意大利的立法者认同在军事刑事诉讼程序中应当有法律机制保护因犯罪行为造成财产损害的利益，以实现对军事刑法特别保护对象的维护。但最终意大利宪法法院认定了平时军事刑法典第 270 条的违宪性。规定的合法性只是体现在对军事首要利益的保护中，在军事刑法这个特殊法律中的规定还是需要通过与普通刑事司法不同的模式来体现对要求赔偿权利和自卫权利的保护。认同军事刑法与民事诉讼程序完全独立状态的合理性，使在军事刑事诉讼范围之外实现恢复和赔偿因军事犯罪行为造成的财产损失成为可能。

---

① Corte Costituzionale, Sentenza N. 78, 22 febbraio 1989, http://www.giurcost.org/decisioni/1989/0078s-89.html，最后访问日期：2020 年 8 月 26 日。

第四章　对战争罪的处罚

意大利军事刑法典对军事刑罚的种类、适用原则与幅度作出了明确规定，构建了清晰的刑罚阶梯幅度。在适用军事刑罚方面，既与意大利普通刑法典“罪责刑相适应”的基本原则保持了一致，又在一些涉及国家安全、人道主义保护与军事荣誉等特殊方面体现了军事刑法典的特色。

第一节　意大利军事刑罚的体系

意大利平时军事刑法典总论部分对军事刑罚作出了规定。其第 22 条规定，军事刑罚的主刑是死刑和军事有期徒刑；第 24 条对军事附属刑罚作出了规定：降级、撤职、停职、停级、公布刑罚判决。

单独制定军事刑法典刑罚体系固然是为了保持与习惯法的延续相适应，但也明确体现了立法者针对军事刑法典的特殊性质进行单独立法的意图。军事犯罪之所以异于普通刑事犯罪，因其涉及对军事利益的损害，以及有些违法行为虽未对军事利益造成损害，也没有对社会普通利益造成损害，但有损军人的荣誉或形象。

意大利军事刑罚体系主要由单纯军事犯罪、典型军事犯罪和非典型军事犯罪组成。前两者需要由特殊的刑事法律和特定的刑事惩罚措施予以规制，而后一种情况则主要适用普通刑法及其规定的相关处罚措施。

一、无期徒刑（死刑）

在意大利军事刑法编订过程中，一些学者对于死刑的存废一直存在较大争议，特别是在战时这种特殊时期，是否需要通过死刑来达到特别的刑法效果，一直是意大利军事刑法乃至意大利整个刑法界长期关注的问题。有学者认为，死刑在战时军事刑法典中的存在是很有必要的，因为监禁性的处罚方式在战争状态缺乏效力，且在执行方面因受到战争冲突的限制和影响，存在很大的不确定性，至于监禁刑和其他缓和性的刑罚措施，只有在和平时期才有意义①。

但该理论似乎并未被立法者认同。意大利在第二次世界大战之后通过的新宪法第 27 条第 4 款规定："死刑在非战时军事刑法典规定的情形中是不可接受的。"意大利军事刑法典第 1 条第 1 款规定："死刑不可在平时军事刑法典中适用，而由无期徒刑代替。"1994 年 10 月 12 日，意大利通过第 589 号法律，将死刑从战时军事刑法典中废除，并由普通刑法典中规定的最高刑罚代替，即无期徒刑。

二、军事有期徒刑

（一）军事有期徒刑的特征

军事有期徒刑是军事刑法典中唯一规定的监禁刑。首先，平时军事刑法典第 23 条对军事有期徒刑的名称和种类进行了规定：

---

① Giuseppe Mazzi："L´abolizione della Pena di Morte nelle Leggi Militari di Guerra"，In Rassegna della Giustizia Militare，XX，n. 3-4，1994，p. 98.

除刑法典第 18 条规定之外，军事有期徒刑也称为“监禁性刑罚”或“限制人身自由刑”。其次，第 26 条对军事有期徒刑在执行期限、地点和内容方面进行了总括规定：“军事有期徒刑从 1 个月[①]到 24 年，必须在专为此设立的场所参加劳动。”

就第 26 条而言，其最具特色的是对刑罚执行地点的规定。事实上，之所以将军事犯人和普通犯人进行区别管理，并建立专门针对军人的军事监狱，一方面是因为军人本身的特质；另一方面是为了实现军事判决的需要，因为军事犯人在完成规定的劳役之后，还应当继续接受其他军事纪律的监管[②]。值得一提的是，第 26 条第 3 款规定：“未因判刑而丧失军衔的军官在不同于为其他军人设立的服刑场所的地点服军事有期徒刑。”由此，被判刑而未丧失军衔的军官又被区别于其他被判刑的军人，并形成了一个特殊的群体。2010 年 3 月 15 日意大利通过的新的军事法律（军事规范法典，Il Codice dell’Ordinamento Militare）不仅重申了上述规则，而且做了进一步细化，该法第 81 条规定：“在军事监狱中，军官与其他士官、军队中最低等级的士兵分开执行，以及在军官之间根据其军级分开执行。”

---

① 军事有期徒刑的最短时间原来规定为 2 个月，学界认为这个最短期限时间太长，无法在一些情形中体现出刑罚的适当性。因此宪法法院曾在 1987 年 6 月 3 日第 220 号判决中质疑过军事刑罚最短期限与普通刑罚不相同这一点是否违反了宪法规定的基本原则，即平等原则。

② 意大利最高法院在 1991 年的一份判决中表明，军人在完成刑罚之后，还应当在其他军事纪律和法律的管理之下接受监管，从而认为在执行刑事判决的场所方面应当区别于普通刑罚执行场所。Cass. 13 dicembre 1991, Buganza.

军事有期徒刑与意大利刑法典中的有期徒刑[①]的主要区别在于：第一，最低刑罚，普通有期徒刑最短期限为15天。第二，执行刑罚地点。第三，军事刑罚中没有对夜间隔离的规定。军事刑罚中之所以没有对夜间隔离的规定，是因为这种刑罚措施无法体现军事刑罚的本质，也不符合军人的本质特征。

当然，作为刑罚措施，问题的关键在于其是否能够合理发挥刑罚的功能。这个问题对于军事有期徒刑以及军事刑罚体系也不例外。首先，意大利宪法法院确认了军事有期徒刑的特殊性和合法性，允许通过特别的执行方式实现军事刑罚功能。军事有期徒刑的执行包括每天学习最少1小时的军事理论，每周进行2小时左右的军事训练[②]。通过军事训练的方式来执行军事刑罚，一方面是为了对其进行再教育；另一方面是为了弥补其在服刑阶段所应进行的军事服役。其次，对于军事有期徒刑的作用的定义。通过对军事有期徒刑具体内容的规定和对军人特殊身份的强调，可以得知，军事有期徒刑最重要的目的在于对违法犯罪的军人进行再教育。军事有期徒刑的作用无论是在理论层面还是在实践中，都应保证服刑军人在服刑阶段能够履行其本应实施的军事服役。因此从这一点来看，实施军事有期徒刑是为了对服刑人员进行再教育，这也与意大利普通有期徒刑的基本目的相一致，只是在军事有期徒刑执行中这种再教育具有更加特殊的性质和目的。

---

① 黄风译注：《最新意大利刑法典》，法律出版社2007年版，第13页。第23条规定，有期徒刑的期限为15日至24年，在为此而指定的监狱场所中执行，服刑期间必须劳动并且实行夜间隔离。被判处有期徒刑的人，在至少服刑1年后，可以获准参加室外劳动。

② Regolamento per Gli Stabilimenti Militari di Pena e per le Compagnie di Displina, n. 201. 这些训练包括对理论的单独学习、军姿训练、实弹训练等。

虽然意大利宪法法院在近些年的相关判决[①]中肯定了军事司法和普通司法之间的本质差异，以及军事有期徒刑与普通有期徒刑在执行方式、地点上的区别，但其同时致力于消除任何对军人基本权利的损害，如自由表达思想的权利、获得刑事审判程序的权利等。因此，在军事刑罚执行中，特别是在涉及监禁刑替换措施的军事判决中，意大利宪法法院主张军事犯人应当获得与普通公民相同的权利。事实上，意大利宪法法院也已经把这些力求平等的改革推进到了军事司法实践阶段，并强调其不允许存在因特殊领域造成的不公平模式，因为相对于军事司法的特殊性，平等更应当是军事监禁法律规范的基础，同时是所有司法制度合理运行的基本原则。

然而，既然军事有期徒刑的目的是弥补服刑期间应尽的军事义务，如果不考虑实体法的相关规定以及军人的特殊身份，那么军事刑法的特殊性就面临被架空的风险。因此，从一定意义上说，这也正是区别军事刑罚与普通刑罚的价值之处。

由上述内容不难看出，意大利目前的军事监狱是一个专门针对军人的刑罚执行机构，它的主旨十分清晰，即对服刑抵罪的军人进行再教育，比如隶属于意大利军事武装部队管理的警察。有学者对该目的提出了质疑，认为如果通过执行监禁刑换来的个别再教育无法在未来防范违法犯罪行为的再次发生，则很难认可个别再教育的合理性以及作为刑罚的意义所在。因此，军事有期徒刑的特殊目的应当在于通过开展再教育来防范未来违法犯罪行为，特别是防范军事犯罪行为的发生[②]。

---

① 意大利宪法法院分别通过 1985 年的第 74 号和第 126 号判决确认了对被判刑军人一系列基础权利的保证。

② David Brunelli, Giuseppe Mazzi: Diritto Penale Militare (IVed), Giuffrè, 2007, p. 139.

战时军事刑法典对军事监禁性的特殊规定则体现了战争主导立法的特征。战时军事刑法典第 29 条规定，在任何因法官以及任何罪行处以不超过 10 年监禁刑的情形，当被判刑军人隶属于出征部队时，应推迟执行刑罚，以避免相关的军事行动受到负面影响。第 31 条规定，当军人同时被处以降级及不超过 5 年有期徒刑的刑罚时，如果其能够继续进行军事服役，那么不受降级刑罚的影响，在此期间，开除军籍所产生的是撤职效力。可见，在战时的特殊时期，国家整体利益、战争利益的重要性是毋庸置疑的，法律允许通过暂缓执行的方式首先保证国家利益，再对违法犯罪的军人进行相应的惩处。

（二）以军事有期徒刑代替普通有期徒刑的刑罚执行

关于军事有期徒刑代替普通有期徒刑的规定可见平时军事刑法典第 27 条："当处罚不包含开除军籍时，因军事犯罪而对军人已处罚或将要处罚的有期徒刑转换为同等时间的军事有期徒刑。"由该规定可知，第 27 条无疑可适用于整体刑罚中含有转换刑的情况，即共同犯罪量刑加重的情形。事实上，第 27 条和第 28 条并没有涉及法典规定的刑罚，而是法官在具体实践中适用的统一口径。如第 87 条规定，以获取军事秘密为目的的犯罪行为是间谍行为，可对行为人处以 5 年以上 15 年以下有期徒刑。此时，如果法官适用的刑罚低于 5 年，且没有包含开除军籍，那么刑罚就应当转换为军事有期徒刑。

平时军事刑法典第 63 条则规定了现役军人因违反普通刑法而适用普通刑罚的情形，如果判决包含剥夺公权时，则执行普通有期徒刑，并可同时开除军籍。如果判决没有剥夺公权，则执行军事有期徒刑。上述推定并不割裂军事职业与军事法律之间的关系，反而恰恰保证了履行服役义务与执行刑罚之间的延续。但是，在没有剥夺公权且刑罚包含撤职时，被判刑军人所承担的军事服役则是最低等士兵的义务。如上所述，对于军事犯罪，立法者希望通过独立的刑罚体系，促使犯罪军人弥补其本应在刑期中履行的军事义务，从而使得军事有期徒刑成为与特定军事犯罪相联系的刑罚。因此，在军人服役期间被普通刑事法院法官判处了普通有期徒刑，以及在军事有期徒刑转换为普通有期徒刑的情况下，撤职是唯一使得刑罚转换的合法理由，因为此时刑罚已成为阻碍犯罪人继续保持军人资格的消极因素，这意味着其已经不再适合继续履行军事义务。同时，根据现有的军事规范，属于军事部队的警察同样适用军事刑罚的相关规定，但军事法律有特殊原则的除外，因为在折抵刑期时给予他们与国家军事人员同等待遇，则有使军事特殊原则不适当延伸的风险。

由上述可见，现行意大利军事刑法典在执行普通刑罚时不是在普通监狱规范中插入特殊规定，而是以行为人的身份进行分类规定，通过在特定的军事监狱中抵罪服刑的方式实现。

平时军事刑法典第 65 条规定，在军事刑罚惩罚行为人不具备或已经丧失了军人身份情形时，由军事有期徒刑代替同刑期的普通有期徒刑。这个规定在军事刑罚体系中的逻辑性前提是军事刑罚本质上就是对具有现役军人身份的人员在违法犯罪时处以相应的刑罚。军事刑罚的执行不是为了非军队人员，或是已经与军事部队解除关系的人员而设。因此，对军事部队人员的定义应符合平时军事刑法典第 65 条规定的条件。

意大利宪法法院在其判决中作出了同样的认定。宪法法院认为军事有期徒刑和普通刑罚中的有期徒刑归属于同一个刑罚种类，只是执行方式有所不同，但军事有期徒刑特殊的执行方式并不改变有期徒刑的本质。因此，二者本质相同且能够进行平等的互换①。意大利宪法法院据此建立了军事有期徒刑和普通有期徒刑之间的转换体系，即平时军事刑法典第27条、第63条和第65条规定的内容。根据规定，之所以能够实现军事有期徒刑和普通有期徒刑的转换，是源于二者在刑罚本质上的统一，因为如果一项刑罚与另一项刑罚完全相反，刑罚的本质都不相同就不可能实现吸收效果，也无法实现与宪法的协调。

战时军事刑法典第29条规定："任何实施犯罪时属于动员部队的军人或犯罪实施后被派往该部队的军人被任何法官及任何原因被处以10年以下监禁刑，推迟执行。"同时，战时军事刑法典第32条则规定了上述推迟执行的例外情形。事实上，在这种情形中，执行监禁刑的不同方式无法保证意大利在战争中的行动。因此，通过第32条的规定，第29条的适用受到了很大限制，这意味着对于所有刑事判决，包括普通司法主体对普通犯罪或是军事司法主体对军事犯罪都要考虑犯罪事实的情形。第29条最后一款则规定，在战争期间的推迟执行刑罚不妨碍推迟执行之后判决科处的刑罚执行。

综上所述，一方面，现代武装冲突的残酷和激烈强化了对动用武装部队的需求；另一方面，国际社会对战争行动的合法性要求又强化了对非法行为引入执行刑罚的必要性。

三、开除军籍

开除军籍作为军事刑罚的附属刑罚，适用于所有军人。平时军事刑法典第28条规定："开除军籍是永久性剥夺被判刑人的军人身份，为国家武装力量从事任何服务、职务或劳务的权能；以

---

① La Corte Costituzionale, Sentenza N. 188, 7 giugno 1996, http://giurcost.org/decisioni/1996/0007s-96.htm，最后访问日期：2020年8月20日。

及勋章、退休金和因以前提供的服务而应享受的同类权利。”

开除军籍一般是作为无期徒刑、不低于5年的有期徒刑，被宣布为习惯性、职业性犯罪人以及显示出对军事犯罪趋势的附属刑罚。然而，军事有期徒刑的判决并不必然带有开除军籍的处罚，因为即使在一些判处5年以上有期徒刑的案件中，刑罚并不包含“不名誉”的特征。在一些军事犯罪行为本身包含了“与军人身份不匹配”的特征时，开除军籍的适用则是合理的。简言之，立法者以具体的量刑点为标准划分了适用的界限，以此衡量其在有期徒刑或是军事有期徒刑中的具体实施：对于军事犯罪处罚最高为5年以下的有期徒刑，不能适用开除军籍处罚措施；对于军事犯罪处罚最高为5年以上的有期徒刑，如果法官在决定整体刑罚时附随开除军籍，则可以适用有期徒刑；如果有期徒刑的处罚高于5年，则应适用第27条规定的代替刑罚。

开除军籍作为一种附属刑罚，其本质就是禁止公职的一种方式。剥夺军人身份可以简单定义为剥夺公职的一种。根据意大利刑法典中对剥夺公职的规定[①]，其适用条件是判决“任何一种非义务性的委托公职”。这意味着对军人身份的剥夺并不代表其没有因被禁止公权而被消除军事义务。

四、撤职

撤职与开除军籍一样，都是意大利军事刑法典中规定的附属刑罚，也都对被处罚人具有终身性的效果。该刑罚只适用于具有军事级别的军人，其效力是剥夺其军事级别，使其成为最普通的

---

① 黄风译注：《最新意大利刑法典》，法律出版社2007年版，第14页。第28条第2款规定，褫夺公职是指褫夺一切公共职务，一切非义务性的公共服务委托，以及与之有关的公务员身份或受委托从事公共服务人员的身份。

士兵或是最低等级的军人。平时军事刑法典第 29 条规定：“军官和士官被判 3 年以上有期徒刑；其他军人被判 1 年以上有期徒刑，除非法律另有规定的情形，适用撤职。”

撤职往往与一定类别的军事犯罪相联系，如盗用军款或是其他无法与保留军事级别相兼容的犯罪行为。值得一提的是，有关撤职处罚的规定曾招致意大利宪法法院的异议，后者在其判决中认定上述规定违反了宪法的基本原则：“第 29 条对军官和士兵设定了不同的撤职条件，这种规定是不合法的，它违反了法律的平等原则，使得刑罚的适用取决于人的军事级别，而不是构成违法犯罪行为本身的情节①。”然而，从平等的角度而言，则认为应当认同上述军事刑法规定的公平性，因为在适用撤职情形时，军级越高，对其军级的剥夺显得越严重。事实上，军级越高的人实施军事犯罪所造成的后果也更加严重。

五、停职和停级

停职和停级作为意大利军事刑法典中暂停职务或是军级的附属刑罚，分别规定于平时军事刑法典第 31 条和第 32 条，其中停职适用于军官，而停级则适用于士官和士兵。一般而言，在执行军事有期徒刑过程中，当不适用撤职情形时，处以停职或停级刑罚。

六、公布刑罚判决

平时军事刑法典第 32 条第 1 款规定：“判处死刑和无期徒刑

① La Corte Costituzionale, Sentenza N. 258, 26 maggio 1993, https://forum.grnet.it/sentenza-n-258-della-corte-costituzionale-del-26-maggio-9226，最后访问日期：2020 年 8 月 20 日。

时，根据刑法典规定[1]公布判决。”第 2 款规定：“法官如出于特别的目的，可以通过不同于规定的形式公布刑罚判决，即不公布判决。哪些案件的类别是受到决定性利益的约束则要根据法官的判断，认为是军事利益优于普通法律保护的利益，从而符合附属刑罚的规定。”

公布刑罚制度的目的本来在于实现刑罚的效力，然而在立法过程中，立法者希望通过决定是否公布刑罚判决来实现特殊法律利益和普通法律利益之间的平衡。

七、军事保安处分

意大利平时军事刑法典第七章对行政保安处分作出了相关规定。平时军事刑法典第 74 条规定，判处军事有期徒刑的情形，不适用刑法典第 230 条第 1 款的规定，所有保安处分的措施都是针对行为人实施的违法犯罪行为，以及行为人的人身危险性。第 76 条第 2 款规定，撤销保安处分，在法律规定的最短持续期之前与普通刑法典的规定一致。

但是作为普通刑法典的特别法律，保安处分规定在军事刑法典中的特殊之处体现在第 76 条第 1 款，该条款规定，在服役期间，暂缓保安处分执行的规定可以根据刑法典或军事刑法典。对人可以适用收容于司法精神病医院或监管所或司法教养院，对物可以适用没收。

---

① 黄风译注：《最新意大利刑法典》，法律出版社 2007 年版，第 18 页。第 36 条规定，科处的判决，以在判决宣告地市镇、犯罪实施地市镇和被判刑人最后居住地市镇张贴的方式，加以公布。上述处罚判决还在法官指定的一张或数张报纸上公布一次。对判决实行摘要公布，除非法官决定公布其全文；公布自动执行，并由被判刑人承担费用。法律确定其他应当公布处罚判决的情况。在这样的情况中，依照前两款规定的方式实行公布。

同时军事刑法典还规定了其与不同刑罚执行方式的联系。平时军事刑法典第 64 条规定，为了保护军事部队完全的利益和完全的作用，排除了暂缓医疗保安处分，以及包含降级、没收、适用保安处分以使其能与军事服役继续进行相适应。

上述规定的理论基础在于一个单纯军事犯罪行为构成了类似于一般意义上社会危险性的概念，即行为人有可能再次实施只对军事利益造成损害的非普通违法犯罪行为，从而衍生出了“军事社会危险性”的概念。

意大利刑法典在 2000 年及后续修订中对犯罪行为涉及的财产作了规定①。依据新的规定，对犯罪行为除没收财产外，当因行为人已经处置而无法没收时，还可通过估价评估其对应的价值。法律修订体现出普通刑法典中对特定罪行的犯罪意图排除了适用相同条款——没收物品，取而代之的是更为丰富的处罚手段。因此，相对于平时军事刑法典中违反军事管理罪行，以及由军事财税警察管辖罪行的规定，显然是为了统一在军事刑法典和刑法典中的处理方式。

八、军事短期监禁刑的替代措施

1983 年 4 月 29 日通过的第 167 号法律引进了军事监禁刑的替代措施。立法者在遵循军事刑法典互补性原则的基础上，对普通刑法典中的相关规定做了改动，从而使其能够适用于军事刑罚领域。替代措施共有以下三项：

第一，第 167 号法律第 1 条规定，由军事司法机构作出的军事判决，不超过 3 年有期徒刑且没有附随监禁性保安处分的，可以适用缓刑。在军事刑法的规定之外，军官和士官适用缓刑，与

① 通过修订新增了针对涉及犯罪行为收益和利润的规定，如第 240 条-2、第 322 条-2、第 640 条-2。

进行刑期折抵的规则相同，若被缓刑人仍有军事服役的义务，如已经退役则直接变为社会服务工作。根据该法第2条规定，缓刑的最短服刑期限为1个月[①]。需要强调的是，依据1985年第297号法律规定，对毒品和酒精上瘾者可以在任何时候适用缓刑，即这些情况不需要在监狱等场所执行特定期限之后才可决定。但军事司法并未作出相应调整，对此，意大利宪法法院在其判决中申明[②]，这种适用条件在军事法律与普通法律中采用不同规定是不合法的，应通过对军事司法进行司法解释，从而允许上述规定同样适用于军事缓刑的情况。最后，在程序方面，有权作出适用缓刑的裁定机构是军事监督法庭[③]。

第二，监视自由作为监禁刑的代替措施最早出现在1975年第354号法律第47条。这种措施一开始只适用于普通刑罚，而且仅限于逮捕和有期徒刑。但立法机构随即意识到这种限制并不恰当，很快就将其适用范围延伸至军事有期徒刑[④]。上述决定也得到了意大利宪法法院的支持。事实上，宪法法院强调，监视自由所涉及的家庭权利应得到优先保护，并宣称“宪法规定生命和健康是人的最基本的利益，但由于特殊的法律及其规定的特殊的

---

① 最初规定是3个月的观察期，为与普通刑法典相协调，1985年4月22日通过法律规定，减少至与普通缓刑观察期相同的1个月。

② La Corte Costituzionale, Sentenza N. 119, 5 marzo 1992, https://www.cortecostituzionale.it/actionPronuncia.do;jsessionid=28788AA198CA797239FB973C690982D0，最后访问日期：2020年8月28日。

③ 1986年12月23日意大利通过第897号法律，确认在军事司法系统中有权裁定适用缓刑的是军事司法监督机构，以此与普通刑事司法机构相对应。

④ La Corte Costituzionale, Sentenza N. 141, 19 novembre1991, https://www.cortecostituzionale.it/actionPronuncia.do;jsessionid=28788AA198CA797239FB973C690982D0，最后访问日期：2020年8月28日。

服刑方式，当军人被判处军事有期徒刑时，其面临上述基本权利被强制削弱的困境，因此被判刑军人有权要求将军事有期徒刑转换为监视自由”。由此可见，在意大利宪法法院看来，健康和尊严是每个人必需的基本价值，这个价值超越了人类因身份或是地位不同所作出的划分，正如平民与军人之间的划分。因此，监视自由作为一般刑罚的代替措施也当然适用于军事刑罚领域。

第三，根据意大利军事监督法院的判决，在军事有期徒刑中适用假释的情形应符合 1975 年第 354 号法律第 30 条-2 的规定。宪法法院在判例中亦表明其通过允许和优先许可假释的方式来鼓励被关押人员与关押机构的合作，并作为被判刑人重新进入社会的再教育的开始。同时，宪法法院认为，对军事刑事判决的优先许可与判决的特殊状态没有不兼容的问题，因为这些军事判决替代措施的规定并不违背对军人再教育的最终目的，特别是考虑到使被判刑人重新进入社会的目的，在此框架之下上述措施肯定不会不符合军事刑罚的特殊要求。

第二节　对战争罪的处罚原则

传统国际刑事责任的主体只包括国家或国际组织，《罗马规约》则改变了这一局面。《罗马规约》第 25 条首次对个人刑事责任作出规定，这意味着从此单个主体也可成为国际刑事犯罪的直接责任人，而不再隶属于他所属的部队或国家。尽管个人刑事责任并不是第一次在国际公约或组织中出现，事实上纽伦堡国际军事法庭章程第 6 条以及其他国际法庭规定，如《前南斯拉夫问题国际刑事法庭规约》第 7 条、第 23 条，《卢旺达问题国际刑事法庭规约》第 6 条、第 22 条都有相关规定，但《罗马公约》第 25 条作为一个常设性国际司法机构章程规定的出现无疑具有划时代的意义。

一、个人刑事责任原则

个人刑事责任最早可以追溯至第一次世界大战之后德国最高法院在莱比锡对德国皇帝威廉二世的审判。在审判中，法院认定在战争中存在大规模的犯罪现象，并控诉德国士兵犯有战争罪。这次审判标志着对战争罪的认定超越了传统，即 1907 年《海牙公约》对单独国家刑事责任原则的规定，将自然人引入国际公法大幕中。事实上，其解决的不仅是创建刑法体系的问题，更是在国际法的惩罚体系内吸收了个人报复的行为种类，清晰地确认了个人刑事责任的引入。但其在原则问题上面临一定的限制，如国际法承认国家之间在特定范围内的报复权利，不能由公民个人获得。

个人刑事责任一般发生在具有军人身份的个人身上，在其隶属于国家军队，特别是在接到上级或部队命令情形时最容易发生。随着国际刑法规范向国内法律的转化，个人刑事责任涵盖了国家首脑、部队指挥官、普通士兵、警察、平民，这些人员都是构成国际刑事犯罪的适格主体。

所谓的指挥官责任，可以说是个人刑事责任原则在战争罪中一定意义上的延伸。在军事部队这一具有高度纪律性和组织性的结构体中，下级对上级负有绝对的服从义务，这种义务不仅是指下级对于直接上级或是单一上级的服从，而是一种广泛性的服从。在一定程度上，下级人员只是被视为执行指挥官命令的工具，并且典型的军事部队行动多为统一指挥下的集体行动，因此在军事犯罪中，指挥官责任可以说是一种特殊却具有历史传统的刑事责任方式。

意大利军事法第 1349 条规定，军人在接到明确含有犯罪性质的命令时，负有不执行违法命令的义务。对犯罪性质的判断基于一般人的标准，即只要一般人能够判断出刑法的否定性评价，即符合明确犯罪命令的标准。因此，对这个违法命令的执行无疑是构成犯罪的，此时拒绝执行违法命令并不违反军人必须遵从上级命令的规定。相反，在违法命令的背景之下拒绝执行才符合合法性的评价。需要强调的是，如果命令中并没有明确体现出犯罪性质，但接到命令的人员发现其含有明确的不合法性时，上级同样不能强行要求下级执行命令。

在武装冲突、维护及重建和平与安全的国际行动中，意大利军事刑法以国际人道主义法令为依据，再次确认了指挥官的刑事责任。根据2010年法律第66号法律，即意大利军事规范法律第89条第4款规定，指挥官必须承担对其下属履行监管的责任。此外，战时军事刑法典中涉及指挥官责任的具体条款包括：第174条规定，指挥官命令使用国际法禁止的战争方式和武器；第176条规定，指挥官在不允许的情形中下达报复行动命令；第178条规定，指挥官发动没有预先通知的攻击行动（除了军事必要情形）；第179条规定，对那些受国际公约保护的地点提供必要的预先警示。

指挥官责任的来源十分明显，即整个军事机构的核心原则——军队的层级制度以及下级服从上级命令的义务。层级制之所以特殊，是因为正是军事机构将其特性发挥得淋漓尽致。相对于其他行政机构，层级制在军队中具有更高的强制性和权威性，这也是给予军队行动力的有利保证。简言之，层级制包括两个方面，即指挥官的权威性和下级军人的服从性。

下级军人的服从性具体体现为忠诚且忠实地执行所有关于军事服役和军事纪律的命令。军事部队中的层级制正是强制执行命令的有效保障工具，因此军事刑法及相关的军事纪律也对该种制度予以保护。

实际上，军事服役和军事纪律之间的关系并不必然推出执行命令的层级性，但是在军事法律向现代化的演变过程中，由于军事纪律可以使军人意识到其军人身份以及军事机构所应承担的职责，所以军人的服从义务逐渐成为军队建设的基础。因此，可以毫不夸张地说，军人的服从义务代表了军事纪律的核心利益，包括郑重地履行军人关于忠诚，关于军事法律规范与纪律、荣誉，以及作为军人应承担国防的相关义务。服从义务之所以这么重要，从形式要件上来说，成为一名国家军人，要经过宣誓以忠诚于国家，从那一刻起，军人不履行义务或拒绝执行命令的行为必定会招致相应的惩罚措施，比如停职、降级甚至开除军籍，这对军人身份而言是最严厉的荣誉刑罚。

军人的服从义务还衍生出军级制度，由此不同级别军人或军官身着不同制服。这个规定确定了服从义务依赖于军队的层级制，同样在军事服役之外，军人不履行职责的行为还包括在有能力履职的情况下，不履行属于职责范围内非军事机构的相关职责，从而对军事部队的威信造成损害。

军事层级命令不仅直接与军事纪律相关，还与军事刑法有联系，因为一般来说，与合法命令直接相关的是其执行问题，这也正是意大利刑法典第 51 条的规定，根据规定，执行非法命令排除刑事责任的情形是："行使权利或者履行由法律规范或公共权力机关的合法命令赋予的义务，排除可罚性；执行上述命令的人也对犯罪负责，除非他因事实错误而认为是在遵循合法命令；当法律不允许对命令的合法性进行任何审查时，执行非法命令的，不受处罚。"依据意大利刑法典规定，对违法命令的执行人而言，具备事实错误或缺乏对命令进行审查的能力时，排除可罚性。而在军队这个更为强调服从义务的群体中，又进一步对违法命令进行了具体化的细分，通过不同违法程度的命令，进而规定执行人是否需要承担刑事责任或相应的军事纪律制裁。

一般而言，根据绝对服从命令的义务，下级在接到上级命令后应及时执行命令。然而，正如意大利现行军事纪律指出的那样：“义务虽然始于军事长官的命令，但这并不意味着军事机器能够有效地处理所有的命令，还存在不能接收到命令的情形。此外，还应考虑到命令的时效性，即有时命令已经发出，但随着偶然情况和不确定因素的出现，这些命令已经不再符合最新的情况，而必须进行适当的调整。这些都会导致命令无法被执行。”

当然，针对军人不执行命令的相关违法犯罪行为，军事刑法典亦予以专章规定。这里需要将其与普通的不执行命令分开，因为此时军人不执行命令的罪行是出于特定情形和特定命令，为保护军事利益或国家利益而实施。

平时军事刑法典对军人违反军事纪律的罪行规定则无疑体现了对军事机构中这种严格层级制的保障和对军事纪律的保护，以期能使军队合理发挥效能。从这一点来看，军事下属制就是军事机构的基础。典型的例证如平时军事刑法典第 173 条对军人拒绝遵守、不遵守或迟延遵守上级向其下达的有关军事服役的命令或纪律的规定。不服从的罪行是单纯军事犯罪，不需要行为人的主观过错，即不需要证明行为人存在实施犯罪意图，犯罪构成以行为人拒绝服从下达的合法命令为已足。

可见，意大利对长官责任制有较为细致的规定，对不同种类的违法命令进行了区分，并与军队条例、军事刑法等各种法律相结合，考虑到军队长官由于其身份地位的权威性和特殊性以及所拥有的权力范围，相应确立了明确的指挥官责任体系。

对我国立法而言，如何平衡上级命令和违法性之间的关系，也可在未来进行相关的立法考量工作。在刑法体系上建立起否认对盲从执行的行为价值，从而去除行政长官绝对权威的意识，提高法律的约束力，特别是面对法律和行政权力相冲突的情形，更需要有妥当的方式限制行政权力的过分扩张。

二、国家刑事责任原则

根据传统国际法，国家在国际上不负刑事责任，对于代表国家行事的个人也不负刑事责任。但纽伦堡审判表明，战争罪是以国家名义或作为国家机关的行为作出的，有关国家和个人均应承担刑事责任。因为国家行为与代表国家行事的个人行为不是相互对立的，国家责任与从事国家活动的个人责任不可能截然分开。国家的职能必须通过国家领导人和国家机关工作人员的个人行为来实现，其中个人的行为不是以私人身份而是以国家名义或以国家代表的资格作出的，从而也属于国家行为。

正如国家行为最终是由个人作出的一样，国家刑事责任的具体承受者实际上是代表国家行事的有关个人。惩罚具体实施罪行的相关个人也就等于追究了其所属国的国际刑事责任。对此，纽伦堡国际军事法庭章程作出了明确规定，法庭在宣判过程中也确认了当时的德国党卫军为犯罪组织，这在一定程度上代表着国家同样可以是犯罪组织，因此可以追究国家实施犯罪的国际刑事责任。

战争中武装部队成员执行的是国家意志，其行为属于典型的可归因于国家的行为。根据国际法中的国家责任制度，严重违反战争法规和惯例的战争罪必然引起国家责任，如 1949 年的日内瓦四公约，在日内瓦第一公约第 51 条、日内瓦第二公约第 52 条、日内瓦第三公约第 131 条、日内瓦第四公约第 148 条均明确指出，除对个人的严重违反行为进行追诉外，还要追究国家的责任。

与国家责任密切相关的是国际法传统的国家豁免权规定。司法豁免，是指非经主权国家同意，其他国家不得在其国内以主权国家为被告起诉主权国家，除非国家放弃了豁免权。豁免权不能在对以国家为被告人实施的战争犯罪造成损害的赔偿要求中适用。

2008 年德国向国际刑事法院提出对意大利的诉讼，因为意大利最高法院以德国在第二次世界大战期间在意大利境内的战争罪造成损失为由，判决德国对胜诉的意大利公民费里尼进行民事赔偿。通过意大利法院的判决能够看出，意大利对德国党卫军于第二次世界大战时期在意大利境内构成国际刑事犯罪的行为持强烈的否定态度，其一方面承认法律对人类不可剥夺权利的绝对保护；另一方面则主张这种保护在效力上高于国家的豁免责任，因此排除国家在民事赔偿上的豁免权。从国际法角度对行为非法性的衡量在很大程度上是基于国际习惯法和国际公约的生效时间，因此不同的解决方案是从不同时期法律所涉及的问题出发，最终通过相同的司法机制中对外国司法豁免权的效力产生不同认定。

第二次世界大战之后国际社会认定的国家赔偿显然是从战胜国的角度出发（这也正是意大利最高法院判决的基础），并且第二次世界大战的战争赔偿是分散至各国的国内法律规定，从各国司法管辖权出发，从而忽视了对单个受害人的赔偿请求。总之，意大利最高法院支持其国民对德国提出的民事赔偿诉讼说明了个人对外国军队造成的损失有权提出民事赔偿，允许民事赔偿原则上可以针对外国实施的行为。上述判决的核心是司法豁免权在实施犯罪行为时并未生效，而是在提出申请之时才生效，这个规则之所以优先于其他规则适用也不是因为具有国际公约特征，而是源于国际习惯法。因此，意大利最高法院最终认定德国应对第二次世界大战中对意大利平民的损害进行民事赔偿。这个判决无疑宣告了对国家司法豁免权的重新解读，承认国家豁免权与人类基本权利之间的价值平衡中，不再完全支持一国的国家豁免权，而开始倾向于人权的保护利益。

第三节　对犯罪不同表现形态的处罚

意大利军事刑法典在对军事犯罪不同表现形态的处罚基本遵循了普通刑事法典的原则，在此基础上对特殊的军事犯罪情节和涉及战时的背景因素作出例外性的规定。

一、未遂

意大利军事刑法典没有对未遂作出专门规定，但平时军事刑法典第 46 条对未遂犯罪作出了刑罚规定①。依照该规定，刑罚可能是处以死刑并开除军籍，以及不低于 15 年的有期徒刑或者死刑（胸前枪决）。然而，随着死刑在军事刑法典中的彻底废除，第 46 条确定的未遂犯罪的最低刑罚改为 15 年军事有期徒刑，而不再是 24 年军事有期徒刑。

但是，在平时军事刑法典规定了死刑的情形时，对于未遂犯罪则应减轻刑罚，即适用无期徒刑。就上述最低刑罚而言，未遂的刑罚则可以是 24 年或 15 年有期徒刑（取决于适用军事刑法典中的两种死刑执行方式②）。而对于第二种情形，平时军事刑法典规定死刑时，应是 12 年军事有期徒刑，因此第 46 条的未遂规定可以适用于整个军事刑法典，包括和平时期和战争时期两个

---

① 意大利平时军事刑法典第 46 条规定处以 24-30 年有期徒刑，直接来源于普通刑法典第 56 条的规定。

② 根据意大利军事刑法典废除死刑之前的规定，死刑执行方式有胸前执行和后背执行两种方式。

时期。

但适用无期徒刑可能会导致对被判刑人不利的结果。当犯罪行为规定处以30年有期徒刑，或是执行胸前枪决死刑时，都涉及无期徒刑的适用。另外，处罚都必定附加开除军籍的附属刑罚，而当对犯罪军人处以相同死刑执行方式（胸前枪决）时却没有相关附属刑罚。因此，在遇到这些情形且没有相应确定性的法律解释时，还是应当适用法律的基本原则，即对被判刑人有利的原则。总之，虽然意大利立法者没有明确在平时军事刑法典中适用无期徒刑代替死刑，但仍应当明确废除死刑的观点，无论是普通刑法的犯罪行为还是特殊刑法的犯罪行为，正如战时军事刑法典中涉及规范指示的适用情形，任何司法判决效果都应该适用无期徒刑而不是死刑。

二、累犯

意大利1889年扎那尔德利刑法典第83条首次对累犯作了规定。涉及军事法院判处的单纯军事犯罪，前提是单纯军事犯罪违反了法律中特别且必须保证的原则规定，因此排除自然犯的构成。

现行意大利刑法典第99条虽没有涉及军事犯罪规定，但之所以同意排除累犯的重要性，是为了符合“更有效的防卫针对更加危险的犯罪人的需要”。平时军事刑法典第57条在普通刑事犯罪和单纯军事犯罪之间规定了酌定累犯概念，但实质上是对普通刑法中累犯概念在军事刑法中的限制。法官对“排除累犯在普通刑事法律和军事刑事法律之间”的酌定权，并不适用于“同样特征犯罪”的案件，在这种情况下，法官应当将其与普通刑法典

第 99 条[①]合并适用。另外，如果法官行使了酌定权，认为不能排除累犯（在普通刑法和军事刑法之间），则完全可以适用 2005 年第 251 号法律的规定[②]。

三、共同犯罪

意大利军事刑法典对共同犯罪的行为人仅规定了加重和减轻的法定量刑情节。

平时军事刑法典第 14 条规定，当非军事武装部队人员的行为构成军事犯罪时，视为属于军事刑法典管辖的人员。这意味着构成军事刑法典管辖的共同犯罪的行为人包括军人和非军人。一般而言，在适用普通法律时，如行为人不属于军事部队，不负军事义务，当然也就不需要对单纯军事犯罪承担责任。然而上述规定显然与之相反，因此其实际上是对军事一般共同犯罪作出的特殊扩展解释："涉及了所有犯罪构成的主观要件，特定责任的名称以及服从义务等。"因此，依据平时军事刑法典第 14 条的规定，在非军事部队人员构成军事犯罪时，对主观过错具有军事性

---

① 黄风译注：《最新意大利刑法典》，法律出版社 2007 年版，第 39 页。第 99 条"累犯"规定，对于在因某一非过失犯罪受到处罚又实施犯罪者，可以将本应对新的非过失犯罪科处的刑罚增加 1/3。有下列情形之一的，刑罚可增加至 1/2：（1）新的非过失犯罪具有同样的性质；（2）新的非过失犯罪是在受到前一处罚后的 5 年内实施的；（3）新的非过失犯罪是在刑罚执行期间或之后实施的，或是在被判刑人有意躲避刑罚的执行期间实施的。如同时存在第 2 款列举的数项情形，刑罚增加一半。如累犯再次实施某一非过失犯罪，在本条第 1 款规定的情况下，刑罚增加一半；在第 2 款规定的情况下，刑罚增加 2/3。如属于刑事诉讼法典第 407 条第 2 款第 1 项列举的犯罪之一，则必须对累犯加重处罚，并且在第 2 款规定的情况下，所增加的刑罚不得少于对新罪应处刑罚的 1/3。在任何情况下，因累犯而增处的刑罚不得超过在实施新的非过失犯罪前被判处刑罚的 1/3。

② 2005 年修订之后意大利刑法典第 99 条的规定。

质的，适用军事刑法；如果共犯情形构成单纯军事犯罪，则必须在共同实施犯罪行为时就认识到其军事本质。因为偶然性的疏忽涉及行为人是否具备犯罪构成的主观过错要件。

在非军人共同针对军人实施犯罪的情况下，其行为可能只是普通违法行为。此时，根据互补性原则，对行为人罪行的性质、罪行和损害之间的因果关系以及罪名的认定取决于共同行为人的身份，以及其他相关要件。

平时军事刑法典第 58 条规定了军事刑法中特殊的共同犯罪情形，即上下级共同犯罪。在实践中，对这种犯罪的量刑是由法官根据当事人是否违反上下级关系中的特殊义务来裁量的。另外，如果上级联合下级实施的犯罪行为是基于军级制度赋予的权力，在这种情况下，对上级规定了特定的加重量刑情节，因为对于上级而言，联合下级实施共同犯罪，是凭借上级拥有的级别权威。与之相对应，第 59 条规定了两种减轻量刑情节，一种是上级指使下级实施构成犯罪的行为；另一种是军人在准备或实施犯罪时作用轻微。

以上这些规定都是考虑到意大利军事法第 21 条规定的“上级的义务”。这种义务实际上是对军队中一定级别的人设定了必须遵守的法律和纪律义务：“义务更多体现为级别越高则独断性越强。”同样，上级必须保证遵守规范，因为他的级别所授予他的权力，是为了履行和实施统一的军役，也是为了保障法律、规范、军事纪律和其他有关军事服役得到正确的实施。相对于普通刑法而言，意大利军事刑法典对上述现象的规定无疑具有广泛的实用性和实践意义。因为在很多时候无须指明特定的情节，上级在一定程度上即可决定下级的犯罪行为。但是，将这两个条款相比较后会发现有一定的重合。在军队这种具有高度等级制度的机构中，上级拥有绝对的权威，因此无论实际状况中所要履行的特定职责以及对下级产生特定的影响力如何，其并不需要作出专门的决定性行为，而只要对下级的犯罪行为有概括性的影响即可。

对于上述规定，意大利的司法判决作了精细的阐释。2005年针对第二次世界大战期间德军在意大利所犯下的战争罪行，意大利军事法庭在其判决中指出：虽然根据意大利宪法第27条规定："每个人只能对自己的行为承担刑事责任，犯罪行为有具体的实质对象"，但这并不否认隶属于德国军队的士兵都必须承担刑事责任，尽管其中有些人仅仅是出现在大屠杀的地点而已。纽伦堡国际军事法庭章程已经清晰地阐明德国党卫军是一个犯罪组织，这个组织的思想体系应受到谴责。法庭审判是为了使每个被告人都承担其所应负的刑事责任。正如第二次世界大战期间，德国党卫军在意大利卢卡省斯塔泽马市圣安娜地区实施的大屠杀行为，是由超过200名军人实施的共同犯罪行为（如枪杀、爆炸、纵火等），大屠杀共造成几百名意大利平民死亡。大屠杀中的每一个德国军人的行为都构成了意大利战时军事刑法典第185条的战争罪。意大利军事法庭认为，大屠杀中的每一个阶段，从筹备计划到执行命令，以及每一个行为人的主观过错，都必须依靠德军的组织系统，将命令层层传达到底层的具体执行者。从这一点来看，其中若有任何人打断这个命令传送的链条，大屠杀行动都可能被避免。因此，可以肯定行动中的每一个人都对最终结果存在有效的因果关系，大屠杀的行为是由德军部队中所有军人共同完成的，无论其军级高低[①]。而军事机构并不是唯一具有层级性的机关，命令在通过层级传送时，其同样应受到相应的层级监督并有相应的纪律保证其正确性。因此，在军事机构中，无论是军

---

① http：//www. difesa. it/GiustiziaMilitare/RassegnaGM/Processi/vari/Pagine/Ⅱ_ concorso_ nel_ reato_ e_ affermazione_ di_ penale_ responsabilità. aspx，最后访问日期：2018年12月20日。

官或是士兵，即使是履行其职责，作为军事部队的一部分构成犯罪行为时，也构成了共同犯罪。从这一点出发，就必须将个人刑事责任贯彻于整个部队。当然，需要重点关注的无疑是这个部队的首脑及其他负责军官，因为他们处于最显著的位置。实际上，在军事行动中，很多军人都不考虑军级，并超越他们本身所具有的权限下达命令，即便是士官在军事行动中同样享有自行处理权。因此，军事命令的下达是集体讨论的产物，命令是具体的，实施是有组织性的，身处部队中的每一个人都完全知晓命令并选择附和这个命令和执行命令，从而构成了实质或是道德上的共同行为。

如果这些人的行为没有导致一个最后实施罪行的结果，那么这些人的责任在于向下级传达带有犯罪性质的命令。每一个人都应当有良知，任何一个军人都应当反对这个违法命令的执行。所有军官和士官共同实施了大屠杀的残暴行为，不能够也没有必要对每一个人员都进行具体犯罪构成的判断，属于德国部队中的每一个士兵都构成了大屠杀的犯罪行为。

关于战争罪中行为人主观过错的判断也是十分重要的，每一个单独的行为人都具有特定的犯罪意图，这也是区别战争罪与反种族罪的标准，因为反种族罪中每个单一行为人都处在集体性行动中，但是这样的集体行动未强调特定的意思。2006 年，意大利军事法庭对第二次世界大战期间的德国军官海因里希·诺德霍恩（Heinrich Nordhorn）作出犯有战争罪的判决。在判决中，法院宣称集体责任的产生源于军队行动的高度集体化，在这些行为中，很难具体分离出集体中每个人各自的主观过错或是违法行为。如根据 1907 年《海牙公约》第 50 条规定①，同样没有对这

① 参见《陆战法规和惯例公约——1907 年 10 月 18 日海牙第四公约》第 50 条规定，不得因为个人行为，而对居民给予任何罚款或其他的一般性惩罚，居民对个人的行为并不承担连带责任或由某几个人共同负责。

样的情形作出规定，但仍对占领者适用国内法律。《海牙公约》第 50 条是以罚金为目的，但这并不代表同样适用第 50 条进行刑事处罚的可能性，只是不会走向只进行刑事处罚的极端方向①。意大利国内法律的适用正是以《海牙公约》第 50 条为基础，只是这种适用前提是集体责任形式，且集体中的人员都同样具有特定的意图或目的。

四、犯罪竞合

意大利刑法中的犯罪竞合源于拉丁语"concursus delictorum"，包括罪行竞合和法条竞合。在意大利普通刑法的犯罪构成理论中，首先分为实质上的竞合和异质竞合。前者又称罪行竞合，是指行为人故意或过失实施了多次犯罪行为，若实施的多次犯罪行为都属于同一个刑法条文，属于连续犯；后者则是指实施的多次犯罪行为分别触犯了不同的刑法条文。此外，还有想象上竞合，即一行为同时违反了多个刑法条文，即牵连犯。

在行为触犯了多个法律条文时，依具体情形的不同，对多重犯罪行为的判断标准也不尽相同。首先应考虑的是特殊标准（Lex specialis derogate legi genrali），即特殊法律优先适用，此时只要行为符合特殊法律规定中的一个要件即可。然而，当触犯的法律都不是特殊法律时，该如何处理。对此，意大利司法实践和学术界持两种截然不同的态度。在司法实践中，法院认为若行为同时触犯了两种普通的法律条文，属于异质竞合。对此，学术界则持相反态度，认为这种情形下的竞合，若没有特殊法律规定，应通过特殊标准的价值判断，依据不同情形适用不同的具体标准来判断究竟是竞合还是合并。由此，学术界提出了所谓的辅助标

① http：//www. difesa. it/GiustiziaMilitare/RassegnaGM/Processi/Heinrich-Nordhorn/Pagine/default. aspx，最后访问日期：2018 年 12 月 31 日。

准和完成标准。辅助标准是依据两个或多个行为之间的特定作用关系来予以判断：此时行为都在同一个利益保护之内并涉及受保护程度不同的各种利益，辅助行为则被主要行为吸收，此时当然适用对主要行为的法律条文。完成标准建立在多重行为中，是行为事实内部的划分，对于已完成规定的行为包含在已有规范中。行为的完成或吸收都是不可撤销的，因此排除了共同犯罪的可能，此时下一个行为被前一个行为吸收，因此只有一个罪行。在立法者看来，对于罪行比法律规定的更加严重，则需要调整刑罚以能够包含对轻微行为的评价。吸收原则不能基于法律规定之间的逻辑关系，而应当根据法律规定之间的价值关系，以刑法对违法犯罪行为的消极评价为基础，这些行为包含了所有较轻微的行为，因适用结果造成并不合理的惩罚结果，并且这个评价标准与特殊标准不一样，不能够通过相同的自然主义，而应当通过社会对行为事实的统一评判标准。

根据《欧洲人权法院章程》第 3 条关于禁止酷刑的规定，酷刑有三种表现形式，即酷刑、非人道待遇和惩罚，以及侮辱性待遇和惩罚，但欧洲人权法院认为，当行为构成犯罪竞合时，不能够适用累积重复评价，如战争罪。由于战争罪是一种类型化的犯罪模式，并不仅限于单一的行为模式，脱离了传统理论对犯罪行为的定义，对这些行为都不可以进行重复评价。

意大利平时军事刑法典第 55 条规定了同时判处军事有期徒刑和普通有期徒刑时，根据军事刑罚立法的一般原则，如刑罚包含开除军籍，则适用普通有期徒刑；如未包含开除军籍则适用军事有期徒刑。但是军事刑法典中没有规定，在连续犯情形下，刑罚是普通有期徒刑和军事有期徒刑时，该如何适用具体的刑罚。

意大利最高法院对此作出了解释[①]：根据第 81 条规定的处罚措施以及法律对于相同的行为或相同的犯罪意图较少的应受谴责性，对连续犯情形应采用以下处理方式，即当行为触犯一个或多个法律并构成多种违法情形，但行为是受相同的犯罪意图支配实施时，应当只适用一个累进刑罚。而当罪行更加严重应适用军事有期徒刑时，对连续犯应加重刑罚。

对普通犯罪适用军事刑罚并不欠缺合法性，因为合并刑罚并不是单一的刑罚形式，还含有适用处罚处理内容的不同条款。所以，当连续犯同时触犯普通刑法和军事刑法时，应适用上述平时军事刑法典第 55 条规定，并且对连续犯适用军事有期徒刑还是普通有期徒刑应当取决于开除军籍与否，而不是根据触犯普通刑法还是军事刑法的罪行的严重程度。然而，平时军事刑法典第 55 条最后 1 款规定，在同时触犯普通刑法和军事刑法非连续犯情形时，应适用刑法典第 81 条的规定，即刑罚不再取决于是否开除军籍，而应当取决于行为所触犯的普通刑法和军事刑法哪一个更加严重。总而言之，不考虑是普通多重犯罪情形还是连续犯罪情形，无疑应适用普通刑法中的特别规定，除此之外，如同时构成军事犯罪时，则遵循上述判定方式。

第四节 法定量刑情节的设置

在意大利军事刑法典的编订过程中，立法者对量刑情节的设置同样赋予了浓厚的军事性质，虽然法定加重和减轻量刑情节的规定都是以普通刑法典的规定为基础的，但面对军事犯罪的特殊

---

① Sez. Un. ,26 maggio 1984, Falato, RGM, 84, 502. http://www.cortedicassazione.it/corte-di-cassazione/it/archivio_storico.page? frame4_item=3，最后访问日期：2020 年 8 月 29 日。

性质，普通的量刑情节无疑欠缺足够的威慑作用。因此，军事刑法典中的量刑情节更加突出了特殊性。军事刑法典量刑情节规定以意大利刑法典第 59 条①为原则，因此军事刑法典中的法定减轻情节遵循对行为人有利的判断，即使行为人没有发生认识错误或是假想错误。

一、加重情节

意大利平时军事刑法典第 47 条规定了五种法定量刑加重情节。

第一，犯罪人负有应对某一危险的特殊法律义务，因害怕此危险而实施行为。如果从军事刑法范围之外看待这个情形，可以被认为是减轻刑罚的考虑因素，甚至还能够构成犯罪的免责事由，但是在军事刑法中却被划入了法定加重的量刑情节。因此，这种在普通刑法和军事刑法中作出截然相反规定的情形，使得特殊法律部门对危险的设定成为评估行为人刑事责任的关键所在。总之，这个义务必须是源于法定义务，而且与军人的行为相联系。

第二，犯罪人被授予某一军衔或指挥权。这个加重情节的设置很明显，就是对身处特殊地位和具有特殊权力的犯罪人规定了

① 黄风译注：《最新意大利刑法典》，法律出版社 2007 年版，第 26 页。第 59 条“量刑情节”规定，认识错误或是假想错误。除法律另有规定外，对于减轻或排除刑罚的情节，做有利于行为人的考虑，即使这些情节未被该人认识或被该人误认为不存在。对于加重处罚的情节，只有当被行为人所认识、因过失而忽视或因过失而误认为不存在时，才做不利于行为人的考虑。如行为人错误地认为存在加重或减轻情节，这样的情节不针对他加以考虑。如行为人错误地认为存在排除刑罚的情节，对于这样的情节做有利于行为人的考虑。但是，如果涉及因过失而造成的错误，当行为被法律规定为过失犯罪时，不排除可罚性。

特殊的情节，因具备一定军衔或指挥权的军人相比其他不具有军衔或指挥权的军人具有更大的影响力，从而构成加重处罚的可能性因素。

第三，使用军事装备或在执行军事任务期间，或在军用船舰、军用飞机上实施的犯罪行为。这个加重量刑情节的设置是立法者考虑到犯罪人在上述特殊情形中，因军事装备或军事任务，以及特殊的地点极大地提升了行为的危害性。因此，从行为的危害角度作出了特别规定。但是，当上述情形已被包括在犯罪行为之中，即作为犯罪构成要件时，如平时军事刑法典第 106 条规定的犯罪行为[①]，该加重情节并不适用。

第四，在 3 名以上军人面前或足以造成公共丑闻的地点实施的犯罪行为。这个加重情节的规定是立法者出于以下考虑：任何一种公然的军事犯罪，自其被付诸实施之时起，就使得军事机构的威信和尊严处在危险之中，并为其他军人树立了负面的典型，腐蚀了他们的军事道德观念和纪律意识。因此有必要对其施以严厉的惩罚。事实上，这种严厉性也体现在“三人”标准认定的客观性，即所谓当着 3 名以上军人实施的犯罪行为是指只要犯罪行为是在这些军人面前实施的即可，无论这些军人是否了解其犯罪行为——尽管当事人不知犯罪行为发生，比如正在睡觉或是距离犯罪行为人太远，无法影响“出现”这种情形的本质，因为其根本不可能感知犯罪行为发生，但这并不影响对严重情节的认定。

第五，军人在外国执行任务或者穿着军装（包括不正当地穿着军装）时实施的行为。立法者规定这个加重量刑情节的意图比较明显，因为军人在国外，尤其是穿着军装时，其代表的是其所

① 黄风译：《意大利军事刑法典》，中国政法大学出版社 1998 年版，第 41 页。第 106 条规定，因过失造成船只或飞机沉没、坠落或被缴获。

属国的军队形象，此时实施的犯罪行为无疑会给国家形象带来很大的负面影响，因此将其列为法定加重量刑情节。

上述五个加重量刑情节是意大利平时军事刑法典中的一般加重情节规定，与之相对应的特殊的加重量刑情节则规定在战时军事刑法典第 47 条，该条规定，原则上战时军事刑法典未规定的情形可直接适用平时军事刑法典的规定，但关于监禁刑，应在平时军事刑法典规定的基础上增加 1/6 至 1/3 的刑期，情形严重的则可以增加 1/2 的刑期。同样，上述加重量刑标准适用于所有平时军事刑法典的量刑规定。所以，此条规定也在一定程度上反映出平时军事刑法典和战时军事刑法典两者之间的辩证关系：尽管平时军事刑法典规定的很多犯罪行为与战时军事刑法典中的规定相同或相似，但战争这一特殊的时期因素又使战时军事刑法典的规定显得更加严厉，更加苛刻。

二、减轻情节

与加重情节对应的是减轻情节，依据意大利平时军事刑法典第 48 条的规定，一般法定减轻量刑情节共有以下四种：

第一，在履行军事义务时，因过分激动而实施的行为。这个减轻情节的规定在意大利军事司法实践中，更多地运用在军事长官为鼓舞士兵履行军事义务或是执行下达的命令时，对其下属使用辱骂性词语的情况。立法者制定这个条款的意图在于军事长官过分的激动是以纠正下级错误行为为目的，从而将过分激动的行为与那些具有特定意图的情形区别开来①。

第二，由服役时间不满 30 日的军人实施的单纯军事犯罪。

① Relazione della Commissione Ministeriale al Progetto Definitivo del Codice Penale Militare di Pace, in Lavori Preparatori per la Riforma dei Codici e delle Leggi Penali Militari, pt. II, Vol. II, Roma, 1938, p. 63.

此条设置的减轻情节仅限于单纯军事犯罪情形，并且行为人是处在刚刚开始军事服役阶段，因为此时行为人还不能完全理解军事刑法对单纯军事犯罪行为的否定评价。事实上，单纯军事犯罪最大的特征在于其与军事制度的核心价值有着最紧密的联系，但与普通刑法保护的利益几乎无关。

第三，由于其他军人所采用的不适当方式而实施的行为。意大利军事刑法典之所以采用“不适当方式”而不是“违反法律的方式”这一表述，是考虑到本质合法的行为也可能通过不适当的方式实现。这一行为方式的本质体现了对原则的违反，需对其给予否定性评价。

第四，平时军事刑法典第48条规定：“如实施犯罪的军人品行端正而且确实是人才，对于军事犯罪的处罚可予以减轻。”关于这条规定，意大利军事司法机构在这些年的判决中已经对其作出了多样化的理解和适用。从初期对条款任意甚至有些极端的自由裁量，到最终成为对过度量刑的缓和，特别是在法律显得过于严厉和不适当时，通过对案件的综合评价，使其在后续的司法实践中发挥较好的作用。并且意大利最高法院还重申了属于“军人勇敢的行为”，即能够体现出“经过考验的军人的价值”，并将其扩展至那些发生在和平时期，被视为有利于国家军事建设的行为①。

第五节 军事刑罚的执行与消灭

军事刑罚的执行也以军事性为特征。尽管在罪行与刑罚的消灭规定中，根据平时和战时不同的背景需求设定了不同的消灭因

① Andreis：Cassazione，Sezione. Unite，21 maggio 1983，In Rassegna Giustizia Militare，1983，p. 168.

素，但从本质来看，意大利军事刑法典在这方面的规定仍是以普通刑法典为基础。

一、军事刑罚的执行

依据意大利平时军事刑法典第402条规定，除了由意大利军事刑法典单独规定的特殊情形外，军事刑罚的执行原则上适用普通刑事诉讼法典规定。上述规定表明，军事刑法典的互补性也存在于刑罚执行阶段。

需要强调的是，意大利宪法法院从军事刑法的执行角度出发，在其1990年的一个判决中宣称平时军事刑法典第402条部分内容违宪。在意大利宪法法院看来，该条违背了司法机构保证自治的要求，并且与普通刑法遵守国家权力截然不同①，因为上述规定使军事刑法判决中由部长、军事监督法院享有的权力与普通刑法典中规定的刑罚执行权力不同，从而突出了与普通刑法完全不同的刑罚执行程序。

在平时军事刑法典第406条②作了分开执行的法律规定之后，第407条作了有关易科的规定③。易科是军事司法部门中较为特殊的一个主题，在普通刑事制度中并无相关规定。遵照了第402条的特殊规定，从而对意大利普通刑事诉讼法典中的一般法条有优先执行力，并且在第261条中对军事刑事处罚作出了总论性规

---

① 意大利刑法典第147条规定，在行为人具有严重的精神疾病时，归行政机构管理；第2款规定，以司法机构的管辖权来决定最终是否处以不同于刑罚的处罚规定。

② 黄风译：《意大利军事刑法典》，中国政法大学出版社1998年版，第132页。第406条“执行由普通法官科处的监禁刑”。

③ 黄风译：《意大利军事刑法典》，中国政法大学出版社1998年版，第132页。第407条规定，如未根据第27条、第63条、第64条、第65条规定易科，公诉人可自动或根据被判刑人请求作出易科决定。

定：适用刑事诉讼法典的规定，除法律另有规定，在军事法院进行的诉讼也遵循刑事诉讼法典的规定，并做以下替换：（1）法院共和国检察官分别由军事法院和共和国军事检察官取代；（2）最高法院和驻最高法院检察长分别由最高军事法院和共和国军事检察长取代。

二、罪行与刑罚的消灭

与普通刑法典中罪行和刑罚消灭的规定截然不同，军事刑法典对公民消灭罪行和刑罚的合理理由规定了诸多情形。这再次体现了军事刑法典互补性的特征，但同样因为互补性特征，军事刑法典中有关罪行和刑罚消灭的规定面临着一定的限制，因为根据互补性原则，不能制定与普通刑法典完全不同的规定。但总体而言，军事刑法典规定了较多的例外情形，其具体理由如下：

第一，犯罪行为的反社会性在军事刑法中受到了更强的限制，特别是一些违法行为的侵犯能力在封闭的军营中趋向减弱或是消失，如平时军事刑法典第 70 条[①]没有规定例外适用空间，作出了不同于意大利刑法典第 75 条的规定。另一个原始例外有利于第 69 条内容的是扩大了有条件暂缓刑罚及附属刑罚的范围，虽然已经破坏了社会的一般原则，应当能够规定消灭罪行的原因，正如意大利未成年人犯罪时适用的原谅性司法模式，对于在军事服役期间实施的一些犯罪行为，最终是以行为人的后续行为为基础，直到宣布免除军事义务。

第二，犯罪行为违反了法律规定，损害了法律保护的利益，可以考虑从法律规范内容出发，从技术层面实现对利益的保护，如有些犯罪行为已经是社会大众能够接受的，就必须保持一种相

① 黄风译：《意大利军事刑法典》，中国政法大学出版社 1998 年版，第 27 页。第 70 条规定，在司法前科证明书中不提及处罚。

对开放的状态，从而能够发挥这些规定的有效作用，实现因犯罪对社会造成损害的修补效果。

第三，和普通刑法一样，在军事刑事司法领域构成罪行和刑罚消灭的措施，同样也是为犯罪人所搭建起的一座“金桥”，从而能够更加合理地调整犯罪行为和被侵犯利益之间的关系，发挥司法的矫正性功能。实际上，给予军事犯罪人“金桥”这个机会无疑是从政治视角出发，以承认犯罪的不可遏制性为基础，并在此层面进一步地扩大消灭罪行的事由，如出于被强迫的目的而拒绝履行军事义务或民事义务的相关犯罪，并商议提供犯罪人被要求在他所拒绝的时间内提供服役。

战时军事刑法典第 26 条规定了被告人因参加军事、战争行动，或在上述相同环境中完成具有意义的行动而受重伤，则可以减轻 1/3 至 2/3 的刑罚。对比上述平时军事刑法典第 48 条一般减轻情节的规定，战时军事刑法典规定的特殊之处体现在，对于战争这个特殊的环境，在犯罪行为最终完成之前或之后都可以实现消灭。在犯罪行为完成之前，情节影响的是对行为人主观过错的判定；而犯罪行为完成之后，影响的则是行为人是否弥补犯罪行为过错。

战时军事刑法典第 28 条是关于最高指挥官或海外部队的指挥官具有赦免刑罚权力的规定。根据该规定，指挥官对于军事法院判处不超过 1 年的监禁刑和财产刑有权对个体作出赦免决定。指挥官的这种赦免权虽然不需要其他特殊条件，但是指挥官行使赦免权力的条件无疑能够在对刑罚的赦免中找到合适的基础，即被判刑人在战斗行动中的良好行为。指挥官的这种独有权力反映了对军事人员行为进行正确评价的需要，但应避免只通过一般行为判定来行使赦免权，还应考虑单个军人的具体表现行为。虽然这个规定如实反映了战争立法原则的精神，但实践中根据意大利战时军事刑法典在刑事诉讼法部分的规定，对指挥官赦免权力的行使往往会引发对法律规定适用的困境：考虑刑罚的具体情节行为，根据战时军事刑法典第 245 条对由战时军事法院管辖的案件提起刑事诉讼的规定，在没有指挥官同意时，任何罪行都不能提交军事法院并开始进行诉讼程序。由此可以看出，在军事刑法立法中，立法者给予了军队（最高）指挥官相当大的权力，这也在另一方面体现了军事刑法与军队层级制的紧密关系，刑法规范的立法考虑不能脱离军队适用的基础对象，即军事部队和军人，从而保证军事刑法能够与军队其他的基本法律制度、纪律制度相符合。

以保证国家的战争利益为首要目的，使得战时军事刑法典中的规定更加突出了战时特征。以刑罚期间为分界点，对于一定被判刑人可以推迟执行，如战时军事刑法典第 38 条规定，如果在战争结束之后，被判处不超过 3 年的军事有期徒刑以及属于第 29 条①和第 34 条②规定被推迟执行的军人，没有构成新的犯罪或未

---

① 黄风译：《意大利军事刑法典》，中国政法大学出版社 1998 年版，第 159 页。第 29 条规定，除第 32 条的规定外，任何在实施犯罪时属于动员部队的军人或在犯罪实施后被派往该部队的军人被任何法官并因任何原因判处 10 年以下监禁刑，该刑罚推迟执行。统辖上述被判刑军人的部长或最高指挥官，在听取共和国军事检察长的意见后，可以决定推迟执行对上述军人科处的任何刑期的暂时监禁刑，即使不具备前款列举的条件。在战争状态存续期间，依照以上各款的规定，推迟执行刑罚不妨碍执行后来判决科处的刑罚。

② 黄风译：《意大利军事刑法典》，中国政法大学出版社 1998 年版，第 160 页。第 34 条规定，当最高指挥官认为某一不从属于国家武装力量的人员因其在战争条件下提供的服务而成为必须存在的或不可替代的人员的时候，在征求共和国军事检察长的意见后，该指挥官可以决定推迟执行对该人科处的暂时监禁刑。领导海军或空军部队的指挥官，在各自的指挥范围内可以行使同样的权力。

受到多次严重的纪律处分，则罪行消灭。同时，肯定行为人在战争期间为国效力的行为，这也体现了军人的核心职责和荣誉，即战时军事刑法典第40条规定，在战争结束之前，若受处罚后在战斗中或执行军事任务中有立功行为而获得晋升或受到奖励，罪行也可以消灭。可见，战时军事刑法典这些特殊的规定都强调了战争的首要目的，从而进行了特殊化规定。

（一）追诉时效

军事刑法典中关于追诉时效的规定也可以认为是普通刑法典例外的典型表现。依据平时军事刑法典第67条规定，对依法判处采取胸前枪决方式执行死刑的犯罪，追诉时效为30年。该条的设置体现了立法者考虑到在战争中，一些犯罪行为可能会造成特别严重的危害结果，这样的严重危害性需要较长的时间才会逐渐减轻影响。1994年，意大利删除了战时军事刑法典的死刑规定，并在之后的立法改革中对如何规定相应的替代措施进行了长时间的商议，最终确立以无期徒刑替代死刑。

另外，平时军事刑法典第68条规定，有关逃跑和不应征的犯罪，犯罪时效和刑罚消灭的时效自军人届满依法征募[①]彻底终止履行兵役义务的年龄之日起算。追诉时效失效的适用范围取决于对逃跑或不应征这类消极犯罪行为本质特征的探究，犯罪行为是属于永久性的效果还是逃跑或不应征行为当时的效果。第一种情形认为犯罪行为本质是永久性的，仅确认了普通法律的无效性，既然否认了其他法律不受时效约束能够处理的罪行，那就应当承认这类消极行为是永久的罪行，不会随着超过服役年龄而消失，犯罪的本质在于没有履行军事义务；第二种情形认为条款是依赖于对普通法律中合理例外的适用进行解释，即因疏忽而未履

① 意大利军事征募法对陆军征募的最大年龄限制为45周岁。

行军事义务。如果条款的核心理念没有显示出支持罪行瞬间本质消灭的观点，就应对法律条款适用经济效应原则进行判断。

（二）假释

平时军事刑法典第 71 条规定了军事假释，它与普通刑法典的区别在于两者对适用假释有不同的前提要求。普通刑法要求行为人能体现出在将来明确的悔改①，而军事刑法典则要求假释人表现出持续性的良好行为，这种情形由假释人服刑的监狱提供证明材料。因此，军事假释和普通刑法中的假释制度在目的上截然不同：普通刑法通过建立假释制度以实现对被假释人的再教育为目的；而军事假释则体现为对被假释军人在服刑期间良好行为表现的一种奖励制度。

相比较而言，军事刑法典对假释人的要求更加严格。根据军事刑法典规定，在假释裁决之前的初审阶段应进行多重审查，之后根据不同的判决刑期作出假释裁决；判决超过 3 年；服完一半刑期或是累犯须服完 3/4 的刑期，并且都不得少于 3 年有期徒刑；判决剩余的刑期没有再超过 3 年。在随后的立法修订中，为更加符合军事原则，规定刑罚为不得超过 5 年的军事有期徒刑，由此使得法律义务的规定更具可操作性。

意大利军事刑法典经过数次修订，1942 年第 827 号法律曾对战时假释作出专项规定，并专门针对军人适用假释排除了司法部门之前规定的苛刻条件。根据该法律，假释的条件是服刑最少 3 年②。直到 1962 年意大利颁布新的规定，适用军事假释的前提才改为必须服完一半刑期及以上。这个规定最终为意大利现行法律

① 黄风译注：《最新意大利刑法典》，法律出版社 2007 年版，第 33 页。第 71 条“数罪并罚的总则性条款”。

② 1946 年 12 月 11 日通过的第 653 号法律将假释必须的服刑期限从最少服刑 3 年延长至不超过 5 年。

所继受。

一方面，上述规定延长了假释的服刑期限要求，可以视为军事司法对普通假释条款的强化规定；另一方面，1946 年那份并不成功的法律并未排除新规定的出现。因此，针对普通刑法和军事刑法领域不统一的假释规定期限，1962 年的法律作出了相应调整，其不仅统一了撤销延长的时间，更进一步对普通刑法中的假释条件作出了新的规定，强调对军事刑事判决适用假释的情形是对被假释人在服刑期间良好行为的确认。

三、军事复权

军事复权作为意大利军事刑法典中的一个特殊规定，是指在刑罚执行完毕后消灭源于军事审判的负面效果。这种特殊的复权不像意大利普通刑法典中的复权制度一样具有广泛的适用性，而是似乎被立法者限制在有限的范围内，以防止出现判决负面效果扩展至普通法律的情形。意大利平时军事刑法典第 72 条规定："根据普通刑法决定的复权不使军事附加刑和其他军事刑罚后果消灭。对于根据普通刑法被宣布复权的人，军事附加刑和其他军事刑罚后果，采用军事刑法规定的方式准予的复权而消灭。"

由上述内容可知，意大利军事刑法典中的军事复权体现的是对军事荣誉的保护，恢复的是军人在军事审判中丧失的其所拥有的"军人荣誉"，因为军人的荣誉感是军队凝聚力的重要源泉之一。其目的是减轻因无法复权和撤职处罚给军人带来永久的负面影响，以及因不能再穿上军装所带来的不可消弭的痛苦。军事复权的行使具有一定的复合型，即一方面将通过普通刑事程序获得的复权的效力限于军事刑罚之外；另一方面允许当事人通过军事司法程序来获得复权，最终消灭这些军事刑罚的负面效果。因此可以说，现行意大利刑法典的复权规定是普通刑法典中复权规定的“扩展版”。它能够对军事附属刑罚和任何其他根据军事刑法作出的有罪判决产生效力。一般而言，复权既可应个人要求也可应军事检察院的要求，通过向意大利最高法院或军事上诉法院提交请求的方式实现。

对军事复权的需求体现了一种对荣誉的高度追求，这种要求不仅出现在军事刑法中，还体现在与军事司法相关的一些普通刑事判决中。因此，军事复权在两种司法制度中都有效，其具有双重程序和双重管辖。所以，军事复权所产生的效果具有特殊性，其既可能从属于普通刑事判决又可能从属于军事刑事判决。就撤职而言，其需要经过两种司法体制和两种审判，这是因为行政权威是建立在完整且正义的程序之上，在特殊的军事法律中，同样需要遵循程序正义。既然撤职是伴随军事犯罪判决而产生的，要想重新恢复其丧失的级别，就必须符合相应的军事司法程序。而后者又必须等待另一名法官适用普通法律的判决，这是因为撤职的军事复权效果对普通刑事法官而言在于罪行的消灭，而不是为了恢复其级别。

与平时军事刑法典相对应，战时军事刑法典也对特殊战争时期的军事复权作了专门规定，当然，其突出了战争的特质：依据战时军事刑法典第 42 条规定，为了鼓励士气或是加强军人的荣誉感，可忽略普通刑法的规定而直接获得复权。第 43 条规定，针对军人在战争中的荣誉和忠诚履行义务，使得获得复权的期间相应缩短①。对战时复权的限制规定于战时军事刑法典第 46 条，依照该条规定，对犯有叛逃罪、间谍罪、临阵脱逃罪、逃跑罪、为逃避服兵役而自残或自寻病患罪而被判刑的军人，不适用复权的相关规定。

---

① 意大利战时军事刑法典第 43 条规定，每 3 个月的战争时间折抵 1 年。

四、赦免

意大利平时军事刑法典有关赦免的规定有以下几个方面：依据第 73 条规定，除非有其他特殊规定，大赦、特赦、恩赦不使因受处罚而丧失的官衔恢复；战时军事刑法典第 28 条规定，在战争期间，最高指挥官有权通过个别决定，赦免由战时军事法院科处的不超过 1 年的有期徒刑和财产刑；在欧洲之外进行军事作战部队的指挥官拥有同样的权力；如被判刑人在战争期间实施依法应处以监禁性刑罚或更重刑罚的非过失犯罪，指挥官则无权进行赦免。

值得注意的是，在意大利有关战争罪的军事审判中，法院曾经作出过排除适用赦免法令的判决。如 2005 年发生在意大利斯佩齐亚的一次司法审判。在这次审判中，军事法庭对 10 名德国士兵提起控诉，理由是这些士兵违反了意大利战时军事刑法典第 185 条的规定，构成了战争罪①。在审判过程中，其中一名战犯的辩护人援引 1966 年意大利通过的第 332 号赦免法令，提出了赦免辩护请求。依据上述法令，对以下罪行进行赦免②：（1）1943 年 7 月 25 日至 1946 年 6 月 2 日实施的出于拒绝合作的犯罪，而且如果这些犯罪是出于确定的政治动机或政治目的，或是如果这些罪

---

① 德国党卫军在第二次世界大战期间在意大利路卡大区实施了针对意大利军人及平民的大屠杀行为。

② http：//www. altrodiritto. unifi. it/ricerche/law-ways/piraino. htm，最后访问日期：2018 年 12 月 1 日。

行符合刑事诉讼法典第45条的规定[①]；（2）1943年7月25日至1946年6月2日实施的犯罪，如果是由其他公民出于反对自由运动，如果确定是政治动机或政治目的，或这些罪行符合刑事诉讼法典第45条的规定。

法庭驳回了当事人的请求，认为上述赦免法令并不适用于此案，原因有以下几点：第一，军事法院所判处的战争罪并不属于1966年赦免的罪行之列；第二，赦免的效力仅限于意大利公民，而不包括外国公民。颁行上述赦免法令的主要目的在于实现国家总体秩序的平稳过渡，意大利公民在第二次世界大战期间被卷入了战争，在一定程度上是因为纳粹政府的上台决定了他们加入纳粹组织，并在第二次世界大战期间为纳粹国家作战。第三，不能对法令进行反向解释。这涉及欧盟条约的相关情况，根据1992年意大利签署并批准的《欧洲联盟条约》第8条规定，除非欧盟有相反的申明，欧盟成员国公民享有在欧盟成员国自由流动权、居住国的选举权，以及对欧洲议会的投票权，在欧盟之外的领土上享有欧盟任一成员国实施的外交保护权。

五、国际刑事法院对刑罚消灭的规定

《罗马规约》第110条作出了国际刑事法院对减刑进行复查

---

① 黄风译：《意大利刑事诉讼法典》，中国检察出版社2016年版，第17页。第45条规定，在诉讼的任何阶段和审级中，如果由于当地出现足以干扰诉讼进行的并且不可以其他方式加以消除的严重形势而使公共安全或秩序受到危害或使参加诉讼的人员无法自由地作出决定，最高法院根据上诉法院检察长的请求或根据参加诉讼的法官身边的公诉人或被告人的请求，将诉讼移交给根据第11条指定的其他法官。

的规定[①]。由此可见，国际刑事法院判决的具体执行是与成员国密不可分的，虽然裁决权专属于国际刑事法院拥有，但具体执行刑罚是由成员国负责，这实际上也是国际刑事法院补充性原则的贯彻和体现。

首先，在减刑条件上，国际刑事法院的规定倾向于行为人的弥补行为和经济赔偿方面，没有对行为人在服刑期间的行为作出更多规定，这是考虑到国际刑事法院作为国际机构，缺少自身独立的执行部门，需要附加在具体的执行国中进行。因此，这样能够节约司法资源和成本。

其次，具体的执行期间。国际刑事法院认为，构成国际刑事罪行的行为人一般都具有较大的影响力，相较于普通刑事犯罪，损害也更大，因此规定了较为严格的执行期间，这也体现了罪责刑相适应的原则。

---

① 赵秉志、王秀梅译，杨诚审校：《批准与执行国际刑事法院罗马规约手册》，中信出版社 2002 年版，第 443 页。《罗马规约》第 110 条规定："（一）在本法院宣判的刑期届满以前，执行国不得释放被判刑人。（二）只有本法院有权作出减刑决定，并应在听取了该人的意见后就此事作出裁定。（三）对于已执行刑期三分之二的人，或被判处无期徒刑但已服刑二十五年的人，本法院应当对其判刑进行复查，以确定是否应当减刑。这种复查不得在上述时间之前进行。（四）本法院在依照第三款进行复查时，如果认为存在下列一个或多个因素，可以减刑：1. 该人较早而且一直愿意在本法院的调查和起诉方面同本法院合作；2. 该人在其他方面自愿提供协助，使本法院得以执行判决和命令，尤其是协助查明与罚金、没收或赔偿命令有关的，可以用于被害人利益的资产的下落；或 3. 根据《程序和证据规则》的规定，其他因素证明，情况发生明显、重大的变化，足以构成减刑的理由。（五）如果本法院在依照第三款进行初次复查后断定不宜减刑，其后应根据《程序和证据规则》规定的时间间隔和适用标准，对减刑问题进行复查。"

与《罗马规约》相比，意大利军事刑法典作为国内法律，更加注重服刑人员的人身危险性以及再犯的可能性。特别是针对军人身份，在服刑内容上进行了凸显军事特色的专项化规定，强调了军人应履行的军事服役义务。

第五章　打击战争罪的国际合作

1998 年，在意大利首都罗马召开国际外交全会，通过了成立国际刑事法院的决议。意大利作为国际外交全会的东道国，更是积极推动了国际刑事法院的发展，并在其国内开展了一系列相关法律的修订，以承担作为国际刑事法院成员国的责任。

第一节　战争罪与国际刑法的普遍管辖

由《罗马规约》第 12 条和第 13 条行使管辖权的规定①可知，国际刑事法院把普遍管辖权与国际核心罪行联系在一起，其对国际社会带来的影响远远大于 2000 年在比利时所通过的万国管辖权法。这意味着国际刑事法院从此以后可以通过普遍管辖权的权能，在世界各地抓捕战犯及其他构成国际核心犯罪的人员，并进行审判和惩处。本节即以普遍管辖权为主要线索，通过展示欧洲几个主要国家的普遍管辖权规定，以及其与国际刑事法院的

---

① 赵秉志、王秀梅译，杨诚审校：《批准和执行国际刑事法院罗马规约手册》，中信出版社 2002 年版，第 378 页。《罗马规约》第 13 条“行使管辖权”规定，在下列情况下，本法院可以依照本规约的规定，就第 5 条所述犯罪行使管辖权：1. 缔约国依照第 14 条规定，向检察官提交显示一项或多项犯罪已经发生的情势；2. 安全理事会根据《联合国宪章》第七章行事，向检察官提交显示一项或多项犯罪已经发生的情势；或 3. 检察官依照第 15 条开始调查一项犯罪。

合作关系，呈现各国对战争罪犯罪行为人的追捕和打击情况。

一、国际犯罪与普遍管辖

从理论上而言，构成国际犯罪，犯罪行为应至少具备以下三个要素之一：国际性、跨国性或国际必要性①。而战争罪作为国际犯罪，对它的认定也正体现了国际犯罪的基本特质，国际社会首次正式认定国际犯罪是在第一次世界大战之后签订的《凡尔赛条约》中。在当时的德国莱比锡审判中，确立德国皇帝威廉二世在第一次世界大战的违法行为构成“反人类和平罪”。国际社会就此认为，应当对严重损害国际社会共同利益和全人类基本权利的犯罪行为进行统一认定，形成系统化的国际犯罪概念，通过全世界范围的力量打击这些严重的违法犯罪行为。

当然，现在对国际犯罪的考量不仅是对上述三个要素的简单衡量，还涉及不同国家之间的政治、法律、利益因素，以及国际社会共同认可的人道主义保护利益等。国际犯罪与认定普通刑事犯罪相比，涵盖了更多的政治因素，但这种政治因素的影响又是严格依附于合法性标准之上的。这体现为国际刑法严格遵守罪刑法定原则，包括在立法制定上和司法审判上对罪刑法定原则的遵守，如各国对国内法律规定中战争罪的认定，基本都是根据国际公约的规定进行相关行为概念的制定；同样根据罪刑法定原则，在国际刑法领域可以推出对法无溯及力和法律面前人人平等原则的遵守。在这方面国际刑法则更加凸显平等原则，因构成国际犯罪，特别是像战争罪这种国际核心罪行，往往涉及犯罪行为人为国家首脑，动用国家资源发动武装冲突。同样要接受有权国家司法管辖权或是国际组织管辖权的

---

① 黄风、凌岩、王秀梅著：《国际刑法学》，中国人民大学出版社2007年版，第111页。

审判和惩处。

而普遍管辖原则作为国际刑法的基本原则之一，意味着刑事管辖权突破了行使管辖权传统考量的领土、行为人国籍、保护利益等因素，使得一个国家或是国际机构的司法管辖权扩张至世界范围，对列入管辖范围的罪行具有管辖权效力。普遍管辖权的启动可视为在全球一体化浪潮中国际法的重要发展，因为普遍管辖原则体现了国际社会对国际核心罪行的共同认识，打击侵犯全人类基本权利罪行的重要性。依据传统国际刑法理论，可归入普遍管辖权范围的罪行有：（1）国际社会认为最严重的国际犯罪，如战争罪、灭绝种族罪等；（2）在国际公约中已有明确规定的罪行或严重犯罪行为，如日内瓦第四公约；（3）国际犯罪或跨国犯罪，特别是那些对全人类社会基本道德良知造成严重损害的罪行，实施之后面临国家不愿意管辖或无法行使管辖权的情形时，通过普遍管辖权的权能，由其他国家或国际组织行使普遍管辖权，以惩处严重的罪行。

战争罪作为国际核心罪行，在国际刑事法院行使管辖权的范围之内，并且也符合规定有普遍管辖权国家的司法管辖权范畴。因此，普遍管辖权与战争罪的研究是密不可分的。

二、普遍管辖权规定

普遍管辖权，是指无论被控犯罪之人的国籍、居住国与起诉国关系如何，即使该罪行是在起诉国领土之外犯下的，该国也可以对该犯罪之人行使刑事管辖权。由于其所犯罪行被认为是危害全人类的，并且罪行极为严重，不容有管辖权投机，因此任何国家都有权对其加以惩罚。

（一）德国

德国作为国际刑事法院的缔约国之一①，在加入国际刑事法院之后由司法部领衔成立了专门的工作组，旨在将国际刑事法院章程《罗马规约》转换为德国的国内法律，即之后形成的德国国际刑事法典，以此使德国司法也可对《罗马规约》规定的一些国际核心罪行进行打击和惩处。

德国国际刑事法典除了赋予德国法院对国际犯罪的审判和惩处权力外，还规定了普遍管辖权，这意味着德国法院可以无须考虑国籍、行为地点和行为人等传统的管辖权因素而直接获得对国际犯罪的管辖权。普遍管辖权规定在德国刑事诉讼法中，以及德国国际刑法典的第 1 条。根据上述规定，追诉在德国国内的国际犯罪，列入德国的刑事司法体系管辖范围，惩处严重损害全人类基本权利的罪行，对犯罪行为行使管辖权首先要适用属地管辖权，或是行为人或受害人的国籍。其次通过国际刑事法院或国际特殊刑事法庭规定的保护性管辖权，或是通过第三国的管辖权，即普遍管辖权。德国刑事诉讼法典修订之前的第 153 条也采纳了普遍管辖权，但为了避免因应对国际刑事犯罪而不断扩张的刑事管辖权，从而在修订时加入了法定的限制情形，即“有合理理由的情形”。

德国刑事诉讼现行的义务原则源于法律面前人人平等这一绝对原则。值得一提的是，德国宪法没有将该责任赋予德国联邦检察机构，而只赋予了法院。就这一点而言，需要提及欧洲法律的历史性：现行德国刑事诉讼法典第 152 条规定的德国检察机构的权力事实上源于 1808 年拿破仑法典的问讯体系和其他一些控诉权。根据这种体系，并非所有的犯罪都需提起控诉，而应根据重

---

① 德国在 2002 年 6 月 21 日通过法律批准加入国际刑事法院。

要性予以划分，通过合法原则和选择性原则进行操作，选择性原则的标准是直接源于法律适当性，只关注那些具有一定严重程度的犯罪行为。

德国对普遍管辖权的适用是其承担签署国际刑事法院章程的国际责任的体现。虽然地域因素是刑事诉讼程序的实体保障，同时也是重现犯罪行为的重要因素之一，但德国所创建的普遍管辖权仍包括了犯罪嫌疑人从未出现在德国境内的情形。这意味着即便受害人不是德国国籍并且犯罪行为人也不在德国境内，也没有理由认为其会在可预见的期限内回到德国，德国法院仍然具有管辖权。

德国国际刑事法典的规定表明普遍管辖权的适用首先是为了确保对犯罪行为人进行惩罚，无论犯罪实施地点是在德国国内还是在其他国家，从这个意义上来看，犯罪行为与德国有无关系似乎无关紧要。然而，一旦犯罪行为与德国有所联系，那么德国就可以为了将其提交国际刑事法院而展开相应的调查。

（二）比利时

1993 年，比利时通过《关于惩罚严重违反国际人道主义法律行为的法案》确立了普遍管辖权的立法，同时这个法案也是比利时国内批准日内瓦四公约及其两个附加议定书的标志。该法案对相关犯罪行为进行了极为广泛的列举，包括了 20 种“严重违反行为”。1999 年，比利时通过对上述法案的修订进一步扩大了反人类罪和灭绝种族罪的行为，新增了和平时期和战争时期的战争罪。同样，还在刑事诉讼法典中涉及了因行使普遍管辖权在调查中可能出现的受害者的权利规定。

该法案第 7 条规定了比利时法院有权对法案内列明的犯罪行为，在不考虑行为实施地点，犯罪嫌疑人是否出现在比利时境内这些因素即拥有司法管辖权。该条款的设立首次确立了在法律生效期内对被告人缺席的普遍管辖权。如比利时的检察长在2001年9月要求法官对以色列总理沙龙展开调查，其对巴勒斯坦难民营中23名巴勒斯坦人的屠杀承担责任，虽然比利时法院认为对沙龙的调查程序是可受理的，但以色列曾否认了比利时的立法和国际刑事法院《罗马规约》中规定对沙龙展开刑事诉讼程序的权力①。因此，以色列在1983年成立了专门的调查委员会，针对沙龙在巴勒斯坦难民营中实施的屠杀行为展开调查，从而排除了其他司法审判进行干预的可能性。

当然，大量行使普遍管辖权必然会带来相应的政治压力，鉴于此，2003年比利时议会删除了一系列法案，不仅涉及适用普遍管辖权的法律规范，还包括对主动或被动国籍原则的管辖权，从而在实际中改变了比利时法院运用普遍管辖权打击战争罪、反人类罪和灭族种族罪的可能性。实施犯罪行为人是比利时公民或非比利时公民，同样包括在实施犯罪行为时居住在比利时境内的人员，比利时均能够行使刑事管辖权。另一个推动比利时缩小行使普遍管辖权范围的原因在于国际刑事法院成立时所确立的普遍管辖权原则，以及在此之后其他国家相继修订关于普遍管辖权的规定。

(三) 西班牙

西班牙是大陆法系较早规定普遍管辖权的国家之一，早在

---

① 赵秉志、王秀梅译，杨诚审校：《批准与执行国际刑事法院罗马规约手册》，中信出版社2002年版，第380页。《罗马规约》第17条规定了国际刑事法院的补充性管辖权："（一）考虑到序言第十段及第一条，在下列情况下，本法院应断定案件不可受理：1. 对案件具有管辖权的国家正在对该案件进行调查或起诉，除非该国不愿意或不能够切实进行调查或起诉；2. 对案件具有管辖权的国家已经对该案进行调查，而且该国已决定不对有关的人进行起诉，除非作出这项决定是由于该国不愿意或不能够切实进行起诉。"

1984年西班牙就在其刑法典第23条作出了普遍管辖权规定。根据该规定，只要在西班牙领土、领海、船只、领空实施了针对西班牙公民或外国人的犯罪行为，或者只要在实施法律规定的犯罪行为之前获得西班牙国籍，那么西班牙法院就对此享有管辖权，而无须考虑国家是否签订了国际公约。此外，该保护性管辖条款的涵盖范围十分广泛，其涉及了多样化的犯罪类型和不同性质的犯罪，比如灭绝种族罪、出于恐怖主义目的割除女性生殖器官以及刑法规定的反人类罪等。

由此可见，西班牙刑法典规定的普遍管辖权已经拥有了十分广泛的适用空间，但在2007年西班牙立法者再次扩大其适用范围，将移民团伙犯罪、非法贩卖人口犯罪等都归于其中。因此，普遍管辖权不仅涵盖了违反人类利益的犯罪，即对国际社会核心利益的犯罪，甚至包括了一些国家难以追诉的跨国犯罪，这些犯罪是在有组织犯罪团伙支持下多次实施的犯罪行为。但在2009年，西班牙在普遍管辖权的规定上出现了立法反复的趋势。最终经过国家听证会和西班牙议会的批准，该国对西班牙司法主权有权追诉的战争罪的普遍管辖权作出调整。根据新的规定，仅当战争罪受害者具有西班牙国籍或是行为人出现在西班牙境内，以及案件的其他情形与西班牙有联系时，西班牙才可行使普遍管辖权。同时，这次调整还对西班牙刑法典第23条作出了进一步限制：对同一犯罪行为，西班牙国内法院与国际刑事法院管辖权发生冲突时，在犯罪行为实施国或是国际刑事法院没有进行的刑事程序，即在两诉竞合时，西班牙应放弃已在外国刑事诉讼程序中或国际司法机构的程序情形中的管辖权，即对上述案件西班牙法院不予受理。在两诉竞合时，西班牙放弃已存在于外国刑事诉讼程序中或国际司法机构的程序情形中的管辖权，即对上述案件西班牙法院不予受理。

在上述提到的西班牙缩小普遍管辖权的国家听证会上，强调了并不存在违反合法性原则的前提，因为从实施犯罪那一刻起，习惯法禁止对同样的行为和被告人自开始着手准备实施行为起就已有足够的认识能够承担适当的刑事责任。法院的决定是倾向于对危害人类罪的被告人在外国实施行为行使适当的司法管辖权。

总之，普遍管辖权的基础是与国际规范或是习惯法相联系，如反人类罪的核心在于其损害了全人类和国际社会的共同利益。因此，行使普遍管辖权并不排除通过第三国的辅助来获取证据或诉讼相关信息，以免犯罪行为在这个国家实施但没有进行或开始刑事诉讼程序，或是刑事诉讼程序因受到干涉而导致无效。

根据前文所述，西班牙在对普遍管辖权进行修订时，将西班牙法院行使普遍管辖权的情况限于受害者或刑事责任人具有西班牙国籍时，西班牙最高法院正是援引该点，在危地马拉案件①中以受害人具有西班牙国籍为由行使了管辖权，而其排除域外管辖权则是因为考虑到缺席审判的可能性。最终，西班牙不承认被动国籍标准能够作为行使普遍管辖权的原因。

综上所述，无论是出于司法、经济因素还是合理性标准，刑事诉讼程序的启动都应当与实施犯罪行为地，特别是诉讼目的相关。对某些特别严重的犯罪——灭绝种族罪和酷刑——的起诉和审判都是为了保证受刑法保护的国际社会利益，而对这些利益的保护都应是责无旁贷的，以及在西班牙国外针对潜在受害人实施的预备犯罪行为，都是西班牙无条件行使普遍管辖权的情形。

（四）意大利

在 2002 年意大利议会提出的《根据国际刑事法院章程调整

---

① 西班牙法院在 2000 年针对危地马拉 1978-1986 年在其境内实施的暗杀、酷刑和非法关押行为，判决危地马拉国家犯有灭绝种族罪。

国内法律》的法律提案中，立法者着重解决两个问题：首先是普遍管辖权；其次是强调缔约国的义务，即对国际刑事犯罪行为人进行起诉或是通过引渡提交至适当的法院，即或引渡或起诉原则。但在当时意大利立法与普遍管辖权仍存在一定的距离，主要是考虑到普遍管辖权在具体司法实践中的适用。意大利刑法的适用原则包括属地原则、属人原则和保护原则，即普遍管辖权（包括犯罪行为人或受害人不是意大利公民或是罪行没有对意大利国家造成损害的情形）。此外，其突出了管辖权适用的补充性特征，即在另一个国家或是国际刑事法院已经进行刑事诉讼时，意大利不再行使管辖权。

2002 年之后意大利国内进行了更多的立法改革和更新，以适应加入国际刑事法院之后所需承担的责任。2002 年 6 月 19 日颁布的“意大利关于立法打击全球国际刑事犯罪的现行责任法律[①]”，其中第 2 条正式规定了普遍管辖权，现行责任是源于意大利所签署的 1949 年日内瓦四公约和 1977 年的两个附加议定书，以及国际刑事法院章程。根据意大利刑法典第 7 条的规定，对意大利公民或外国人在意大利境外实施了下列国际罪行享有管辖权：（1）灭绝种族罪；（2）反人类罪；（3）战争罪。

关于普通管辖权适用的标准，上述意大利立法性文件主张以补充性管辖为原则，即犯罪行为人或受害人不是意大利国籍，或犯罪行为不在意大利境内完成，并且也没有其他国家或国际刑事法院进行刑事诉讼程序时，意大利法院才会予以管辖。同时，法律还规定加强成员国对国际刑事法院管辖犯罪的义务，即或引渡或起诉义务。

2004 年，意大利最高法院在费里尼诉德国一案中正式援引

---

① http：//legislature. camera. it/-dati/leg14/lavori/stampati/sk3000/articola/2881htm，最后访问日期：2018 年 9 月 1 日。

了普遍管辖权条款。在该案中，原告费里尼要求德国对其军队在第二次世界大战期间违反国际人道基本原则的行为，尤其是在意大利境内对其本人带来的伤害予以赔偿。法院认为德国军队在第二次世界大战期间违反了人道主义法律所保护的全人类的基本权利，判决其必须承担刑事责任。意大利最高法院在案件中否决了德国的国家豁免权，法院在作出上述判决之后，对德国在意大利境内的财产进行了执行。

在上述案件中，意大利对德国在第二次世界大战期间严重违反国际义务的认定表明，在涉及保护基本人权的司法管辖与国家豁免之间，强行法的效力高于规定豁免权的法律。正如意大利最高法院所述的那样，意大利国内管辖权面临扩大发展的趋势，需要重建对其他欧洲和欧洲之外国家的效力，包括法律规范和管辖权规定，以解决强行法和保护国家豁免权之间的矛盾①。强行法的核心特征在于对全人类基本利益的强调和保护，因此意大利国内法律的调整是为了与国际习惯法相符，即通过特殊程序与国际接轨。其产生的直接效果就是重新调整了强行法的适用范围，如保护人道主义法律规范、禁止驱逐和强制进行强体力劳动等战争罪中的典型行为。实际上，意大利最高法院还从国际公约和国际司法角度，对驱逐和强行进行强体力劳动的犯罪行为，指出其约束性特征并强调应对国际习惯法进行必要的调整。

实际上，这些问题的核心就是对个人犯罪行为能适用普遍管辖权，但在国家适用豁免权时就无能为力。第二次世界大战期间，德国实施的犯罪行为并不限于意大利境内，而在意大利境内实施的战争犯罪行为事实上已构成了国际刑事犯罪。特别是这些

---

① 意大利最高法院认为，豁免权造成了人道主义法律保护利益的行使障碍，人道主义法律所保护的是国际社会的核心利益，代表了国际公约和法律规范的原则精神。

系统化或是密集化的行为严重侵犯了全人类的基本权利，因此法律应没有例外地实施保护，联系到国际法律规定，同样也是对国际社会的核心利益造成了损害。

对国家豁免权的限制是由国际社会承认的，在其行使超越主权的权力，包括在战争行动中实施核心犯罪时，对主权国家的进一步限制。在此情形中，通过严重的犯罪行为所违反的规范旨在保护人类的核心利益。这种行为在实质上就是滥用国家权力，因此不能通过其他可能的方式援引对主权国家的司法豁免权。

意大利最高法院作出的这个判决无疑具有极大的创新意义，它体现了豁免权规则和保护利益之间的关系，以及国内普遍管辖权的司法适用。判决认定在犯罪行为对全人类基本权利造成损害而构成国际刑事犯罪时，对司法豁免权的规定与个人权利具有相同效力。因此，保护对人类不可剥夺权利的法律，就是构建意大利司法管辖权的基础框架，也是在效力上优先于司法豁免权的法律规定。从这个意义上来看，民事权利的价值源于对人类基本权利的保护，显然具有合法性。

三、国际刑事法院的管辖权

与以往的国际刑事特殊法院不同，国际刑事法院不是通过联合国安理会的决议成立的，而是通过各个参与国达成的多边协议设立。1998 年，在意大利罗马举行的国际外交全会通过的《罗马规约》由各个国家签署并批准，创建了国际刑事法院。因此，与之前的国际刑事特殊法院不同，国际刑事法院不是联合国安理会针对紧急状态而专门建立的国际司法机构，因此不在联合国安理会的框架体系之中。

国际刑事法院是国际社会为打击和惩处国际刑事犯罪而共同组成的国际常设性刑事司法机构。这一国际刑事司法机构具有高度的独立性，其宗旨是通过阻止并惩罚大规模残暴行为来维护国际社会的和平和安全。需要强调的是，国际刑事法院选择了独立于联合国安理会的模式，一方面意味着国际刑事法院与联合国其他机构并无特别紧密的联系；另一方面意味着其在一定程度上脱离了《联合国宪章》的束缚。从一定意义上说，其是第三方司法权力的例证，也代表了全球化时代新的司法自治理念。当然还要提到美国因素，其作为国际刑事法院的发起国，并在初期大力推动国际刑事法院的建立，但最终却选择退出。

国际刑事法院的章程《罗马规约》规定，国际刑事法院有权对实施“国际关注的最严重犯罪”的人行使管辖权，并且还规定“本法院的管辖权和运作由本规约的条款加以规定”。根据《罗马规约》规定，国际最严重犯罪包括灭绝种族罪、危害人类罪、战争罪和侵略罪。国际刑事法院的管辖权不具有溯及力，即只针对《罗马规约》通过之后的罪行具有管辖权。另外，在《罗马规约》生效之后才加入国际刑事法院的缔约国，国际刑事法院只对该国加入之后实施的犯罪行使管辖权，除非该国根据规约规定的已经提交声明。

非国际刑事法院签署国不能将在其境内实施了国际核心罪行的国民交给另一签署国。国际刑事法院仅在有关国家不愿或不能时才行使管辖权。这是国际刑事法院管辖权很重要的一项特征，即补充性管辖权。

根据《罗马规约》第 13 条规定，安全理事会根据《联合国宪章》第七章行事，向检察官提交显示一项或多项犯罪已经发生的情势。安理会通过其清晰的权力规定，能够对成员国附加与国际刑事法院合作的义务，实施了国际犯罪的犯罪行为人在其境内则负有提交义务。

根据 2005 年联合国安理会针对达富尔情形作出的第 1593 号

决议，尽管苏丹并不是国际刑事法院的签署国，但检察官仍有权对当时的苏丹进行调查。在此基础上，国际刑事法院在 2007 年 5 月 2 日发布了两份逮捕令，分别针对苏丹前内政部部长，同时也是当地的军事领导人和苏丹总统奥马尔·巴希尔，后者被控犯有反人类罪和战争罪。国际刑事法院同时声明，苏丹不得对上述人员行使豁免权，而且不得拒绝与国际刑事法院合作。

值得肯定的是，国际刑事法院的成立为国际社会带来了多方面的正面影响，如关于普遍管辖权的规定构建了在国际社会中对国际犯罪予以追诉和惩处的共同方法，既保证了统一的管辖权适用，又对国内管辖权起到了补充作用。国际刑事法院的普遍管辖权是在一国国内司法体系没有能力在其境内进行刑事诉讼，或不愿、不能进行刑事诉讼时才发挥作用。可见，没有能力、不能和不愿对犯罪进行追诉和调查这三种情形的概括正是国际刑事法院行使普遍管辖权的核心因素，国际刑事法院作为现实存在的备选机制发挥了对实施国际刑事犯罪人员的追诉和惩处作用。

由于《联合国宪章》第七章和《罗马规约》第 16 条都是对推迟调查和起诉的规定，因此国际刑事法院的司法管辖权和联合国安理会权力之间的划分并不清晰，实际上也无法实现权力完全清晰的分割，但不容否认的是，作为国际社会当前两个最重要的组织机构，它们都对维护国际社会的和平和安全起到了巨大的作用。

《罗马规约》第 2 条以及在此基础上于 2004 年 10 月 4 日签订的新的协议构成了调整联合国安理会和国际刑事法院关系以及促进二者合作的基础。在管辖权方面，《罗马规约》第 12 条规定了管辖权的先决条件：“（一）一国成为本规约缔约国，即接受本法院对第 5 条所述犯罪的管辖权。（二）对于第 13 条第 1 项或第 3 项的情况，如果下列一个或多个国家是本规约缔约国或依照第 3 款接受了本法院管辖权，本法院即可以行使管辖权：1. 有关行为在其境内发生的国家；如果犯罪发生在船舶或飞行器上，该船舶或飞行器的注册国；2. 被告人的国籍国。（三）如果根据第 2 款的规定，需要得到一个非本规约缔约国的国家接受本法院的管辖权，该国可以向书记官提交声明，接受本法院对有关犯罪行使管辖权。该接受国应依照本规约第九编规定，不拖延并无例外地与本法院合作。”可见，国际刑事法院管辖权的基础条件是通过对犯罪人的国籍或犯罪行为地点进行规定从而体现了对管辖权的限制。但是，国际刑事法院的普遍管辖权赋予了法院对犯有战争罪、灭绝种族罪和反人类罪的人员的普遍管辖，而不论行为人国籍及行为实施地点；同样，若国内刑法没有对《罗马规约》的国际刑事犯罪作出相应规定的罪行，联合国安理会可以提交至国际刑事法院进行审判。

国际社会对安全的共同需求促进了特殊法庭的出现，特殊法庭的出现也表明国际社会希望通过建立强有力的司法、执法机构来保障国际法的正确运行。

第二节　打击战争罪的国际经验

战争罪作为国际犯罪，毫无疑问对全人类和国际社会的基本利益造成了严重损害，因此对战争罪的打击和惩罚肯定需要各个国家的参与和共同努力。现今国际社会虽然进入了一个整体和平的状态，但战争罪行仍不时在世界各地发生，国际刑事法院的建立也正是为了打击和保障不漏惩国际犯罪的罪行。本节主要介绍国际社会在战争罪方面的合作历史和现状，通过对国际社会战争罪的打击和惩处历程的研究，探析定义和惩处战争罪的进程，以及意大利打击战争罪的立法规定和司法实践。

一、《凡尔赛条约》

《凡尔赛条约》是第一次世界大战后（1919–1920 年）在法国巴黎召开的和平议会上，由当时的世界“四巨头”，即英国首相、法国总统、美国总统和意大利总理发起的一份代表国际社会共同和平的协议。该条约分为 16 个部分，共 440 条，共有 44 个国家于 1919 年 6 月 28 日在巴黎市郊的凡尔赛宫签订这一条约。《凡尔赛条约》实际是针对当时各国与德国各自签订不同的和平协议的情况，为了维持国际社会的整体和平，因此统一签订了国际社会共同和平协议。该条约批准建立具有国际法庭性质的机构——国际联盟，以承担调停之责，避免国家之间因冲突而引发新的战争。因此，《凡尔赛条约》前 26 条规定了有关国际联盟的内容。

当然，《凡尔赛条约》更重要的部分是对当时属于德国的殖民地进行了重新划分①，其第 156 条将中国山东划归日本而不是归还中国，这直接导致了“五四运动”的爆发，中国也因此拒绝签署《凡尔赛条约》。总体而言，《凡尔赛条约》极大地削弱了德国各方面的实力，如限制德国军队的数量，将陆军人数限制在 10 万以内。同时，《凡尔赛条约》还建立了战争赔款理事会以处理德国的战争赔款事宜，最终赔款额达到了 330 亿美元，如此

---

① 根据《凡尔赛条约》规定，（1）法国重新获得了阿尔萨斯和格林地区。（2）北石勒苏益格经过公投，回归丹麦。（3）承认波兰独立，并给予波兰海岸线；把原属波兰的领土归还，包括西普鲁士、波森省、部分东普鲁士及部分上西里西亚；东上西里西亚给予捷克斯洛伐克；但泽由国际联盟管理，称为但泽自由市。（4）割让尤本及萨尔梅迪给比利时；克莱佩达地区给立陶宛（1923 年）。（5）萨尔煤矿区由法国代管 15 年，然后由公民投票决定其归属。（6）德国承认奥地利独立，永远不得与它合并。（7）承认卢森堡独立。

高额的赔款也导致了魏玛共和国的灭亡，以及希特勒作为纳粹党党首的上台，后者则发动了第二次世界大战。美国并未签署《凡尔赛条约》，在 1918 年的美国国内选举中，共和党赢得了国会的选举并两次拒绝签署《凡尔赛条约》，以抗议国际联盟的设立和表达对过高的赔款总额的不满。其结果是美国于 1921 年单独与德国谈判并签订了《柏林条约》，该条约确认了《凡尔赛条约》所分配的赔款数额和其他事项，但同时排除了所有有关国际联盟的条款。

显然，《凡尔赛条约》各个签署国都抱有各自的目的并力争实现自身利益的最大化，这导致条约并未起到维护世界和平的作用，因为强加给德国的高额赔款直接导致了德国国内经济恶化，并推动纳粹党上台和之后第二次世界大战的爆发。回顾历史，《凡尔赛条约》所赋予的世界和平的意义更多地被政治势力瓜分世界的意图所取代。

根据《凡尔赛条约》规定，作为国家首脑的德国皇帝构成了反和平罪，提出应对其进行审判，并对其战争犯罪行为进行了刑事处罚，由其对严重残酷行为负责①。事实上，在 1915 年至 1923 年的亚美尼亚大屠杀中造成了超过 60 万人死亡，而在 1915 年至 1917 年所谓的准备行为中，亦有超过 2 万人被害，上述行为也被定为反人类罪。然而，这些诉讼因政治原因从未被付诸实践：德国皇帝不仅未被审判，甚至未接受过任何调查，而有关反人类罪的调查和追诉也在美国和日本的干涉下被搁置。

1923 年 7 月 24 日，德国与土耳其签订的《洛桑条约》保证对未来的任何犯罪行为实施赦免。这场共有 2 万人参加的战争，

① 根据《凡尔赛条约》第 227-230 条规定，由盟国建立的国际法院对德国皇帝及其他附随人员进行审判，认为这些人员在战争中的行为违反了国际道德、国际公认的健康待遇，以及违反战争法律和习惯法。

却只有 21 人在德国最高法院被予以刑事审判，其中 12 人被最终定罪判刑。在第一次世界大战和第二次世界大战之间，国际社会有两次建立国际刑事法院的尝试，但都未获得成功。第一次是在 1926 年，由当时的国际刑法协会提出，尽管这次努力由于缺乏政治支持而没有后续，但不可否认的是，国际刑法协会直到今天仍然存在，并在推动国际刑法研究和实践中发挥着重要作用。第二次尝试是在 1937 年，由国际联盟签署了一份反恐怖主义公约，其中包含国际刑事法院的条款，但仅有印度批准，因此从未被实施过。

《凡尔赛条约》第 227 条和第 228 条通过对占领区、调停者的重新规定[①]，重新阐释了战争的概念。根据该条约规定，德国皇帝威廉二世因为违反了国际道德标准和条约不可侵犯的权力而应负战争罪的刑事责任，这是国际社会首次定义了战争罪，即实施了违反战争法律和战争习惯法的行为。回顾人类社会的那段历史，虽然最终没有给出战争罪的典型定义，但是在一定程度上推动了对战争罪的研究。

总之，《凡尔赛条约》区分了违反战争法律的战争罪行为，相对于之前的国际法律和公约，这是一个极大的创新。根据该条约第 228 条确立了由盟国行使对战犯进行审判的权力，其中第 3 款确立了战败国对战胜国的交付义务，即应交出犯有战争罪的公民。另外，首次出现了针对战争罪的国际专门司法机构，并明确阐述了国际法不能接受一个国家的管辖权超过限制而凌驾于另一国之上；现代战争的观念应当是一国对另一个国家的违法行为，而不是单个群体或是个人对另一个群体或个人的战争行为。特别重要的一个创新之处是，针对 1929 年《关于战俘待遇的日内瓦

① www. centrodirittiumani. unipd. it，最后访问日期：2018 年 10 月 30 日。

公约》只将部分行为规定为战争罪的局面，将战争行为的侵略性和侵略者确立为侵略罪而成为新的国际犯罪罪名。

二、纽伦堡审判

从1945年11月20日到1946年10月1日，国际社会在德国纽伦堡对第二次世界大战中的主要欧洲战犯进行了刑事审判。正是在这次审判中，国际社会第一次给出了战争罪的定义。1945年8月8日共有23个国家①在伦敦签订了《纽伦堡公约》，该公约第6条规定，对犯有严重战争罪的欧洲战犯进行“追诉并惩罚”。事实上，该公约共分为三个部分，分别为“反和平罪”“战争罪”“反人类罪”。这些犯罪依照有关国家签订的协议，由拥有管辖权的法庭进行审判，之后逐渐发展为对个人实施的违反国际法行为追究刑事责任。

《纽伦堡公约》是国际社会第一次系统地对类型化犯罪作出明确的规范，并对这类犯罪行为的具体构成形式进行列举。因此，在解决违法行为是否构成国际犯罪的问题上，该公约肯定了伦敦协议的模式，通过对犯罪行为采用罗列的立法模式，简化庭审和对行为的惩罚，满足了缔约国的要求，即用更加实用的方法对犯罪行为予以惩罚。在此基础上，有管辖权的法庭依据协议内容，把审判对象的罪行划分为前文所述的三类犯罪行为。

《纽伦堡公约》把战争罪定义为“违反战争法律和习惯法的行为”。具体行为如下：故意谋杀；虐待或为强迫进行强体力劳动或其他任何目的对原属地居民实施驱逐；故意谋杀或虐待战俘

---

① 美国、英国、苏联、法国是发起协议的国家，澳大利亚、比利时、捷克斯洛伐克、丹麦、埃塞俄比亚、希腊、海地、洪都拉斯、印度、南斯拉夫、卢森堡、挪威、新西兰、荷兰、巴拿马、巴拉圭、波兰、乌拉圭、委内瑞拉从1945年9月至11月先后加入此协议。

或遇难人员；处决人质；掠夺公共或私人财产；没有目的地对城市和乡村进行毁坏或在没有合理军事目的的情形下实施摧毁行动。由上述可见，战争罪行为的立法除了罗列外，还具有开放式的特征。总体而言，战争罪的内容是以《纽伦堡公约》第6条为核心，其同样是纽伦堡审判依据的核心，即审判并惩罚在第二次世界大战中违反了战争法律，犯有严重的、有组织的且普遍化纳粹行为的人员。纽伦堡审判就此开启了对战争罪具体行为模式进行列举的立法模式。

在审判中，法庭还对反和平罪和战争罪进行了区分。二者的区别在于作为反和平罪的构成核心，实施的战争行为本身是国际社会衡量标准可接受的；而战争罪的核心在于战争行为违反了国际战争法律和国际公约的规定。这两类犯罪存在紧密联系，比如一个国家在没有触犯反和平罪的情形下，该国的军事部队却有可能构成违反战争法律的行为，如在国家受到侵略时，如果该国军队实施了违反战争法律的行为，那么此时尽管其是反和平罪的受害者，但却是战争罪的施加者。

纽伦堡审判从国际社会的价值上看，是对国际相关法律进行了法典化的发展，它开启了司法机构能够借此对欧洲实施严重战争罪的人员进行审判和惩罚的先河。签署国选择通过协议形式建立起司法审判机构的具体操作模式，打破了国际军事法庭需要对模糊的法律规范进行解释的困境。因此可以说在审判实践中对该公约的准确引用，反过来也是对已有公约、习惯法的确认和法典化发展。从这一点来看，无论是公约还是审判都是对习惯法进行纯粹的解释说明。

纽伦堡对战争罪的整个审判过程援引了无数的法律规范，涉及大量的卷宗和对案件具体情节的辩论和审查，包括极大量的文件作为证物呈现。法庭确认了被审判战犯于第二次世界大战期间在欧洲战场犯下了无数的战争罪行为，这些犯罪行为都伴随着十分残忍和令人恐惧的情节，这些罪行从人类战争历史的角度来看也是罕见的。根据纽伦堡审判法官的解释，这些残忍和令人恐惧的犯罪行为正是纳粹关于战争概念的核心。从这时起，“规则、规范、公约和协定”变得没有意义，纳粹以最野蛮的方式实施了战争行为。这些都归属于战争强制力中强大的权力。因此，法庭希望在国际社会公认的道德原则之下，通过国际公约创建出更加人道、更具约束性的限制战争行为发生的法律规范。

之后的法庭审判对象还包括以下违法行为：驱逐德国境内居民以从事强体力军事工作；生产军工品或是其他相似的工作；从占领区大量抓捕平民并实施枪决；有组织地抢夺公私财物为德国及在欧洲战场的德军提供补给；在没有合理理由和军事必要的情况下故意毁坏城市、村庄。这些行为都规定在《纽伦堡公约》第 6 条之中。

因此，法庭认为《纽伦堡公约》第 6 条的规定具有约束性，在确认是否构成“依据国际法的战争罪”时无须诉诸其他行为列表，法庭认为对犯罪行为的确认在两个国际公约中已经明确，即 1907 年 10 月 17 日的海牙四公约和 1929 年 7 月 29 日的《关于改善战地武装部队伤者病者境遇的日内瓦公约》。法庭还专门申明，《海牙公约》第 46 条（荣誉和家庭权利、生命和财产权利，以及国际公约保护的宗教权利）、第 50 条（禁止单个士兵对人群进行集体死刑）、第 52 条（为军事部队需要征用）和第 56 条（当地集体财产、宗教、慈善机构、教育、艺术、文化、科学）；1929 年《关于战俘待遇的日内瓦公约》主要是履行人道主义待遇和保护的义务，特别是当遇到暴力情形时。1929 年《关于战俘待遇的日内瓦公约》第 2 条（禁止对战俘实施报复）、第 3 条（尊重个人和荣誉，尊重对女性的待遇，考虑不同的性别待遇）、

第 4 条（保证战俘合理待遇的义务）、第 46 条（禁止死刑，禁止所有普遍形式的残忍刑罚，包括对人群执行集体死刑）和第 51 条（禁止设立意图逃跑罪）。根据这些条款，对第二次世界大战中的犯罪行为的肯定是有效的。法庭对违反上述条款的个人所实施的行为，根据其过错予以处罚。此外，法庭再次确认了战争罪“开放式”条款的模式，可以援引国际公约对具体行为是否构成战争罪为判断标准，如纽伦堡国际军事法庭当时对 1907 年《海牙公约》的引用。

《纽伦堡公约》作出了相当明确的规定，确认了一些战争罪的准确类型，特别是确认了纽伦堡国际军事法庭拥有的完整管辖权。从对公约规范援引来看，一部分是对国际习惯法或是国际战争法律的引用；另一部分则是对战争罪类型的引用。虽然纽伦堡国际军事法庭在整个审判过程中并没有创立任何新的罪名，无论是犯罪的概念还是构成犯罪类型的衡量标准，但是纽伦堡国际军事法庭确认了对战争法律中概念和规范的接受：如果在此之前几十年中国际公约的管辖权是正确的，国际习惯法建立起对战争中合法行为的认可是有效的，那么对这些规范的违反就构成了“犯罪行为”。

同样，在第二次世界大战的海上战争中也出现了严重的违法行为，如对船只遇难者的谋杀行为，这体现在纽伦堡国际军事法庭对德国海军大将卡尔·邓尼茨（Karl Doenitz）的审判中。邓尼茨曾禁止下属对失事船只的敌方和中立人员进行施救，控方以此为由，指控其故意下令对失事船只的幸存人员进行谋杀，无论是敌方还是中立方人员，法庭认为上述指控是完全成立的，尽管其在最终的判决结果中承认“被告所下的命令无疑是模糊的，应受最强烈的谴责”。此外，英国一个法庭对德国海军第五潜艇舰队指挥官判处监禁刑，其理由是该潜艇舰队人员在遇到载有 5 名敌军飞行员的船只残骸时本应进行下沉，但却滞留在那片水域，使得敌方人员无法进行施救①。事实上，根据日内瓦第二公约，上述行为的确构成了对海上遇难船只幸存人员的故意谋杀罪。《伦敦协定书》② 同样规定潜艇指挥官下令将商船上的乘客、船组人员和航海记录的文件下沉时，在能够救助而没有对失事船只幸存人员提供救助时构成犯罪。因此，纽伦堡国际军事法庭以此认定对卡尔·邓尼茨的指控是充分的。

三、远东审判

1946 年 1 月 19 日开始的远东审判是国际社会另一个专门为审判第二次世界大战亚洲战犯而设立的国际军事法庭。该法庭由 11 名法官组成③，类似于纽伦堡国际军事法庭。庭审大部分是对“反和平罪”进行审理，但也有对日本最高指挥官战争罪的指控。庭审最终在 1948 年 11 月 4 日结束，25 名被告人均被定罪处罚，其中 7 人被判处死刑，16 人被判处无期徒刑，1 人被判处 20 年有期徒刑，1 人被判处 7 年有期徒刑。

四、卢旺达问题国际刑事法庭和前南斯拉夫问题国际刑事法庭

卢旺达问题国际刑事法庭是一个于 1994 年 11 月根据联合国安全理事会第 955 号决议所成立的国际法庭。该法庭的设立目的

---

① Law Reports of Trials of War Criminals, Voulme l. IX. p. 75.

② 1936 年 11 月 6 日通过，作为 1930 年 4 月 22 日《伦敦协定》的第四部分，此协议第 2 条规定，在没有其他的预留位置为安全保证的情形时，同样禁止将商船上的乘客、船组人员和航海记录的文件故意沉入海中。

③ 11 名法官分别来自澳大利亚、加拿大、中国、菲律宾、法国、印度、新西兰、荷兰、英国、美国、苏联。

是审理1994年1月1日至1994年12月31日于卢旺达境内实施的种族灭绝和其他严重违反国际人道主义的行为，以及这一期间于邻国境内从事种族灭绝和其他类似违法行为的卢旺达公民[①]，他们都被定义为违反1949年日内瓦第三公约及其第二附加议定书的罪行。卢旺达问题国际刑事法庭审理的范围为灭绝种族罪、危害人类罪以及战争罪。

前南斯拉夫问题国际刑事法庭设在荷兰海牙，是联合国安理会的附属机构之一。1993年，联合国安理会审议和通过了第808号决议，决定针对前南斯拉夫的特殊情况，成立一个国际法庭，以制止严重的违反国际人道主义法的行为，并将犯有这种罪行的人绳之以法，恢复与维护世界和平。同年5月25日，安理会通过了附有《前南斯拉夫问题国际刑事法庭规约》的第827号决议，前南斯拉夫问题国际刑事法庭成立，专门负责审判自1991年以来在前南斯拉夫境内违反国际人道主义法律的犯罪嫌疑人[②]。

国际刑事法庭的创立代表着国际社会对国际核心罪行的关注和当时对某一地区严重罪行的惩治，特别是前南斯拉夫问题国际刑事法庭作为首次且具有历史性意义的国际法庭，开创了由国际法庭审理国内战争罪犯的先例。肯定了对战犯的追诉和个人刑事责任的适用。前南斯拉夫问题国际刑事法庭章程规定了法庭对自1991年在前南斯拉夫境内违反国际人道法刑事责任人追诉的权

---

① http：//zh.wikipedia.org/wiki/%E5%8D%A2%E6%97%BA%E8%BE%BE%E9%97%AE%E9%A2%98%E5%9B%BD%E9%99%85%E5%88%91%E4%BA%8B%E6%B3%95%E5%BA%AD，最后访问日期：2018年9月9日。

② 截至2005年6月，前南斯拉夫问题国际刑事法庭已由成立之初的13名工作人员发展成为拥有来自74个国家共1061名工作人员的庞大机构。http：//www.icty.org/，最后访问日期：2018年9月9日。

力；以日内瓦四公约规定的严重违反行为为基础；并规定了法庭对违反战争法律和战争方法行为的追诉权力。前南斯拉夫问题国际刑事法庭针对塔迪奇的控诉案件规定了两个基本条件，即以武装冲突为必须要件和所控诉的行为必须与武装冲突有联系。

虽然这些国际司法实践缺少了普遍管辖权规定——没有将国际公约与武装冲突的法律相联系，也没有对这些特定行为适用普遍管辖权作出特殊规定——但对战争罪的多样化定义极大地丰富并发展了战争罪的学说，而且在国家法律层面实现了保证法律存在和适用的基础是为了预防和打击战争罪，即日内瓦四公约第一附加议定书的规定，这些条款的制定也包括了国际习惯法、国际公约，以体现公平和义务为基础，保证遵守并执行国际公约的规定，从而建立起国家权力行使的基础。

五、国际刑事法院

如上所述，我们可以认为在第二次世界大战之后，国际社会已经具备了较为完善的战争法律，但随着科学技术的飞速发展，成文法律规范在面对军事武装部队使用新型战斗装备时总是显得无所适从，更重要的问题在于国际公约在实施时的缺陷显而易见：首先，在国际社会缺少一个能够对违反公约的行为进行相应的刑事处罚的超国家司法机构；其次，相关的条文规范过于模糊。比如日内瓦四公约第一附加议定书第 51 条（对平民的保护[①]）可能会导致对军事行动这种具体且直接规范的“过分”遵守，因此一般性的法律规范会走向极端化的发展，但同时也导致在具体的操作层面惩罚措施的缺乏。此外，还要考虑到国际关系的发展和尊重人民自主决定权原则也推动了战争法律的发展。这个原则对交战双方都是一样的，以此建立起了战争法律中最核心且不可消除的传统：对冲突双方的定位——是挑衅方还是被挑衅方，国际法中不再存在“中立方”的概念。日内瓦四公约第一附加议定书的序言部分不仅仅规定了国家的义务，还体现了对联合国章程的确认，即避免在相关国际公约中威胁或武力胁迫另一个拥有主权、自治且独立的国家。另外，战争使人性丧失导致各个国家必须投入更多的精力以解决战后的影响问题。虽然在此之前国际人道主义法律致力于遏制国家使用超出国际社会容忍的武力，然而当国家有各自政治或是战争需求时，这些标准常常被忽略。直到国际刑事法院的成立才改变了这一尴尬境况，并给国际社会战争法律的改革带来了全新的观点和新的推动力。

（一）国际刑事法院的补充性原则和恢复性司法

2010年国际刑事法院的修正案对补充性原则作出了进一步的规定。据此，若在当地无法完成或推进办案程序时，在必要的合理时间内，国际刑事法院能够干预刑事诉讼进程。犯罪人和受害人与代表委员会见面会谈之后，如果接受了调解协议，则能够避免法院诉讼程序的启动。不同于现在各个国家内部的恢复性司

---

① 日内瓦四公约第一附加议定书第51条规定，一、平民居民和平民个人应享受免受军事行动所产生的危险的一般保护。为了实现这项保护，在任何情况下均应遵守对适用的其他国际法规则所附加的下列各项规则。二、平民居民本身以及平民个人不应成为攻击的对象。禁止以在平民居民中散布恐怖为主要目的的暴力行为或暴力威胁。三、平民除直接参加敌对行动并在直接参加敌对行动时外，应享受本编所给予的保护。

法制度，国际刑事法院提出恢复性司法的特性体现在补充性原则上。国际刑事法院的恢复性司法是建立在国家内部的例外情形上的，是跨国权力补充性的体现：国际刑事法院将其审判付诸实施的有效性是为了避免国家内部为犯罪行为人提供所谓的免罪事由。但现在国际刑事法院还是缺乏一个能够支持其执行有效的法院判决或其他司法决定的理想机制。实际上，虽然国际刑事法院与联合国安理会达成了合作协议，规定由安理会提供包括军事力量在内的后勤支持，但这种临时性的解决方式还是不能满足国际刑事法院作为常设性司法机构的需求。因此，对国际刑事法院而言，更理想的解决方式还是继续遵循与成员国合作义务的规定，并新增对国家首脑的合作义务规定，以满足移交方面的要求；而恢复性司法的道路同样要在尊重国内司法的基础上通过国内的司法体系来完成。

（二）国际刑事法院和欧盟的合作关系

2006年4月10日，国际刑事法院和欧盟在卢森堡签订了合作和互助协议书，合作协议内容涉及范围广泛，这标志着两个组织就此进入了一个新的合作时代，欧盟也成为自联合国之后首个与国际刑事法院建立永久性合作关系的国际组织。

首先，从欧盟角度来看，协调欧盟内部事务的核心规定是欧盟条约对司法的基础规定①，即关于外国政治及公共安全的规定。在刑事领域的警务和司法合作领域，《欧洲联盟条约》第11条规定了可以通过包括进一步协议扩展至在法院公诉活动中的合

① 1992年的《欧洲联盟条约》规定，欧盟由三大支柱组成。第一支柱为“欧洲各大共同体”，涉及经济、社会、环境等政策。第二支柱为“共同外交与安全政策”，涉及外交、军事等政策。第三支柱为“刑事领域警务与司法合作”，涉及共同合作打击刑事犯罪。该支柱的前身是“司法与内政事务部门”。

作，法院则包括主席、上诉法院、一审法院和预备法院、检察官办公室、秘书处、成员国议会秘书长。规定体现了合作协议签署和义务的负担都只针对欧盟。

从国际刑事法院的角度来看，与欧盟达成的合作协议显然与联合国的协议不同。合作协议确认了合作的完整定义，即欧盟与国际刑事法院之间的合作并不是国际刑事法院与欧盟成员国之间的合作。此外，协议还对“欧盟”的范围作了进一步规定，即欧盟包括欧盟理事会、秘书长、成员国代表、欧盟理事会主席、欧洲公共理事会。由此，合作协议明确排除了欧盟单一成员国的义务，并且合作协议不对欧盟成员国及其国家首脑产生义务，上述人员只有作为欧盟领导人时才承担欧盟的协议义务。

在实体层面，合作协议体现了完整的合作框架，其中具有代表性的条款规定是：第 4 条规定了一系列的合作、互助和咨询义务；第 6 条旨在推动对国际刑事法院章程价值和原则的提升；第 7 条至第 9 条及附件部分规定了交换信息的具体义务；第 10 条规定了如果证人来自欧盟，欧盟承担撤销保留义务，并应承担特定义务的职能和代理人；第 54 条规定了国际刑事法院章程对检察官合作，特别是对涉及获取欧盟被关押人信息，以及为获得进一步的证据细节部分，相关请求必须由检察官提出。

《欧洲联盟条约》第 12 条是对特权和豁免权的规定。根据该条规定，如果国际刑事法院认为行为人构成国际犯罪并应承担刑事责任，进而行使管辖权，而该行为人根据国际法享有特权或豁免权，欧盟应履行与国际刑事法院完全的合作义务，即根据欧盟条约以及其他相关条约，且须采取所有的必要措施保证国际刑事法院行使适当管辖权，包括撤销国际法和国际公约规定的特权和豁免权。

不同于单一国家和国际刑事法院签订协议中的豁免规定，欧盟对豁免权的保留、对国际法的豁免权与尊重国际刑事法院的管辖权没有关系。第 12 条要求国际刑事法院与第三国进行合作时，第三国应放弃豁免权和相关特权，并为合作事项提供可能的便利。根据第 12 条的规定，如果法院须对享有欧盟特权或豁免权的人员行使必要管辖权，欧盟机构有义务撤销豁免权。这个义务在实践中适用于所有在欧盟范围内享有特权和豁免权的人员。

《欧洲联盟条约》第 13 条至第 15 条对这两个机构之间合作的具体实践操作作了规定。涉及合作的必要性、人员、工作内容、机构章程的形式和司法互助的技术性规定，如检察官职责以及辩护人规定。

总体而言，欧盟是推动国际刑事法院成功创立和发展的核心力量和重要支撑。在国际刑事法院面向全球化的发展中，欧盟仍扮演着十分重要的角色，展现了其与国际刑事法院在政治、共同安全层面的全面合作，并一直保持着这样的合作态势。

（三）意大利和欧盟刑事司法合作

意大利和欧盟的刑事司法合作同样是由意大利宪法法院通过判决作出回应。意大利宪法第 117 条规定，国家和大区在行使立法权时都必须尊重宪法，包括源于约束性的集体性规范和国际义务。通过宪法法院的阐述能够看出，宪法的最高地位及其对其他法律规定的指导性。2003 年在修订国内法律规范与国际公约保持一致的过程中，意大利宪法法院再次重申了宪法对其他立法的约束力。意大利宪法第 10 条规定，国际协议和双边协定中的限制，在可能的冲突情形中，意大利国内法律与《欧洲人权公约》也必须建立在尊重意大利宪法的基础之上。特别是在司法领域，在适用时对国内法律的解释应与《欧洲人权公约》相适用，但当国内法律和《欧洲人权公约》相冲突时，司法机构不能抛弃国内法律规范转而支持《欧洲人权公约》。

这些申明清晰地展示了意大利宪法法院的态度，即当国际公约与意大利国内法律相冲突时，国际公约的法律效力高于意大利国内的普通法律，但低于意大利宪法的效力。因此，意大利国内司法在面对国内法律和国际公约相矛盾时，必须提交至意大利宪法法院以解决适用法律规范的合法性问题。换句话说，对国际公约的尊重应与意大利宪法相联系，若存在冲突则应由宪法法院宣布普通法律的违宪性。因此，法院的创新性和对国际社会首要基础的认可表明国内普通法律和国际公约之间的协调是相当敏感的，尽管意大利宪法法院认可了《欧洲人权公约》的适用性，即公约效力高于意大利国内普通法律，实现了对意大利宪法第11 条的创新性解释。

这些变化趋势在意大利刑事诉讼法改革中也有所体现。在意大利司法管辖权和外国司法主体的关系上、国际刑事司法合作以及国际司法合作中，对传统规范的保留使得相对于国际公约而言，国内程序法具有优先效力，这是基本性和本质性的规定。在此基础上，成员国应调整国内法律相关规定，以履行成员国的国际法义务。因此，其他国家司法管辖主体或是国际司法机构，以行使刑事司法权力为目的，应排除对国际公约以及国际公约原则任何不适当的涉及或援引，使得国际公约的有效原则对国家和国际法一般性规范，在意大利刑事诉讼法规范中以及意大利的法律规范仅对上述国际公约适用，或不能在相反情形中适用。在国际合作中，仅仅适用于同等的相互承认原则，从而使得国家内部法律能够重新接近国际组织立法规定和成员国的规范。

在欧盟成立前后，理论界和立法界主张扩大刑事诉讼原则在跨国领域行使的可能性。2001 年，欧盟议会提出了“保护共同经济利益和创建欧洲检察院的绿皮书”，提案的目标是建立欧洲检察院，以代表欧盟在欧洲境内对特定罪行行使管辖权并进行公诉工作，从而实现对欧盟共同体的经济利益保护。这份提案中的欧洲检察院当然是依托于欧盟组织，可以对所有成员国进行侦查和起诉行为，或是监督特定罪行的执行。这意味着欧洲检察院的运行势必需要各成员国让渡各自司法机构的管辖权。2004 年 10 月 24 日，在罗马通过了欧盟宪法，这是欧盟统一进程中的里程碑事件，也使得欧盟境内的管辖权之争变得简单化，但欧盟宪法先后遭到了法国和荷兰全民公决的否决，从而陷入无法施行的困境。2007 年，欧盟在保留了原宪法条约的实质性内容基础上，在葡萄牙里斯本通过了《里斯本条约》①，其中第 69 条是关于欧盟境内的刑事司法合作的规定，保留了合作机构拥有特权，作为欧盟境内唯一的司法主体机构，引入了合作调查方式。在跨国领域，当发生犯罪行为人损害了欧盟经济利益的情形时，行使刑事诉讼中的法定职能。

因此，意大利作为欧盟成员国，当然遵循《里斯本条约》的规定，这也推动了欧盟境内的刑事司法合作模式，其中规定的合作管辖权条款与辅助性原则一致显示出相当广泛的适用空间，规定了部分由检察机关进行的跨国刑事诉讼仅限于犯罪所覆盖的范围涉及多国利益的情形，当仅涉及单一国家利益时，则不能发挥作用，但此时可以要求共同层面的干涉，以保证司法正确管理的原则。

第三节　意大利与国际刑事法院

意大利作为国际刑事法院的东道国，在国际刑事法院成立的

① 《里斯本条约》（Lisbon Treaty）是在原《欧盟宪法条约》的基础上修改而成，又被称为“简化版欧盟宪法条约”，2007 年 12 月 13 日于欧盟首脑会议正式通过，意大利于 2008 年第 130 号法律通过并实施。

第一时间就在国内进行了一系列的立法改革，积极推动与国际刑事法院的合作关系，一方面，意大利希望借此推动自身在国际社会的影响力；另一方面，意大利希望能够通过国内的立法完善而更好地实现与国际组织、国际公约接轨，从而保护本国国家和公民的利益。

一、意大利负责国际刑事合作的中央机关

意大利与国际刑事法院的合作主要由司法部负责，当然在不同案件中也会有其他相关的利益部门参与合作。意大利司法部在收到国际刑事法院的请求时，根据请求内容开展工作并承担合作过程中的行政管理事务，而合作过程的主要司法事项基本是交由位于罗马的上诉法院审议。合作包括收到国际刑事法院的请求后，在意大利境内协助国际刑事法院的检察官开展相关调查，移交以及在意大利境内执行国际刑事法院的判决。意大利司法部在与国际刑事法院的合作联系中处于核心地位，另外一个在合作中承担重要角色的就是意大利国防部。

在合作过程中，意大利司法部享有超越行政制度的权力，在收到国际刑事法院发来的请求之后，司法部对请求内容独立进行分配，当然这也就意味着司法部拥有了极大的自由裁量权。因此，在整个合作过程中处于十分重要的位置。在意大利司法部收到多个请求时，还能够自行决定处理请求的先后顺序。另外，国际刑事法院要求移交犯罪嫌疑人时，意大利司法部对此拥有几乎没有约束的裁量权，若认为移交会危及国家安全时，有权暂停国际刑事法院基于任何动机所提出的对行为人或文件资料的移交。在执行方面对人员的暂停移交，必须是已经在境内审判或已经开始服刑，无论国际刑事法院的移交请求发生在之前还是之后。

意大利司法部与国际刑事法院的执行合作模式，包括合作执

行请求是由意大利提出的情形，实践中更为常见的情形还是意大利作为被请求方进行合作执行。由检察长提交至上诉法院，当然不是任意的上诉法院，而是根据属地规定能够进行合作事项的上诉法院。另外，请求通过检察长提交至罗马上诉法院。

涉及适用逮捕令人员的移交，采取监禁措施或折抵刑期，需等待意大利检察长提交至罗马上诉法院，要求上诉法院采取措施。对上诉的措施可以向最高法院提出异议，但是不能暂停执行相关措施。在意大利境内执行国际刑事法院判决的监禁刑，由罗马上诉法院承认国际刑事法院的判决，关于阻碍判决执行条件在国际刑事法院章程中没有明确规定，若规定与意大利国内法律原则相违背，对同一事实行为或同一行为人的量刑情节，虽然已经由国际刑事法院作出了不可撤销的判决，但意大利的司法机构仍可以依据法律原则同样从合法遵守角度出发，执行罚金刑和其他包括没收犯罪行为的利润、财产或是由国际刑事法院规定的其他刑罚。

二、意大利国内法律对《罗马规约》的转换

国际刑事法院的成立对意大利国内法律的影响体现在各个方面，从作为基础的宪法原则到具体的刑事诉讼程序法，对国际刑事司法合作规范都作出了不同程度的修订。因此，对意大利整体法律而言，首先需要解决的问题就是国际刑事法院章程与意大利宪法的关系，排除《罗马规约》与意大利宪法原则的不和谐之处。

作为《罗马规约》的签署国，意大利与国际刑事法院的合作在国内立法上主要可以从两个方面进行：第一，对国际公约进行国内的立法转换。在国际刑事法院成立之后，意大利于2002年5月6日向议会提交了名为“根据国际刑事法院章程调整国内

法律”的法律草案，并在同年6月24日向意大利内阁提交了同样名称和内容的草案。这些法律主要体现在军事刑法典中对国际刑事犯罪的规定。第二，在意大利国内建立起一套完整的合作法律规范，2005年由意大利外交部牵头，相关部门共同参与起草，最终分别向上述两个国家机构提交了更新后的法案。根据这些法律草案建立了一套完整的法律原则和具体操作规定，专门规定了意大利和国际刑事法院之间合作的程序模式。2012年12月20日，意大利议会以第237号法律通过了名为“根据国际刑事法院章程修订国内法律”的法案，该法案自2013年1月23日起生效，共分为三章，从合作的各个角度进一步规范了合作内容。

第一章为一般性条款（第1条至第10条）。作为国际刑事法院的成员国，意大利有义务与国际刑事法院合作。在意大利国内由司法部承担合作职责，并应采取快速、适当的模式进行合作。当然，该法案同时明确了合作适用的法律即意大利刑事诉讼法，且若国际刑事法院提出适用其他法律合作时，该法律不能与意大利本国法律的基础原则相违背。国际刑事法院检察官要求在意大利国内进行调查时，意大利国内的司法合作机关，除了处于合作核心地位的司法部，还包括位于罗马的上诉法院。在与国际刑事法院合作过程中，意大利国内司法机关应履行一切必要性协助和帮助的义务。涉及文件的移交时，主要根据国际刑事法院章程中的相关规定执行，但意大利的这个法案作了一个基础性规定，即任何文件的移交需要先有意大利国家的允许才可进行。在意大利境内的时效豁免权适用意大利刑事诉讼法典第133条的规定①。其中，该法案还将意大利刑法典第322条-2规定的“欧盟机构和外国工作人员实施盗窃公款、贪污、受贿、教唆犯罪”这一刑

① 黄风译：《意大利刑事诉讼法典》，中国检察出版社2016年版，第52页。第133条“对其他人员的拘传”。

法规范中的身份扩展至国际刑事法院人员，即法官、检察官和其他工作人员。

第二章为交付（第 11 条至第 14 条）。规定了对交付人员应采取的适当措施，具体措施仍旧适用意大利刑事诉讼法典中的相关规定。即在移交人员、合作及执行国际刑事法院判决方面，意大利和国际刑事法院的合作规范都适用意大利刑事诉讼法典第十一编（与外国的司法关系）的规定，其中第二章为引渡，第三章为国际证据，第四章为执行外国的刑事判决。在意大利同时接到国际刑事法院或外国的请求时，应遵循《罗马规约》第 90 条和第 91 条的规定。

第三章为执行国际刑事法院的判决和措施（第 15 条至第 24 条）。意大利国内负责执行国际刑事法院措施的司法机关是位于罗马的上诉法院。在执行国际刑事法院的监禁性判决时，意大利司法部负责对判决进行初审并进行相关的文件翻译工作，确保所执行的刑罚与意大利法律基本原则相适应。在刑罚执行方面，意大利司法部会同国际刑事法院共同对刑罚进行监督，并负责在刑罚执行过程中传达信息，当国际刑事法院决定将罪犯移交至另一国执行刑罚时，由意大利司法部负责相关工作。关于刑罚执行的地点，该法案专门规定在意大利的军事监狱执行。罚金刑执行的基本规定同样适用意大利刑事诉讼法典的规定，但涉及对罚金刑采取相关措施时，需咨询国际刑事法院的意见。该法案还对意大利司法部和国防部的管辖权做了划分，属于军事刑事司法管辖时，普通司法中的人员职位转换为军事司法体系中的相应人员；在执行监禁刑时，因是在军事监狱执行，所以属于意大利国防部的专属管辖权。

通过意大利这个最新出台的法案能够看出意大利在不断推动与国际刑事法院合作的进程，修订并细化法律规定，依靠较为成熟的立法以履行国际刑事法院成员国的义务。两次世界大战以来，意大利因两次参战皆战败的结果，对战争罪的研究一直保持了较高的热情，也使得意大利战争罪在现代社会的立法一直与国际公约保持较高的一致性。当然，意大利从本国角度出发对战争罪的研究带来了与中国对待战争罪完全不同的视角，但无论是站在战败国还是战胜国的角度，也无论是否是国际刑事法院的成员国，都不影响对战争罪——这一国际核心罪行的研究，这也是值得中国在日后进行战争罪立法时学习的。战争这个人类社会无法彻底回避的冲突和矛盾，随着国际社会新时代的形势变化呈现出更加多样化或是危害性更大的形式，面对这样的发展与变化，中国的确需要通过对战争罪的立法与完善来实现对国家、国民的基本利益和权利的维护。正如荷兰法学家格劳秀斯所言："人们常常认为，战争中无法律，此话最不可信。因为发起战争正是为了维护法律。因此，战争也只应是以合于法律及诚意为限①。"

① ［荷］胡果·格劳秀斯著：《战争与和平法》，［美］A.C. 坎贝尔英译，何勤华等译，上海人民出版社 2005 年版，第 5 页。

参考文献

一、中文著作类

1. 高铭暄著:《刑法肄言》,法律出版社 2004 年版。

2. 高铭暄主编:《刑法专论(第二版)》,高等教育出版社 2006 年版。

3. 马克昌主编:《近代西方刑法学说史略》,中国检察出版社 1996 年版。

4. 马克昌著:《比较刑法原理——外国刑法学总论》,武汉大学出版社 2002 年版。

5. 储槐植著:《美国刑法(第二版)》,北京大学出版社 1996 年版。

6. 赵秉志主编:《外国刑法原理(大陆法系)》,中国人民大学出版社 2003 年版。

7. 卢建平主编:《刑事政策学》,中国人民大学出版社 2007 年版。

8. 黄风、凌岩、王秀梅著:《国际刑法学》,北京大学出版社 2007 年版。

9. 黄风著:《国际刑事司法合作的规则与实践》,北京大学出版社 2008 年版。

10. 黄风、赵琳娜主编:《国际刑事司法合作:研究与文献》，中国政法大学出版社 2009 年版。

11. 王秀梅著：《国际刑事法院研究》，中国人民大学出版社 2002 年版。

12. 何勤华主编：《德国法律发达史》，法律出版社 2000 年版。

13. 夏勇、徐高著：《中外军事刑法比较》，法律出版社 1998 年版。

14. 卢有学著：《战争罪刑事责任研究》，法律出版社 2007 年版。

15. 梅汝璈著：《远东国际军事法庭》，法律出版社、人民法院出版社 2005 年版。

16. 王铁崖著：《国际法引论》，北京大学出版社 1998 年版。

17. 马呈元著：《国际犯罪与责任》，中国政法大学出版社 2001 年版。

18. 马长生著：《国际公约与刑法若干问题研究》，北京大学出版社 2004 年版。

19. 马进保著：《国际犯罪与国际刑事司法协助》，法律出版社 1999 年版。

20. 杨宇冠著：《人权法——〈公民权利和政治权利国际公约〉研究》，中国人民公安大学出版社 2003 年版。

21. 杨宇冠、杨晓春著：《联合国刑事司法准则》，中国人民公安大学出版社 2003 年版。

22. 甘雨沛、高格著：《国际刑法学新体系》，北京大学出版社 2000 年版。

23. 胡陆生著：《刑法国际化——全球背景下中国刑法的完善》，中国人民公安大学出版社 2009 年版。

24. 张旭主编：《人权与国际刑法》，法律出版社 2004 年版。

25. 黄芳著：《国际犯罪国内立法研究》，中国方正出版社2001年版。

26. 苏彩霞著：《中国刑法国际化研究》，北京大学出版社2006年版。

27. 邵沙平著：《国际刑法学——经济全球化与国际犯罪的体系控制》，武汉大学出版社2005年版。

28. 周露露著：《当代国际刑法基本原则研究》，中国人民公安大学出版社2009年版。

29. 张磊著：《国际刑事司法协助热点问题研究》，中国人民公安大学出版社2012年版。

30. 张磊著：《中国与国际刑事法院：现状与展望》，中国人民公安大学出版社2009年版。

31. 李世光、刘大群、凌岩主编：《国际刑事法院罗马规约评释》，北京大学出版社2006年版。

32. 杨咏亮著：《战争罪刑事责任问题研究》，武汉大学出版社2012年版。

33. 刘亚平著：《国际刑法与国际犯罪》，群众出版社1986年版。

34. 莫纪宏著：《国际人权公约与中国》，世界知识出版社2005年版。

35. 凌岩主编：《匡扶正义　共享和平　国际刑法新发展论文集》，世界知识出版社2009年版

36. 朱文奇主编：《国际人道主义法文选》，商务印书馆2004年版。

37. 林欣主编：《国际刑法问题研究》，中国人民大学出版社2000年版。

38. 张旭主编：《国际刑法——现状与展望》，清华大学出版

社 2005 年版。

39. 张智辉主编：《国际刑法问题研究》，中国方正出版社 2002 年版。

40. 国际人权法教程项目组：《国际人权法教程（第一卷）》，中国政法大学出版社 2002 年版。

二、中文译著类

1. ［美］《美国海上行动法指挥官手册（2007 年版）》，宋云霞、尹丹阳、赵福林等译，海洋出版社 2012 年版。

2. ［美］M. 谢里夫 · 巴西奥尼著：《国际刑法导论》，赵秉志、王文华等译，法律出版社 2006 年版。

3. ［美］威廉 . A. 夏巴斯著：《国际刑事法院导论（第二版）》，黄芳译，中国人民公安大学出版社 2006 年版。

4. ［荷］胡果 · 格劳秀斯著：《战争与和平法》，［美］A. C 坎贝尔英译，何勤华等译，上海人民出版社 2005 年版。

5. ［英］伊恩 · 布朗利著：《国际公法原理》，曾令良、余敏友等译，法律出版社 2003 年版。

6. ［英］詹宁斯 瓦茨修订：《奥本海国际法（第一、二分册）》，王铁崖译，中国大百科全书出版 1995 年版。

7. ［加］加拿大人权与民主发展国际中心、加拿大刑法改革与刑事政策国际中心：《批准与执行国际刑事法院罗马规约手册》，赵秉志、王秀梅译，中信出版社 2002 年版。

8. ［德］汉斯 · 海因里希 · 耶塞克、托马斯 · 魏根特著：《德国刑法教科书（总论）》，徐久生译，中国法制出版社 2001 年版。

9. ［德］卡尔 · 拉伦茨著：《法学方法论》，商务印书馆 2004 年版。

10. [意] 切萨雷·贝卡里亚著:《贝卡里亚刑事意见书 6 篇》,黄风译,北京大学出版社 2010 年版。

11. [意] 切萨雷·贝卡里亚著:《论犯罪与刑罚》,黄风译,中国大百科全书出版社 1993 年版。

12.《意大利军事刑法典》,黄风译,中国政法大学出版社 1998。

13. [意] 杜里奥·帕多瓦尼著:《意大利刑法学原理》,陈忠林译评,中国人民大学出版社 2004 年版。

14.《西班牙刑法典》,潘灯译,中国政法大学出版社 2004 年版。

三、中文资料

1. 赵秉志、王秀梅编:《国际刑事审判规章汇编》,中国人民公安大学出版社 2003 年版。

2. 北京大学法学院人权研究中心编:《国际人权文件选编》,北京大学出版社 2002 年版。

四、外文著作

1. Manuela Rinaldi:Diritto Militare,Casa Editrice,2012.

2. Pier Paolo Rivello:Lezioni di Diritto Penale Militare(Seconda Edizione),G. Giappeichelli,2012.

3. Natalino Ronzitti: Diritto Internazionale dei Conflitti Armati (Quarta Edizone),G. Giappeichelli,2011.

4. Massimo Donini:Europeismo Giudiziario e Scienza Penale(dalla Dogamatica Classica alla Giurisprudenza-Fonte),Giuffrè,2011.

5. Vittorio Manes,Vladimiro Zagrebelsky(a cura di):La Convenzione Europea dei Diritti dell'Uomo nell'Ordinamento Penale Ital-

iano, Giuffrè, 2011.

6. Alfonso Maria Stile (a cura di): Democrazia e Autoritarismo nel Diritto Penale, Edizioni Scientifiche Italiane, 2011.

7. Sergio Vinciguerr, Alessandra Rossi: Principi di Criminologia (Treza Edizione), Cedam, 2011.

8. Maria Antonella Pasculli: Una umanità Una Giustizia Contributo allo Studio sulla Giurisdizione Penale Universale, Cedam, 2011.

9. Enrico Amati, Valentina Caccamo, Matteo Costi, Emanuela Fronza, Antonio Vallini: Introduzione al Diritto Internazionale (Seconda ediziona), Giuffrè, 2010.

10. Christian Ponti: Crimini Transnazionali e Diritto Internazionale, Giuffrè, 2010.

11. Pier Paolo Privello: Il Procedimento Militare, Giuffrè, 2010.

12. Enrico Mezzetti (a cura di): Diritto Penale Internazionale (Casi e Materiali), Seconda Edizione, G. Giappeichelli, 2010.

13. Enrico Mezzetti (a cura di): Diritto Penale Internazionale (Studi), Seconda Edizione, G. Giappeichelli, 2010.

14. Lauso Zagato, Simona Piton (a cura di): La Tortura nel Nuovo Millennio la Reazione del Diritto, Cedam, 2010.

15. Vasco Fronzoni: Obbligatorietà dell' Azione Penale e Cooperazione Giudiziaria Internazionale, Edizioni Scientifiche Italiane, 2010.

16. Luigi Cornacchia: Funziona della Pena nello Statuto della Corte Penale Internazionale, Giuffrè, 2009.

17. Alerto Gargani (a cura di): Il Diritto Penale Militare tra Passato e Futuro (Tradizione, Profili Politico - Criminali e Prospettive di Riforma dei Codici Penali Militari), G. Giappeichelli, 2009.

18. Massimo Ruaro: La Magistratura di Sorveglianza, Giuffrè, 2009.

19. Giovanni Finaca, Costantino Visconti (a cura di): Punire Mediare Riconciliare (Dalla Giustizia Penale Internazionale all' Elaborazione dei Conflitti Individuali), G. Giappeichelli, 2009.

20. Massimo Donni, Michele Papa (a cura di): Diritto Penale del Nemico. Un Dibattito Internazionale, Giuffrè, 2009.

21. Giovanni Fiandaca, Enzo Musco: Diritto Penale Parte Generale (Sesta Edizione), Zanichelli Editore, 2009.

22. Gray: International Law and the Use of Force (3ed), Oxford, 2008.

23. Stefano Manacorda: Imputazione Collettiva e Responsabilità Personale, G. Giappeichelli, 2008.

24. David Brunelli, Giuseppe Mazzi: Diritto Penale Militare (IV Edizione), Giuffrè, 2007.

25. Federico del Giudice: Nozioni di Diritto Comparato, Simone, 2007.

26. Ornella Ferrajolo (a cura di): Corte Penale Internazionale (Aspetti di Giurisdizione e Funzionamento nella Prassi Iniziale), Giuffrè, 2007.

27. Alessandro Bernardi (a cura di): Multiculturalismo, Diritto Umani, Pena, Giuffrè, 2006.

28. Gianluca Varraso: Il Procedimento Davanti al Giudice di Pace, Giuffrè, 2006.

29. Carlo Russo, Paolo M. Quaini: La Convenzione Europea dei Diritti dell' Uomo e la Giurisprudenza della Corte di Strasburgo (Seconda Edizione), Giuffrè, 2006.

30. Monica Lugato: Trattati di Estradizione e Norme Internazionali sui Diritti Umani, G. Giappeichelli, 2006.

31. Antonio Cassese, Mario Chiavario, Giovannangelo De Franceso (a cura di): Problemi Attuali della Giustizia Penale Internazionale, G. Giappeichelli, 2005.

32. Jean Pradel, Alberto Cadoppi(a cura di): Casi di Diritto Penale Comparato, Giuffrè, 2005.

33. Maria Riccarda Marchetti: L' assistenza Giudiziaria Internazionale, Giuffrè, 2005.

34. Salvatore Zapplà: La Giustizia Penale Internazionale, Crimini di Guerra e Contro l' umanità: Da Norimberga alla Corte penale Internazionale, Il Mulino, 2005.

35. Nicola Labanca, Pier Paolo Rivello(a cura di): Fonti e Problemi per la Storia della Giustizia Militare, G. Giappeichelli, 2004.

36. Mauro Catenacci: "Legalità" e "Tipicità del Reato" nello Statuto della Corte Penale Internazionale, Giuffrè, 2003.

37. Maria Clelia Ciciriello: L' aggressione in Diritto Internazionale da "Crimine" di Stato a Crimine dell' Individuo, Editoriale Scientifica, 2002.

38. Edoardo Greppi: I Crimini di Guerra e Contro l'umanità nel Diritto Internazionale, Utet, 2001.

39. Pier Paolo Rivello: Procedura e Ordinamento Giudiziario Militare, G. Giappeichelli, 2000.

40. Ida Caracciolo: Dal Diritto Penale Internazionale al Diritto Internazionale Penale. Il Rafforzamento delle Garanzie Giurisdizionali, Editoriale Scientifica, 2000.

41. Catelani Mario: I Rapporti Internazionali in Materia Penale, Giuffrè, 1995.

42. Venturini G. Necessità e Proporzionalità nell' Uso della Forza

Militare in Diritto Internazionale, Giuffrè, 1988.

43. Natalino Ronzitti: Le Guerra di Liberazione Nazionale e Il Diritto Internazionale, Pacini, 1974.

44. Lamberti ZANARDI: La Legittima Difesa nel Diritto Internazionale, Giuffrè, 1972.

45. Balladore Pallieri: Diritto Bellico (Seconda Edizione), Cedam, Padova, 1954.

五、外文期刊

1. Katie A. Johnston: "Transformation of Conflict Status in Libya", In Journal of Conflict and Security Law, Vol17. NO. 1, 2012.

2. John Morijin: "Reforming United Nations Human Right Treaty Monitoring Reform", In Netherlands International Law Review, LVIIII, 2011.

3. Riccardo Borsari: "I Crimini Contro l'Umanità e Il Genocidio nella Giurisprudenza Penale Internazionale", In l'Indice Penale, 2011.

4. Maria Rosaria Mauro: "Leggi di Amnistia e Punizione dei Crimini Internazionali", In Rivisita di Diritto Internazionale, N. 2, 2010.

5. Federico Sperotto: "Legislazione di Guerra e Diritto dei Conflitti Armati nell' Ordinamento Italiano", In Diritto Penale Contemporaneo, 2010.

6. Chiavario Mario: "Sull' efficacia della Corte Penale Internazionale. L'Incognita della Mancata Adesione di Paesi Giuda", In Guida al Diritto, N. 15, 2002 .

7. Fi Janut: "Transnational Crime and the Role of the United Nations in Its Containment through International Cooperation: A Challenge for the 21st Century", In European Journal of Crime, Criminal

Law and Criminal Justice, N. 2, 2002.

8. Pisani Nicola: "L' elemento Psicologico del Crimine Internazionale nella Parte Generale dello Statuto della Corte Penale Internazionale", In Rivista Italiana di Diritto Procedura Penale, 2001.

9. Saccucci Andrea: "Ratifica Italiana dello Statuto che ha Istituto la Corte Penale Internazionale", In Diritto Penale e Processo, 1999.

10. Giuseppe Palmisano : "La Nuova Corte Penale Internazionale ed Il Problema degli Stati Terzi", In Rivista Cooperazione Giurisprudenza Internazionale, 1999.

11. Cissè Roger: "The end of a Culture of Impunity in Rwanda?", In First Yearbook of International Humanitarian Law, 1998.

六、国际文件与资料

1. Edoardo Greppi, Gabriella Venturini, Codice di Diritto Internazionale Umanitario, G. Giappochelli Editore, 2012.

2. Liugi Alibrandi (a cura di), Codice Penale e Leggi Complementari, Casa Editrice La Tribuna, 2012.

3. Adolfo Tencati (a cura di), Codice Penali Militari e Leggi Complementari, Casa Editrice La Tribuna, 2011.

4. Giorgio Ferrari (a cura di), Codice di Procedura Penale e Leggi Complementari, Hoepli, 2011.

5. Convenzione Internazionale per la Protezione di Tutte le Persone dalla Sparizione Forzata (New York, 20 dicembre 2006).

6. Mario Pisani, Franco Mosconi, Daniela Vigoni, Codice delle Convenzioni di Estradizione e di Assistenza Giudiziaria in Materia Penale (Quattro Edizione), Giuffrè, 2004.

7. Convenzione Contro la Tortura e Altre Pene o Trattamenti

Crudeli, Inumani o Degradanti (Strasburgo, 26 novembre 1987).

8. Protocollo Opzionale alla Convenzione Contro la Tortura ed Altre Pene o Trattamenti Crudeli, Inumai o Degradanti (New York, 9 gennaio 2003).

9. Lang A, Le Risoluzioni del Consiglio di Sicurezza delle Nazione Unite e l' Unione Europea, Giuffrè, 2002.

10. Protocollo N. 12 alla CEDU Relativo al Divieto di Discriminazione (Roma, 4 novembre 2000).

11. Istruzioni di Diritto dei Conflitti Armati sul Mare per i Comandi Navali (S. M. M. 9), Stato Maggiore della Marina, 1998.

12. Statuto Istitutivo della Corte Penale Internazionale (Roma, 17 luglio 1998).

13. Lamberti Zanardi P, Vunturini. G (a cura di), Crimini di Guerra e Competenza delle Giurisdizioni Nazionali. Atti del Convegno, 15-17maggio, 1997.

14. Protocollo N. 29 Relativo alla Concessione Reciproca dell' Asilo tra gli Stati Membri della UE, Allegato al Trattato di Amsterdam (Amsterdam, 2 ottobre 1997).

15. Verri, Diritto per la Pace e Diritto della Guerra, Roma, 1980.

16. Protocollo Addizionale alle Convenzioni di Ginevra del 12 agosto 1949 sulla Protezione delle Vittime dei Conflitti Armati non Internazionali (Ginevra, 8 giugno 1977).

17. Convenzione sul Diritto dei Trattati (Vienna, 23 maggio 1969).

18. Patto Internazionale sui Diritti Economici, Culturali e Sociali (New York, 16 dicembre 1966).

19. Patto Internazionale sui Diritti Civili e Politici (New York,

16 dicembre 1966）.

20. Protocollo Facoltativo al Patto Internazionale sui Diritti Civili e Politici（New York, 16 dicembre 1966）.

21. Convenzione Internazionale sul Divieto di Discriminazione Razziale（New York, 21 dicembre 1965）.

22. Convenzione Europea per la Salvaguarda dei Diritti dell' Uomo e della Libertà Fondamentali（Roma, 4 novembre 1950）.

23. Convenzione di Ginevra di Diritto Umanitario（Ginevra, 12 agosto 1949）.

24. Convenzione per la Prevenzione e la Repressione del Crimine di Genocidio（New York, 9 dicembre 1948）.

25. Convenzione Internazionale su Leggi ed Usi della Guerra Terrestre（Aja, 18 ottobre 1907）.

26. Manual on International Law Applicable to Air and Missile Warfare. Harvard, 2009.

附　　录

意大利执行外国（德国）战争犯罪战犯的刑事判决①

序号	起诉检察机关	被告人姓名	刑事判决日期	执行情况
1	罗马军事检察长办公室	普里布克·埃里希（Pribke Erich）	1998年11月16日	自1998年11月17日起开始在监狱执行监禁刑；1999年2月9日至今，根据罗马军事监督法院法令改为执行监视居住
2	罗马军事检察长办公室	兰格·赫尔曼（Langer Hermann）	2006年10月19日	（1）德国法兰克福市检察长作出拒绝引渡决定；（2）意大利要求德国对其执行刑罚

① 意大利共和国国防部官网，http：//www. difesa. it/GiustiziaMilitare/RassegnaGM/Bimestrale/2012/Documents/04_ GRAFICI_ PROCURA_ GM_CMA. pdf，最后访问日期：2012年12月31日。

续表

序号	起诉检察机关	被告人姓名	刑事判决日期	执行情况
3	维罗纳军事检察官办公室	诺德霍恩·海因里希（Nordhorn Heinrich）	2008年9月17日	(1) 德国哈姆市检察长作出拒绝引渡决定；(2) 意大利要求德国对其执行刑罚
4	维罗纳军事检察官办公室	施耐德·麦克斯（Schneider Max）	2008年10月21日	(1) 德国德累斯顿市检察长作出拒绝引渡决定；(2) 意大利要求德国对其执行刑罚
5	维罗纳军事检察官办公室	沃尔夫·赫尔穆特（Wulf Helmut）	2008年10月31日	(1) 德国法兰克福市检察长作出拒绝引渡决定；(2) 意大利要求德国对其执行刑罚
6	维罗纳军事检察官办公室	库斯特勒·威廉·恩斯特（Kusterer Wilhelm Ernst）	2008年10月7日	(1) 德国卡尔斯鲁厄市检察长作出拒绝引渡决定；(2) 意大利要求德国对其执行刑罚
7	罗马军事检察官办公室	布鲁斯·维尔纳（Bruss Werner）	2005年11月17日	(1) 德国石勒苏益格—荷尔斯泰因州检察长作出拒绝引渡决定；(2) 意大利要求德国对其执行刑罚

续表

序号	起诉检察机关	被告人姓名	刑事判决日期	执行情况
8	罗马军事检察官办公室	康西娜·阿尔弗雷德（Concina Alfred）	2007年3月3日	（1）德国萨克森州检察长作出拒绝引渡决定；（2）意大利要求德国对其执行刑罚
9	罗马军事检察官办公室	戈林·路德维希（Goring Ludwig）	2005年11月17日	（1）德国巴登—符腾堡州司法部部长作出拒绝引渡决定；（2）意大利要求德国对其执行刑罚
10	罗马军事检察官办公室	格罗普勒卡尔（Gropler Karl）	2007年11月8日	（1）等待德国外交部决定；（2）德国拒绝引渡；（3）意大利要求德国对其执行刑罚
11	罗马军事检察官办公室	劳赫·格奥尔格（Rauch Georg）	2007年11月8日	（1）德国巴姆贝格市检察长作出拒绝引渡决定；（2）意大利要求德国对其执行刑罚
12	罗马军事检察官办公室	李希特·霍斯特（Richter Horst）	2007年3月4日	（1）德国杜赛尔多夫市检察长作出拒绝引渡决定；（2）意大利要求德国对其执行刑罚

续表

序号	起诉检察机关	被告人姓名	刑事判决日期	执行情况
13	罗马军事检察官办公室	申德尔·海因里希（Schendel Heinrich）	2005年11月17日	（1）德国法兰克福市检察长作出拒绝引渡决定；（2）意大利要求德国对其执行刑罚
14	罗马军事检察官办公室	佐默·格哈德（Sommer Gerhard）	2007年11月8日	（1）等待德国外交部决定；（2）德国拒绝引渡；（3）意大利要求德国对其执行刑罚
15	罗马军事检察官办公室	尚拉伯·约瑟夫·爱德华（Scheungraber Josef Eduard）	2008年2月19日	慕尼黑市检察长作出拒绝引渡决定
16	罗马军事检察官办公室	米尔德·马克斯·约瑟夫（Milde Max Josef）	2008年10月21日	（1）德国石勒苏益格—荷尔斯泰因州检察长作出拒绝引渡决定；（2）意大利要求德国对其执行刑罚

后　　记

意大利军事刑法典拥有悠久的历史，其诞生甚至早于意大利共和国的成立。现行意大利军事刑法典颁布于 1941 年 2 月 20 日，之后虽历经数次修改，但仍沿用了最初的立法体例，即将军事刑法典分为平时军事刑法典和战时军事刑法典两个部分，各自具有独立的管辖罪名和适用范围，战争罪则归于战时军事刑法典这一部分。本书简要回顾了意大利军事刑法发展的历程，在历经沧桑，经过两次世界大战洗礼，特别是第二次世界大战之后，意大利从法西斯统治下战败国的阴影走出来。为避免法西斯专政再现，意大利军事司法以及战争罪的立法和司法始终保持着十分活跃的状态。可以说，第二次世界大战后意大利对战争罪审判的司法实践一度推动了欧洲乃至全球对战争罪研究的发展。同样，军事司法体制的改革一直随着意大利军事武装部队的发展在推进，随着时代的发展而不断更新，在适用范围和立法技术上呈现出勃勃生机。因此，笔者希望能够通过本书将意大利的军事司法体系，特别是意大利在战争罪立法方面成熟的立法技术以及丰富的司法实践全面呈现。

回到国内，军事刑法或是战争罪或算是一个相对冷门的议题，当年定博士论文选题时，是在我的导师黄风教授指导下选择这一陌生又新鲜的选题进行研究的。因此，《意大利军事刑法典中的战争罪研究》一书是以笔者的博士论文为基础修改完成的，黄风老师的教导时常记挂于心，做研究需要耐得住寂寞，不能为了功利而写文章。只是博士毕业数年，才将博士论文整理出版，学术进步颇慢，更感愧疚。

这个书稿的修改算是历经曲折，特别是在疫情背景之下，经历了突然天降的隔离，也经历了数月无法进入校园的困境，修改工作一度搁置，在此要深深感谢出版社的编辑老师，正是他们克服了疫情下的种种困难，才使得本书能够最终呈现。由于自己不够勤勉，博士论文最终拖了这么长时间才重新下定决心进行修改，这期间除却疫情带来的不确定性，生活的杂事也拖慢了修改速度。因此，要感谢一直鼓励我的同学和朋友们，是他们的鼓励让我下定决心完成修改。最后，也要感谢我的家人，包括僖僖，虽然他尚年幼，但他平日给我的温暖，特别是在我们共同经历的隔离期间，无比懂事的表现，以及家人一直以来的支持，都让我能够有更多的时间、更多的精力专注于此，在学术研究的道路上逐步前行。

杨超

2022 年 9 月 14 日